Aktuelle und klassische Sozial- und Kulturwissenschaftler|innen

Herausgegeben von
S. Moebius, Graz, Österreich

Die von Stephan Moebius herausgegebene Reihe zu Kultur- und Sozialwissen-schaftlerInnen der Gegenwart ist für all jene verfasst, die sich über gegenwärtig diskutierte und herausragende Autorinnen und Autoren auf den Gebieten der Kultur- und Sozialwissenschaften kompetent informieren möchten. Die einzelnen Bände dienen der Einführung und besseren Orientierung in das aktuelle, sich rasch wandelnde und immer unübersichtlicher werdende Feld der Kultur- und Sozialwissenschaften. Verständlich geschrieben, übersichtlich gestaltet – für Leserinnen und Leser, die auf dem neusten Stand bleiben möchten.

Herausgegeben von
Stephan Moebius, Graz, Österreich

Weitere Bände in dieser Reihe http://www.springer.com/series/12187

Marian Füssel

Zur Aktualität von Michel de Certeau
Einführung in sein Werk

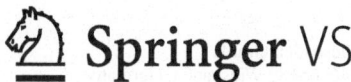 Springer VS

Marian Füssel
Göttingen, Deutschland

Aktuelle und klassische Sozial- und Kulturwissenschaftler|innen
ISBN 978-3-531-16816-6   ISBN 978-3-531-94199-8   (eBook)
DOI 10.1007/978-3-531-94199-8

Die Deutsche Nationalbibliothek verzeichnet diese Publikation in der Deutschen National-
bibliografie; detaillierte bibliografische Daten sind im Internet über http://dnb.d-nb.de abrufbar.

Springer VS
© Springer Fachmedien Wiesbaden GmbH 2018
Das Werk einschließlich aller seiner Teile ist urheberrechtlich geschützt. Jede Verwertung, die
nicht ausdrücklich vom Urheberrechtsgesetz zugelassen ist, bedarf der vorherigen Zustimmung
des Verlags. Das gilt insbesondere für Vervielfältigungen, Bearbeitungen, Übersetzungen,
Mikroverfilmungen und die Einspeicherung und Verarbeitung in elektronischen Systemen.
Die Wiedergabe von Gebrauchsnamen, Handelsnamen, Warenbezeichnungen usw. in diesem
Werk berechtigt auch ohne besondere Kennzeichnung nicht zu der Annahme, dass solche
Namen im Sinne der Warenzeichen- und Markenschutz-Gesetzgebung als frei zu betrachten
wären und daher von jedermann benutzt werden dürften.
Der Verlag, die Autoren und die Herausgeber gehen davon aus, dass die Angaben und Informa-
tionen in diesem Werk zum Zeitpunkt der Veröffentlichung vollständig und korrekt sind.
Weder der Verlag noch die Autoren oder die Herausgeber übernehmen, ausdrücklich oder
implizit, Gewähr für den Inhalt des Werkes, etwaige Fehler oder Äußerungen. Der Verlag bleibt
im Hinblick auf geografische Zuordnungen und Gebietsbezeichnungen in veröffentlichten Karten
und Institutionsadressen neutral.

Lektorat: Dr. Cori Antonia Mackrodt
Fotonachweis Umschlag: © Luce Giard

Gedruckt auf säurefreiem und chlorfrei gebleichtem Papier

Springer VS ist Teil von Springer Nature
Die eingetragene Gesellschaft ist Springer Fachmedien Wiesbaden GmbH
Die Anschrift der Gesellschaft ist: Abraham-Lincoln-Str. 46, 65189 Wiesbaden, Germany

Inhaltsverzeichnis

Einführung 1

1 **Leben, Werk und Rezeption** 5
   1.1 Der jesuitische Intellektuelle – Biographisches 5
   1.2 Alterität – Schöpferischer Verlust – réemploi:
       Der Werkzeugkasten 15
       1.2.1 Die Suche nach der Einheit des Werkes 15
       1.2.2 Denkfiguren 16
       1.2.3 Denkbilder 19
   1.3 Aneignungen eines Denkers:
       Die internationale Rezeption 20
       1.3.1 Frankreich, Belgien und die Niederlande 21
       1.3.2 USA und Großbritannien 22
       1.3.3 Deutschland und deutschsprachiger Raum 23
       1.3.4 Italien, Polen, Spanien, Portugal, Lateinamerika, Afrika. 25

2 **Aufbrüche. Die Krise der Theologie und die Krise der Politik** 29
   2.1 Kirchengeschichten: Religion und Politik 29
   2.2 Die Einheit in der Differenz 31
   2.3 Die Schwäche des Glaubens 37
   2.4 Das Laboratorium der Amerikas 45
   2.5 1968 – Der Kampf um die Sprache 47
   2.6 Die Formalität der Praktiken: Religion und Politik 51

3 Orte des Anderen ... 55
3.1 Die Besessenen von Loudun: Mikro-Geschichten ... 55
3.2 Die Französische Revolution und die Politik der Sprache ... 64
3.3 Die Schönheit der Toten ... 67
3.4 Anthropologie und Ethnographie ... 68
   3.4.1 Jean de Léry und die Kunst der Be-Schreibung ... 69
   3.4.2 Michel de Montaigne und die Kannibalen ... 71
   3.4.3 Joseph-François Lafitau und die Bilder des Ursprungs ... 72
   3.4.4 Die Entdecker Jule Vernes und das Schreiben der See ... 73

4 Meta-Historiographie. Die Abwesenheit der Geschichte ... 75
4.1 Das Schreiben der Geschichte ... 77
4.2 Freudsche Schriften: Geschichte und Psychoanalyse ... 84
4.3 Theoretische Fiktionen ... 90

5 Von der Analytik der Gegenwart zur politischen Anthropologie des Alltags ... 95
5.1 Kultur im Plural ... 95
5.2 Aneignungen des Alltags ... 101
   5.2.1 Kunst des Handelns I ... 101
   5.2.2 Strategien und Taktiken ... 103
   5.2.3 Foucault und Bourdieu ... 108
   5.2.4 Raum und Ort ... 112
   5.2.5 Mündlichkeit und Schriftlichkeit ... 121
5.3 Kunst des Handelns II: Wohnen und Kochen ... 127
5.4 Die Alltäglichkeit der Kommunikation ... 130
5.5 Die Schule der Diversität ... 134

6 Eine historische Anthropologie des Religiösen ... 137
6.1 Der Diskurs der Mystik: Die mystische Fabel I ... 137
6.2 Der Inhalt einer neuen Wissenschaft: Die mystische Fabel II ... 147

7 Zur Aktualität von Michel de Certeau. Perspektiven ... 157
7.1 Anschlüsse ... 157
7.2 Denken an Grenzen: Drei Erbschaften ... 160
7.3 Eine „andere" Geschichte der Moderne? ... 162

Literaturverzeichnis **165**
  Siglenverzeichnis 165
  Werke von Michel de Certeau 165
  Sekundärliteratur 169
  Weitere verwendete Literatur 181

Personenregister **187**

Sachregister **197**

Dank **203**

Einführung

Die Aktualität eines Denkers von der Vielseitigkeit Michel de Certeaus zu bestimmen, kann kaum bedeuten, ihn auf einen bestimmten Begriff, eine Methode, ein Forschungsfeld, einen Paradigmenwechsel, einen ‚turn' oder dergleichen festzulegen. Die intellektuelle Praxis eines permanenten Grenzgängers, eines intellektuellen Wanderers und Wilderers, der niemals zur Ruhe kam und seinen eigenen Ort meist auf der Grenze zwischen Disziplinen und Welten fand, macht eindeutige Zuschreibungen dieser Art unmöglich (Terdiman 2001; Mayer 2003).

Was mit dem Historiker jesuitischer Ordensgeschichte der Frühen Neuzeit und der ignatianischen Theologie begann, weitete sich über die Zeit aus auf politische Zeitdiagnosen, Geschichtstheorie, Psychologie, Anthropologie, Kultursoziologie, Literaturwissenschaft und eine Theorie des Alltags, der Schrift und der Kommunikation, mit anderen Worten auf die ganze Bandbreite einer transdisziplinären historischen Kulturwissenschaft in einer Person. Die Betonung des disziplinenübergreifenden Charakters von Certeaus Arbeiten hat inzwischen fast topische Züge angenommen, eine Tatsache, die sich wohl nicht unwesentlich bereits seinem eigenen intellektuellen Selbstverständnis und *self-fashioning* verdankte, zum Teil aber auch pragmatischen Erfordernissen gehorchte. In jedem Fall war es jedoch Ausdruck einer rastlosen Suche nach neuen Erkenntnissen und Perspektiven sowie einer uneingeschränkten Offenheit für neue Fragen und Probleme. So betonen seine Zeitgenossen immer wieder die besondere Aufgeschlossenheit und enorme Aufmerksamkeit, die Certeau den Arbeiten anderer entgegenbrachte. In der treffenden Formel Marc Augés eine Intelligenz, „die gestern wie heute furchtlos, unermüdlich und niemals hochmütig" war (Augé 1987: 84; Giard 2007b: 7).[1]

---

1   „Une intelligence aujourd'hui comme hier sans peur, sans fatigue et sans orgueil."

In einem Interview mit dem Jesuiten Antonio Spadaro erwähnte Papst Franziskus im August 2013, dass Michel de Certeau neben Henri de Lubac zu seinen bevorzugten französischen Denkern zähle, eine Bemerkung, die vielen als Ausweis seiner Aktualität für aktuelle kirchliche Reformprozesse gilt (Baumer 2014). Angesichts einer viel beschworenen ‚Rückkehr der Religionen' wäre es somit gegenwärtig ein leichtes, die Aktualität der Arbeiten Michel de Certeaus mit ihrer religiösen Relevanz für ein modernes Christentum zu begründen. Damit rückt er vielleicht in die Nähe eines „schwachen Denkens" oder einer „Ethik des Anderen" bei Giorgio Agamben, Alain Badiou oder Emmanuel Lévinas.

Doch so bedeutsam das Element der frühneuzeitlichen Mystik und die Arbeit an einer intellektuellen Erneuerung des Christentums für das Verständnis seines Denkens sind, eine allein theologische Würdigung würde ihm ebenso wenig gerecht werden, wie die im anglo-amerikanischen Raum vorherrschende Etikettierung als säkularer Kulturtheoretiker, die ihn eher in eine Reihe mit Michel Foucault, Pierre Bourdieu oder Fredric Jameson stellt, eine Tendenz der intellektuellen Verortung, die in jüngerer Zeit noch durch die Indienstnahme als Vordenker des Postkolonialismus ausgeweitet wurde. Als Jesuit war ihm ein interkultureller Austausch bereits zu einer Zeit selbstverständlich, als die Geschichtswissenschaften noch ruhig und tief im nationalgeschichtlichen Schlummer dämmerten. Auf die Frage „Warum Michel de Certeau heute?" antwortete eine Gruppe französischer Historiker 2002 mit dem Verweis auf die Aktualität für eine epistemologische Selbstreflexion der Geschichtswissenschaften (Delacroix et al. 2002a). So sei das in der „historiographischen Operation" (SG 71–133) entworfene Programm einer Selbsthistorisierung der Geschichtsschreibung gerade nach den diversen „Wenden" der 1980er und 1990er Jahre von ungebrochener Aktualität.

Auf die Frage nach seinem disziplinären Ort antwortete Certeau stets, er sei Historiker. Das ist im Folgenden weniger aus Gründen der fachlichen Identitätsmarkierung von Bedeutung, eine solche lag dem modernen ‚Polyhistor' ohnehin fern, als vielmehr, insofern es wesentlich zum Verständnis seines Werkes beiträgt. Certeau war nicht in erster Linie Theoretiker, obwohl er meist innerhalb einer ganzen Phalanx von poststrukturalistischen, französischen Meisterdenkern genannt wird, sondern, wie man heute sagen würde, ein empirisch arbeitender, historischer Kulturwissenschaftler. Entsprechend sind nur wenige seiner Texte ‚Theorie' im Sinne der Entwicklung eines eigenen Begriffsinstrumentariums etwa im Stile der Soziologie. Die Suche nach schnell für die eigene Arbeit anzueignenden Begriffen wird daher oft enttäuscht, obwohl es zweifellos eine ganze Reihe solcher Konzeptbegriffe in seinen Schriften gibt. Die meisten seiner Texte sind vielmehr konkrete Textanalysen und Lektüren, sei es von Quellen der Frühen Neuzeit oder Texten der Gegenwart. Gerade aus ihnen lässt sich eine Menge über eine bestimmte Denkweise und einen spezifischen Denkstil lernen, ohne jedoch einfach anwendbar oder reproduzierbar zu sein. Gerade letzteres verbietet sich schon durch den ihm eigenen literarischen Stil, der vielleicht die größte Hürde für das Verständnis vieler seiner Texte darstellt.

Beeindruckend ist vor allem die Selbstverständlichkeit, mit der Certeau räumliche wie kulturelle Grenzen überschritt, neue und andere Perspektiven einnahm und das Andere zum Sprechen brachte, ohne dabei den moralischen Zeigefinger zu erheben oder in transkulturellen Positivismus oder Theoretizismus abzugleiten. Certeaus Schriften entziehen sich konsequent einem identifizierenden Denken in klaren disziplinären Zuordnungen und theoretischen Verortungen. Es handelt sich um ein Denken im Plural, und so sind es nicht zuletzt sein Denkstil und die Praxis seiner intellektuellen Tätigkeit, welche die nachhaltige Aktualität seines Denkens ausmachen (Buchanan 2001).

Aus der historischen Distanz heraus ist es erstaunlich, mit welchem Gespür Certeau bereits vor 40 Jahren Phänomenen nachgegangen ist, die wir als zentrale Herausforderungen unserer Gegenwart begreifen. So etwa Fragen der Migration, der Diversität und der multikulturellen Gesellschaft in *La Prise de Parole* (PP) (vgl. Kap. 5.4. und 5.5.). Und seine geschichtstheoretischen Beobachtungen der ersten Generation dessen, was gegenwärtig als *digital humanities* firmiert, ist ebenso eine Relektüre wert (SG 97–99) wie etwa seine mit Luce Giard entworfene Soziologie der Kommunikation für die Analyse sozialer Netzwerke anschlussfähig gemacht werden könnte (*L'ordinaire de la communication* in PP).

Ein Werk von 18 Monographien und rund 400 Aufsätzen und Rezensionen kann im Rahmen dieser Einführung nicht in seiner Gänze rekonstruiert werden (Giard 1988b).[2] Bis zu Beginn der 2000er Jahre galt Certeau noch als intellektueller Geheimtipp aus dem Bereich französischer Theoretiker. Davon kann heute international angesichts zahlreicher ihm gewidmeter Doktorarbeiten, mehr als einem Dutzend Monographien, mehr als zwanzig Sonderheften von Zeitschriften sowie hunderten von Aufsätzen keine Rede mehr sein. Eine Gesamtwürdigung des Oeuvres liegt bislang jedoch nur mit den Arbeiten Jeremy Ahearnes (Ahearne 1995) und François Dosses vor (Dosse 2002).[3] Ahearne fokussiert dabei jedoch deutlich auf die Kategorie des Anderen und widmet dem Oeuvre vor 1968 wenig Aufmerksamkeit (Freijomil 7–9). Dosse liefert die umfangreichste Darstellung, welche allerdings auf Grundlage von Interviews eher eine intellektuelle Biogra-

---

2   Eine genaue Anzahl der Original-Artikel ist angesichts der Vielzahl von Überarbeitungen und Übersetzungen nicht leicht zu bestimmen, liegt jedoch weit darunter.
3   Als kompakte Überblicksdarstellungen in Aufsatzform vgl. u.a. Maigret 2000; Geldof 2007; Krönert 2009; Frijhoff 2010; Maj 2012.

phie als eine inhaltliche Analyse bietet (vgl. Moingt 2003; Füssel 2004a; Freijomil 2009: 9–10). Alle anderen bisherigen Monographien zu Certeau widmen sich bestimmten Einzeldimensionen seines Werkes wie der Geschichtstheorie, Kulturtheorie, Theologie oder Psychoanalyse. Gerade deswegen soll hier jedoch der Versuch unternommen werden, das Werk nicht aus einer einzelnen disziplinären Perspektive zu würdigen, sondern aus einer übergreifenden Frage nach den Aktualitäts- und Aktualisierungspotentialen für eine inter- und vielleicht auch transdisziplinäre historische Kultur- und Sozialwissenschaft.

Die folgende Einführung gliedert sich in fünf thematische Blöcke, die einer gewissen Chronologie folgen, welche jedoch nicht allzu strikt gedacht werden darf, da viele Themen von Certeau über lange Zeiträume hinweg immer wieder behandelt wurden. Angefangen bei der Geschichte des Jesuitenordens und den kirchlichen Reformen der 1960er Jahre (2), folgen Fallstudien zu den Orten des Anderen (3), eine Auseinandersetzung mit der Metahistoriographie bzw. Epistemologie der Geschichtswissenschaft (4), die Anthropologie des Alltags und des Konsums (5) sowie schließlich die Geschichte der frühneuzeitlichen Mystik (6). Die Vorstellung der einzelnen Texte zielt nicht auf Vollständigkeit, sondern versucht Grundlinien des Werkes, zentrale Fragen und Begriffe sowie Weiterführungen und Diskussionen in der Forschungsliteratur aufzuzeigen.[4] Im Sinne einer Einführung versteht sich die Darstellung vor allem als Orientierung und Überblick über ein reichhaltiges Oeuvre, weniger als Vorschlag zu dessen Gesamtdeutung. Die Perspektive der Darstellung ist vorrangig die eines Historikers, wenngleich die Perspektiven und Fragen anderer Disziplinen, so gut wie möglich einbezogen wurden. Wenn mit der Darstellung schließlich zu einer eigenen Lektüre der Schriften Certeaus angeregt wird, hat sich ihr Hauptzweck erfüllt.[5]

---

4   Alle Übersetzungen französischer Zitate sind, so weit nicht anders gekennzeichnet, meine eigenen. Sofern deutsche Übersetzungen von Certeaus Schriften vorliegen, wurden diese zitiert und nicht die Originale.

5   Die in manchen Fällen berechtigte Skepsis mancher Theorieexegeten gegenüber einer Verflachung und Neutralisierung kritischer Denker im Sinne einer einfachen ›Lehrbarkeit‹ qua Einführungsliteratur halte ich im Falle Certeau (momentan noch) für unbegründet, vgl. Schöttler 2011: 148. Certeau hat dem durch seine spezifische Schreibpraxis ohnehin bewußt selbst Grenzen gesetzt.

Leben, Werk und Rezeption 1

„Non, je ne regrette rien"
(Edith Piaf, 1960)

1.1 Der jesuitische Intellektuelle – Biographisches

Michel de Certeau wurde 1925 in Chambéry, Savoyen, als Sohn einer alten savoyardischen Adelsfamilie geboren.[6] Sein Vater arbeitete als Versicherungsvertreter und Michel war das älteste von vier Kindern, drei Söhnen und einer Tochter. Aufgewachsen unter einer strengen Erziehung verbrachte er seine Schulzeit offenbar meist allein mit seinen Büchern und mied den Kontakt zu seinen Mitschülern. Schon früh wuchs der Wunsch in ihm, Priester zu werden, und so trat er noch während des Krieges im Oktober 1944 im Alter von 19 Jahren in das Seminar Saint-Sulpice in Issy-les-Moulineaux ein. Dort lernte er auch bald darauf Claude Geffré kennen, mit dem ihn eine lange Freundschaft verbinden sollte (vgl. Geffré 1991). Getrieben von dem Wunsch, einem religiösen Orden beizutreten, ohne sich jedoch für einen speziellen entscheiden zu können, begann Certeau im Oktober 1947 sein Studium an der Universität Lyon.[7] In einem aufgeschlossenen Klima katholischer Reformbestrebungen kam Certeau mit den Ideen Henri de Lubacs (1896-1991) und anderer auf eine Erneuerung des katholischen Glaubens zielender Denker der „nouvelle théologie" in Berührung, welche vor allem durch die Philosophie Maurice Blondels (1861-1949) geprägt worden waren.

Die Arbeiten Lubacs bildeten eine der wichtigsten Inspirationsquellen für Certeaus Denken (Ward 2007). Mit diesem teilte er ein besonderes Interesse für die

---

6 Eine ausführliche intellektuelle Biographie liefert Dosse 2002, eine Darstellung, die aber unbedingt zu ergänzen ist durch diverse Kurzporträts von Luce Giard, vgl. Giard 2007a; vgl. zum Folgenden bereits Füssel 2004a.
7 Zu Certeaus Zeit in Lyon vgl. Jourjon 2003; Freijomil 2012.

Geschichte, insbesondere die der Mystik sowie für Paradoxien, welche beide als zentrales Instrument der Erkenntnis begriffen. Die offizielle Verurteilung der Vertreter der „nouvelle théologie" durch Papst Pius XII. in der Enzyklika *Humani generis* im August 1950 traf die Mitglieder des Lyoner Seminars wie ein Schock. In diese Zeit fällt der Eintritt Certeaus in die Gesellschaft Jesu (1949/50), wo er zunächst sein Noviziat in dem zur Pariser Provinz der Jesuiten gehörenden Städtchen Laval absolvierte. Nach den von Exerzitien und anderen Formen der Askese geprägten ersten beiden Ausbildungsstufen in Laval kam Certeau zum Scholastikat in den Jahren 1953/54 nach Chantilly. Hier war es vor allem das Hegel-Seminar Joseph Gauvins, das sich für Certeau wie für eine ganze Generation von Jesuiten als prägend erweisen sollte, indem es sie mit der einflussreichen Hegel-Interpretation Alexandre Kojèves (1902-1968) bekannt machte. Ebenfalls in der Jesuitenausbildung der fünfziger Jahre gewiss keine Selbstverständlichkeit war eine intensive Marx-Lektüre, welche Certeau durch Jacques Sommet vermittelt wurde. Im Juli 1956 wurde Certeau zum Priester geweiht und im gleichen Jahr in die Redaktion der Jesuitenzeitschrift *Christus* aufgenommen, in der er bis 1973 insgesamt 26 Artikel veröffentlichte. *Christus* war als eine Zeitschrift konzipiert worden, die zur Erforschung der Geschichte des Ordens beitragen sollte, indem sie klassische Texte der Ordensmitglieder neu edierte und gleichzeitig die Aktualität jesuitischer Spiritualität aufzeigte.[8]

Die Aufarbeitung der eigenen Ordensgeschichte bildete den Entstehungskontext für die erste größere wissenschaftliche Arbeit Certeaus in Gestalt der Edition des Memorials (MPF) von Peter Faber/Pierre Favre (1506-1546), einem Zeitgenossen des Ordensgründers Ignatius von Loyola (1491-1556) (vgl. auch Gallagher 2000: 103–106). Die kommentierte Edition wurde auch als Dissertation im Fach Religionswissenschaft eingereicht. Die Ordensoberen schätzten die hohe Gelehrsamkeit der Arbeit, werteten sie allerdings wohl nicht zuletzt aufgrund der an Metaphern reichen Sprache als ein wenig überambitioniert (Dosse 2002: 71). Pierre Favre, eine komplexe Persönlichkeit, die zu ihrer Zeit viele räumliche Grenzen überschritt, sollte sich als eine prägende Gestalt für Certeau erweisen.

Die Mitarbeit an der Zeitschrift *Christus* endete Mitte der 1960er Jahre recht abrupt aufgrund eines Eklats, ausgelöst durch einen Artikel von François Roustang über die aktuelle Situation der katholischen Kirche vor dem Hintergrund des

---

8 Einige der Artikel Certeaus aus *Christus* erschienen inzwischen in deutscher Übersetzung von Andreas Falkner SJ in der Zeitschrift *Geist und Leben*, vgl. Certeau 1958; Certeau 1966b; Certeau 1973b. Weitere frühe Texte Certeaus finden sich in deutscher Übersetzung auf der Homepage Falkners unter http://falkner-a-sj.info/uebersetzungen___p__michel_de_certeau_sj_x1925_1986x.html [zuletzt abgerufen am 18.08.2016].

zweiten Vatikanums (Roustang 1966; Dosse 2002: 86–89). Für Certeau zeigte die heftige Reaktion Roms auf Roustangs Kritik, dass der innovativen Verbindung von jesuitischer Spiritualität und den modernen Geistes- und Sozialwissenschaften hier zu enge Grenzen gesetzt waren. Mit der Zeitschrift *Études*, deren Redaktionsmitglied Certeau nun wurde, ließ sich mehr erreichen. Certeau machte sich rasch einen Namen mit seinen reflektierten Rezensionen aktueller historischer und philosophischer Werke, u. a. denen Michel Foucaults (Dosse 2002: 132–138).

Neben *Études* arbeitete Certeau auch für die *Recherches de science religieuse* und die *Revue d'ascétique et de mystique* und gab die Reihe *Bibliothèque des sciences religieuses* heraus (Dosse 2002: 139–154). Parallel zu diesem publizistischen Engagement für eine Erneuerung der Theologie und der Kirchen- und Religionsgeschichte erfuhr Certeau seine historisch-philologische Ausbildung in den Seminaren von Frühneuzeithistorikern wie Jean Orcibal (1913-1991) und Roland Mousnier (1907-1993) an der École pratique des hautes études in den Jahren von 1957/58 bis 1965/66 (Dosse 2002: 90–104).[9] Spürbaren Einfluss auf Certeau übten auch die Arbeiten des Historikers und Philosophen Alphonse Dupront (1905-1990) aus, der eine ähnliche Faszination für das ‚Andere' der Geschichte besaß (Dosse 2002: 105–111). Bereits Mitte der fünfziger Jahre hatte Certeau mit den Planungen einer thèse (Dissertation) über den französischen Jesuiten und Mystiker Jean-Joseph Surin (1600-1665) begonnen. Surin sollte der „Geist" werden, der ihn das ganze Leben lang aufsuchte, er wurde eine Art spiritueller Weggefährte (Gallagher 2000: 106-108; Laux 2004). Zeugnisse eindrucksvoller Gelehrsamkeit bilden die daraus hervorgegangene Edition von Surins *Guide spirituelle* (Certeau 1963a) und die nur wenige Jahre später herausgegebene Edition seiner Korrespondenz (Certeau 1966a).

Eine der wichtigsten intellektuellen Bezugsfiguren für Certeau war ohne Zweifel der Jesuit Henri de Lubac. Bereits seit der Zeit seines Noviziats korrespondierte Certeau mit ihm, doch nach dem Zweiten Vatikanum kam es zu einer unüberwindbaren Distanz zwischen beiden. Lubac hatte sich auf dem Konzil wie viele seiner Zeitgenossen für Reformen der katholischen Kirche engagiert. Ähnlich wie Joseph Ratzinger, der spätere Papst Benedikt XVI., sah Lubac in der zweiten Hälfte der sechziger Jahre den Reformprozess für weitgehend beendet an, während Certeau weiter an einer Öffnung der Kirche arbeitete und sich intellektuell von den dominierenden geistigen Autoritäten des Ordens emanzipierte. Einen in mehrfacher

---

9 Die Arbeit mit Orcibal reflektierte sich vor allem in dem Aufsatz über Saint-Cyran und den Jansenismus Certeau 1963b, während die Arbeit bei Mousnier sich in einem Aufsatz über René d'Argenson niederschlug, vgl. Certeau 1963c. Beide Texte jetzt in *Le Lieu de l'autre* (LA: 217–235; 265–299).

Hinsicht irreversiblen Bruch markierte 1971 die Veröffentlichung von Certeaus Grundsatzartikel *La rupture instauratrice* in der Zeitschrift *Esprit* (GS 155–187). Das Zweite Vatikanum stand für einen grundlegenden Bruch mit der Vergangenheit der Kirche und einen Aufbruch in die Moderne. Doch der Bruch ist nicht nur Abschied von der Tradition, sondern auch die dialektische „Begründung" einer neuen Theologie bzw. eines neuen Verhältnisses von Christ und (säkularer) Welt (Bogner 2002). Über die Gestaltung dieses Prozesses gingen die Ansichten bei Lubac und Certeau jedoch weit auseinander (Dosse 2002: 122–131). Für Certeau bildete die harsche Kritik seines Lehrers eine nachhaltige Herausforderung. Noch bis zu seinem Tod versuchte er die Beziehung zu Lubac wieder zu verbessern, ohne Erfolg (Dosse 2002: 47–58).

Das Zweite Vatikanische Konzil

Das Vaticanum II, das Zweite Vatikanische Konzil wurde von Papst Johannes XXIII. einberufen und dauerte vom 11. Oktober 1962 bis zum 8. Dezember 1965. Es stellt eines der bedeutenden Reformereignisse der katholischen Kirche im 20. Jahrhundert dar. Für die Theologen der Nachkriegszeit erwies sich das Konzil als enorm prägend. Ziel des Konzils sollte ein Prozess der Erneuerung und der Anpassung (ital. aggiornamento) der alten Dogmen an die Situation der modernen Welt sein. Konferenzsprache war Latein, und die Versammlung war auf zwei Organisationsebenen verteilt, eine Generalkongregation als Plenum sowie elf Kommissionen als gesonderte Arbeitsgruppen. Ihre Diskussionsgrundlage bildeten sogenannte „Schemata", d.h. Programmpapiere zu einzelnen Themen. Grundabsichten der Zusammenkunft waren, dass es kein „Konzil der Einheit" der Kirchen, sondern ein freies „pastorales" Konzil sein sollte, das keine neuen Dogmen produzierte. Nach dem Tod Johannes XXIII. im Juni 1963 führte Papst Paul VI. das Konzil 1965 zu Ende. Das Konzil umfasste vier Sitzungsperioden und drei Phasen der Intersessio. Unter den 3044 Teilnehmern waren als theologische Berater unter anderen Yves Congar OP, Henri de Lubac SJ, Karl Rahner SJ, Joseph Ratzinger und Hans Küng vertreten. Zu den wichtigsten Ergebnissen, die in insgesamt sechzehn Dokumenten veröffentlicht wurden, zählen die Liturgiereform (Sacrosanctum Concilium), die Stärkung des Laienapostolats (Apostolicam actuositatem), in dessen Folge neue Ämter und Räte entstanden, die Reform der römischen Kurie, Neupositionierungen zum Ökumenismus (Unitatis redintegratio) und zur Religionsfreiheit (Dignitatis humanae) sowie eine Abkehr vom Eurozentrismus und eine Hinwendung zur Weltkirche. Die ‚Öffnung zur Welt', wie sie mit der Pastoralkonstitution „Gaudium et spes" verabschiedet wurde, kritisierten konservative Kreise auch als

1.1 Der jesuitische Intellektuelle – Biographisches

Ursache einer zunehmenden Säkularisierung und Schwächung der Kirche. Die Rezeptionsgeschichte war sowohl vom Streit um den ‚wahren' „Geist des Konzils" sowie durch eine „nachkonziliare Krise" geprägt (vor allem in Frankreich als „la crise post-conciliaire"), die man etwa von 1965-1985 ansetzt. Der anfängliche Optimismus einer Modernisierung der Kirche wich rasch der Einsicht in die Schwierigkeiten der tatsächlichen Umsetzung des Reformprogramms. Die polarisierende Wirkung des Konzils zeigte sich in so unterschiedlichen Entwicklungen wie dem extremen Traditionalismus der 1970 gegründeten Pius-Bruderschaft auf der einen und dem Aufschwung der Befreiungstheologie auf der anderen Seite.

Weiterführende Literatur: Alberigo/Wittstadt 1997ff.; Wassilowsky 2004.

Ein persönlicher Bruch hatte sich für Certeau wenige Jahre zuvor ereignet. Im August 1967 erlitt er einen schweren Autounfall, in dessen Folge seine Mutter ums Leben kam und er selbst ein Auge verlor. Certeau gab sich die Schuld an dem Vorfall und wurde offenbar nachhaltig davon geprägt. Neben diesen persönlichen Verlusterfahrungen sollte sich jedoch bald darauf ein öffentlicher Bruch von historischer Bedeutung ereignen. Im Mai 1968 kam es in Frankreich ausgehend von der Sorbonne zu Studentenprotesten, die alsbald in einen Generalstreik mündeten und das ganze Land in eine Krise stürzten (Dosse 2002: 157–171). Die Studentenbewegung erfasste nicht nur weite Teile Europas (u.a. Deutschland, Italien, Tschechoslowakei), sondern entfaltete globale Ausmaße (u.a. USA, Mexiko, Japan). Bereits unmittelbar nach den Ereignissen kommentierten zahlreiche Intellektuelle wie Henri Lefebvre, Jean-Paul Sartre oder Hannah Arendt deren ‚historischen' Charakter. Zu diesen Zeitdiagnostikern gehörte auch Michel de Certeau, der im Juniheft von *Études* eine hellsichtige und aus heutiger Sicht weitblickende Analyse unter dem Titel *Prendre la Parole* veröffentlichte (PP). Die Studentenproteste deutet er darin als „symbolische Revolution" eines Kampfes um die Sprache. Doch Certeau belässt es nicht bei einer theoretischen Analyse. Durch Kontakte zum französischen Bildungsminister Edgar Faure, der den Artikel mit Interesse gelesen hatte, sollte sich Certeau auch praktisch für eine Reform des Bildungswesens engagieren (Dosse 2002: 167).[10] Rasch wurde jedoch klar, dass die Verhältnisse sich so einfach nicht ändern ließen; zumindest nicht in Europa.

Eine Folge war, dass sich die Hoffnung *auf* und das Engagement *für* eine gerechtere Welt sich bei vielen Theologen in einer verstärkten Aufmerksamkeit für

---

10 Vgl. etwa seine Stellungnahme in La loi Faure, ou le statut de l'enseignement dans la nation, in: Études Dezember 1968, S. 682–689.

die sozialen Bewegungen Lateinamerikas ausdrückte. Dort schien sich erfolgreicher Widerstand gegen politische Unterdrückung und ökonomische Ausbeutung zu formieren, für den gerade die Theologie eine wichtige Rolle spielte. Michel de Certeau besuchte von 1966 bis 1968 unter anderem Argentinien, Chile und Brasilien (Dosse 2002: 172–188). Der Plan, ganz nach Lateinamerika zu gehen, sollte sich allerdings nicht realisieren. Stattdessen wurde Certeau zu einem aufmerksamen Berichterstatter über die Entwicklungen in Lateinamerika, der immer wieder aktuelle Ereignisse kommentierte, wie etwa den Tod Che Guevaras (1967), den Militärputsch in Chile (Certeau 1973c) oder die Arbeit von Erzbischof Hélder Câmara (1909-1999) für die Menschenrechte während der Militärdiktatur in Brasilien (Certeau 1970c). Als er später in San Diego lehrte (seit 1978), nutzte er dies auch für Lehr- und Forschungsaufenthalte in Mexiko, wo es bis heute eine intensive Auseinandersetzung mit seinem Werk gibt. Die Lateinamerika-Reisen haben sowohl Certeaus besonderes Interesse für frühneuzeitliche Reiseberichte als auch für eine gewaltlose Praxis der Widerständigkeit befördert.

Certeau begriff sich von der wissenschaftlichen Profession her als Religionshistoriker. So trug er in den sechziger und siebziger Jahren maßgeblich zu einer Erneuerung der französischen Religionshistoriographie bei, wie unter anderem sein Engagement in dem *Groupe de la Bussière* verdeutlicht, einem informellen Arbeitskreis von Theologen und Religionshistorikern (Dosse 2002: 221–240; Langlois 1988). Zu der tonangebenden Mentalitätsgeschichte jener Zeit ging Certeau auf kritische Distanz, wie sich etwa an seiner Kritik an dem Annales-Historiker Robert Mandrou (1921-1984) manifestierte (Certeau 1969b). Certeau begriff Volks- und Elitenkultur nicht als starren Gegensatz, sondern als dynamisches Kräftefeld, ohne dabei wie viele Linksintellektuelle seiner Zeit in romantisierende „rusticophilie" zu verfallen (Dosse 2002: 241–251). Sein eigener Zugang zur oftmals fremdartigen religiösen Kultur der frühen Neuzeit kommt nirgendwo besser zum Ausdruck als in seiner 1970 publizierten Studie zu den Besessenen von Loudun. Ab der Mitte der 1970er Jahre fand Certeau auch zunehmend Akzeptanz im allgemeinen Feld der historischen Forschung, d.h. jenseits der Kirchen- und Religionsgeschichte. Mit Publikationen wie *L'Absent de l'histoire* (1973) oder *L'Écriture de l'histoire* (1975) etablierte sich Certeau rasch als Experte für Theorie- und Methodenfragen im Umfeld der Annales-Schule. So schrieb er den Grundsatzartikel über die „historiographische Operation" in der von Pierre Nora und Jacques Le Goff herausgegebenen dreibändigen Einführung in den aktuellen Stand der Geschichtswissenschaft unter dem Titel *Faire de l'histoire* (Le Goff/Nora 1974).[11]

---

11 Vgl. die rückblickend recht aufschlussreiche Besprechung von Hoock 1977, zu Certeau ebd.: 547.

1.1 Der jesuitische Intellektuelle – Biographisches

Zu den Leitwissenschaften des poststrukturalistischen Wissenschaftsfeldes, die für Certeau besonders einflussreich waren, zählen unter anderem die Sprachwissenschaft bzw. Semiotik und die Psychoanalyse. So zählte Certeau 1964 zu den Gründungsmitgliedern von Jacques Lacans École freudienne, ohne sich jemals darüber zu äußern, ob und wenn ja, von wem er sich selbst hatte analysieren lassen (Dosse 2002: 317–324). Lacan und seine Schüler übten eine große intellektuelle Anziehungskraft aus, galten jedoch auch als aggressiv, selbstzerstörerisch und sektiererisch. Certeaus psycho-historische Relektüren hatten es daher gerade im engeren Kreis nicht immer leicht (Dosse 2002: 325–344). Das hat Certeau selbst jedoch nicht davon abgehalten, sondern vielleicht eher noch darin befördert, seine eigene Interdisziplinarität noch konsequenter zu praktizieren. Ein Fach ist für ihn nicht Diener eines anderen, sondern bleibt im Prozess der Kommunikation und des Austausches in seinem eigenen Wert erhalten. So wird für Certeau weder die Psychoanalyse zum Theorielieferanten für die Geschichtswissenschaften noch die Geschichte zum empirischen Patientenpool des Psychoanalytikers, vielmehr geht es um eine wechselseitige Erhellung zweier „heterologischer" Wissenschaften, deren Gegenstand stets das Abwesende, das Andere bildet (Dosse 2002: 345–357).[12]
Seit den späten sechziger Jahren nahm Certeau gemeinsam mit Louis Marin (1931-1992) auch an einer Arbeitsgruppe zur Semiotik unter Leitung von Algirdas-Julien Greimas teil (1917-1992), (Dosse: 296–316). In ihrem Umkreis existierte ein produktiver Diskussionszusammenhang, aus dem unter anderem eine Arbeit zur Sprache der Engel (Certeau 1984) und zur Glossolalie (Certeau 1980d) sowie die gemeinsam mit Dominique Julia und Jacques Revel vorgenommene Analyse der Sprachpolitik des Abbé Grégoire während der französischen Revolution hervorgingen (Certeau/Julia/Revel 1975).

Da die Edition von Pierre Favres Memorial in den Religionswissenschaften als Dissertation eingereicht worden war, bemühte sich Certeau weiterhin um eine Promotion in katholischer Theologie. Im Jahr 1971 reichte er dafür unter dem Titel *L'oeuvre de Jean-Joseph Surin. Histoire et théologie: le lieu et l'histoire d'une recherche,* eine Sammlung seiner Aufsätze zu Surin ein. Zu diesem Zeitpunkt ist Certeau bereits ein geschätzter Intellektueller und international anerkannter Kirchenhistoriker, doch die konservative katholische Fakultät verweigert die Annahme der Arbeit mit der Begründung, sein Ansatz löse die Theologie in historische

---

12 Als solcher ist der Begriff der Heterologie keine Erfindung Certeaus. Bereits 1931 hatte ihn Georges Bataille in einer Studie zu de Sade geprägt (Der Gebrauchswert des D.A.F. de Sade), vgl. Bataille 2015. Es ist durchaus denkbar, dass Certeau die Begriffsprägung Batailles kannte, direkte Bezüge gibt es jedoch offenbar nicht, vgl. Buchanan 2000: 69.

Forschung auf und könne daher nicht als wirkliche theologische Dissertation gewertet werden (Dosse 2002: 361–381). Certeau unternahm keinen weiteren Versuch, den Titel doch noch zu erlangen und sah sich damit national eher an den Rand der Institutionen verwiesen. Das zusammenfassende Theoriekapitel der abgelehnten Arbeit trug den Titel *La rupture instauratrice*. Certeau saß institutionell zwischen den Stühlen. Während er den Historikern und Religionswissenschaftlern an der École des Hautes Études en Sciences Sociales als zu ‚kirchlich' galt, war er vielen Theologen zu ‚links' (Dosse 2002: 382–391). So soll Emmanuel Le Roy Ladurie in diesem Zusammenhang einmal gesagt haben: „In Frankreich gibt es Platz für einen Foucault, aber nicht für zwei" (Dosse 2002: 386).

Entsprechende Rückschläge hielten Certeau jedoch nicht davon ab, seine eigene Position zu präzisieren. Seine Lesart des zeitgenössischen Christentums präsentierte er 1974 in einer Radiodiskussion mit dem katholischen Schriftsteller und Journalisten Jean-Marie Domenach (1922-1997), die im gleichen Jahr unter dem Titel *Le Christianisme éclaté* veröffentlicht wurde (Certeau/Domenach 1974b). Für die Publikation hatte er allerdings nicht das Imprimatur des Ordens eingeholt, womit er seine weitere Ordensangehörigkeit zeitweise in Frage stellte (Dosse 2002: 200–220). Doch Certeau blieb Mitglied des Ordens, verließ aber die Jesuitenkommunität zugunsten einer privaten Wohnung, in der er sich auch eine eigene Bibliothek anlegte. Innerhalb des Ordens wirkte Certeaus radikales Bild einer pluralen Praxis des Glaubens polarisierend. Ältere Mitglieder befürchteten eine vollständige Preisgabe der kirchlichen Autorität, während jüngere in Certeau ein Vorbild sahen, an dem man sich orientieren konnte. 1978 resümiert Certeau seine theologischen Überlegungen in *Esprit* mit dem Artikel *La faiblesse de croire* (GS).

Parallel dazu entwickelt sich mit der Arbeit am Institut für Ethnologie der Universität Paris VII im Rahmen einer Kommission des französischen Kulturministeriums und einer staatlich finanzierten Arbeitsgruppe zu kulturellen Praktiken ein neuer Forschungsschwerpunkt des auf Projektarbeit angewiesenen Jesuiten (Dosse 2002: 443–462; Ahearne 2001). Von nun an begann die intensive Analyse von „Kultur im Plural" (CP), die nicht bei bloßer Beschreibung und Deutung stehen blieb, sondern konkret auf die Kulturpolitik einzuwirken suchte. Ähnlich wie in der Geschichtswissenschaft jener Jahre herrschten auch hier quantitative Methoden vor, die kaum in der Lage waren, individuelle Praktiken und Aneignungsweisen in den Blick zu nehmen. Certeau bezog unter anderem positiv Stellung zum Centre Pompidou und setzte sich damit von der kritischen Sicht Jean Baudrillards ab, mit dem er gleichzeitig in der Redaktion der Zeitschrift *Traverses* konkurrierte (Dosse 2002: 463–472). Für Certeau bildete das Centre ein „Laboratorium der Modernität", das Raum für den kreativen Umgang mit der modernen Kultur bot.

1.1 Der jesuitische Intellektuelle – Biographisches

Aus diesen Aktivitäten im Auftrag der Regierung ging 1980 auch Michel de Certeaus mit Abstand meistrezipiertes Buch *L'Art de faire I* dt. *Die Kunst des Handelns* hervor. Auch die *Kunst des Handelns* ist keine originäre Monographie, sondern aus vielen überabeiteten und einigen neuen Texten zusammengesetzt. Der nachhaltige Erfolg des Werkes ist einerseits in seiner Anschaulichkeit und Anschlussfähigkeit begründet. Es liefert als eines der wenigen Werke Certeaus gleich eine ganze Reihe begrifflicher Werkzeuge, die für andere empirische Arbeiten angeeignet werden können. Der Erfolg des Werkes innerhalb der kulturtheoretischen Landschaft der vergangenen Jahrzehnte gründet zudem in einem grundlegenden Gegenentwurf sowohl zu den kulturkritischen Positionen der älteren Frankfurter Schule, prominent etwa in Adornos Kritik der „Kulturindustrie" vertreten, wie auch gegenüber jüngeren machtanalytischen Entwürfen etwa in Michel Foucaults Theorie der Disziplinargesellschaft, der Kultursoziologie Pierre Bourdieus, der marxistischen Stadtsoziologie Henri Lefebvres oder der Theorie des „semiotischen Totalitarismus" bei Jean Baudrillard. All dem stellte Certeau die Produktivität und Widerständigkeit der Praxis entgegen (Dosse 2002: 489–506). Temporäre Gegenwehr statt totalitärer Verblendungszusammenhang, Konsum als Produktion und eine schöpferische Aneignung des städtischen Raumes – das sollten fortan wichtige Bezugspunkte in den Cultural Studies oder der postkolonialen Theorie werden (Buchanan 1992; See Kam 1996; Buchanan 1997; Maigret 2000: 529–537; Krönert 2009).

Die frühen 1980er Jahre waren geprägt vom Aufbruch der italienischen *micro-storia*, der deutschen Alltagsgeschichte oder einer „history from below", die einen entscheidenden Perspektivwechsel einleiteten, der bis heute einflussreich ist (Dosse 2002: 507–520). Als weiterführende Einsicht bleibt nicht die simple Perspektivenumkehr ‚von unten nach oben', sondern die schöpferische Heterogenität sozialer Praktiken, die nicht nur Strukturen reproduzieren, sondern auch neue schaffen und die Möglichkeit historischen Wandel jenseits von Modernisierungserzählungen großen Maßstabs beschreib- und erzählbar machen.

Als sich dem mobilen, aber jenseits der Orthodoxie arbeitenden Jesuiten dann 1978 die Möglichkeit einer tenure-track Professur an der Universität von San Diego bot, nutzte er die Chance (Dosse 2002: 405-425). San Diego bildete ein intellektuell extrem anregendes Umfeld.[13] Angefangen mit Herbert Marcuse (1898-1979) lehrten und forschten dort zeitweise so unterschiedliche Denker wie Richard Popkin (1923-2005), Jean-François Lyotard (1924-1998), Louis Marin (1931-1992),

---

13 Vgl. auch das Interview mit Laura Willett Certeau, 1983a.

Bruno Latour (geb. 1947) oder Fredric Jameson (geb. 1934).[14] Die Lehrtätigkeit in den USA förderte dann in den 1980er Jahren auch die ersten englischsprachigen Übersetzungen von Certeaus Werken (u.a. durch Jameson), mit denen eine breite Rezeption im angloamerikanischen Sprachraum einsetzte (Dosse 2002: 426–440). Vor allem die 1984 erschienene englische Übersetzung von *L'Art de faire I* machte Furore und etablierte Certeau als Referenzautor in der Urbanistik, den Cultural Studies ebenso wie in den Postcolonial Studies im Anschluss an Gayatri Chakravorty Spivak, Homi Bhabha oder Edward Said.

In Frankreich wurde Certeau institutionelle Anerkennung erst spät zu Teil. 1984 wurde er unter großem Zuspruch in die École des Hautes Études en Sciences Sociales aufgenommen. Präsident der École war mittlerweile der mit ihm befreundete Anthropologe Marc Augé. Das Projekt, mit dem man Certeau beauftragte, sollte sich der „Historischen Anthropologie des Glaubens im 16. und 17. Jahrhundert" widmen. In der Mystik des 17. Jahrhunderts lag für Certeau eine der zentralen Bruchstellen bei der Entstehung der Moderne, nicht erst in der Aufklärung des 18. Jahrhunderts (Dosse 2002: 546–556). Ursprünglich auf zwei Bände angelegt, gelang es Certeau bis zu seinem Tod lediglich, den ersten Band seiner Geschichte der Mystik vorzulegen, so dass seine historische Anthropologie des Glaubens zunächst zu weiten Teilen unvollendet blieb. Erst 2013 erschien ein zweiter Band, den Luce Giard aus dem Nachlass herausgeleitet hat (FM II). War der erste Band vor allem der mystischen Sprache gewidmet, so sollte im zweiten der Körper im Zentrum stehen. Vergegenwärtigt man sich die später erfolgte enorme Konjunktur der sogenannten Körpergeschichte, so erweist sich Certeau auch hier einmal mehr als kulturwissenschaftlicher Pionier. In der „Experimentalwissenschaft" der frühneuzeitlichen Mystik waren für Certeau bereits die wesentlichen Elemente jener heterologischen Wissenschaften (Theologie, Geschichte, Ethnologie, Psychoanalyse) vereint, deren Gegenstand stets das Abwesende, das Andere ist (Dosse 2002: 557–576).

Im Juli 1985 erhielt Certeau die Diagnose auf Pankreas-Krebs. Der letzte Text, den Certeau verfasste war Anfang Januar eine ausführliche Rezension von Christian Jouhauds *Mazarinades*.[15] Certeau verstarb am 9. Januar 1986 in Paris. Am 13. Januar 1986 kam die Pariser Gelehrtenrepublik zu einem Gottesdienst in der Kirche Saint Ignace in der Rue de Sèvres zusammen und nahm Abschied unter den Klängen von Edith Piaffs *Non, Je ne regrette rien*. Die führenden Vertreter von Philosophie, Soziologie, Geschichte, Anthropologie, Psychoanalyse und Theologie

---

14 Certeau hat Marcuse nach seinem Tod mit mehreren Texten gewürdigt, vgl. Certeau 1980c.
15 Vgl. Giard 1988, Nr. 391.

hatten sich dort versammelt, um einen ungewöhnlichen Denker zu ehren, der allen diesen Fächern Wichtiges gegeben hatte, seinen eigenen intellektuellen Ort jedoch stets jenseits disziplinärer Grenzen gefunden hatte.

1.2 Alterität – Schöpferischer Verlust – réemploi: Der Werkzeugkasten

1.2.1 Die Suche nach der Einheit des Werkes

Das Gesamtwerk Certeaus wird häufig in eine erste Phase von 1954 bis 1968 und eine zweite von 1968 bis 1986 eingeteilt, eine Zweiteilung, die dann meist eine weitgehende Ausblendung der Arbeiten vor 1968, dem Jahr des „Bruches", nach sich zieht. Bis 1967 umfasste das Oeuvre Certeaus jedoch schon 72 Einzelpublikationen (vgl. Giard 1988). Eine noch feinere Unterteilung unterscheidet eine dritte Phase ab der Mitte der 1980er Jahre, als Certeau sich verstärkt der historischen Anthropologie der Mystik zuwandte und sich damit gewissermaßen zurück zu seinen intellektuellen Anfängen begab (Buchanan 2005).

Zur Frage des inneren Zusammenhangs des Werkes gibt es mittlerweile mehrere sich zum Teil ausschließende, zum Teil aber auch ergänzende Positionen. Luce Giard und Jeremy Ahearne sehen die „konzeptionelle Architektur" wesentlich von der Figur des Anderen bestimmt (Giard 1994: 15; Ahearne 1995).[16] In den Augen Koenraad Geldofs nehmen sie damit jedoch eine unzulässige Vereinheitlichung des Werkes vor. Geldof begreift das Werk als zutiefst gespalten und sieht als Leitfragen die nach der Deutung der Moderne und der religiösen Erfahrung (Geldof 2007). Jacques Le Brun hat vorgeschlagen, das Werk nicht als abgeschlossen, sondern als offen für Erweiterungen, als Ermöglichung neuer Sichtweisen und Anbahnung neuer Wege der Forschung zu begreifen (Le Brun 2003). Auch Eric Maigret

---

16 Ahearne hat sich jedoch explizit dagegen verwahrt, Certeau die Konstruktion eines „systematischen doktrinalen Gebäudes" zu unterstellen (Ahearne 1995: 3), worauf Ian Buchanan wiederum kritisch erwidert hat, Ahearnes Weigerung, eine übergreifende These und innere Konsistenz des Werkes erkennen zu wollen, sei letztlich ein weiterer Versuch sich der Religiosität Certeaus zu entziehen (Buchanan 2000: 12 sowie ausführlich in Buchanan 1996b). Das Ganze scheint mir eher eine Abgrenzungsstrategie innerhalb von Kämpfen um Deutungshoheit zu sein, was auch an der übertriebenen Kritik Buchanans an der Editionsarbeit von Luce Giard deutlich wird (vgl. Buchanan 2000: 3–7). Ahearne gebührt das unbestreitbare Verdienst, die erste Gesamtdarstellung vorgelegt zu haben. Dass diese nicht das letzte Wort der Forschung war, sollte ebenso klar sein.

sieht drei methodische Erbschaften Certeaus, die keine ausgearbeitete Theorie der Moderne enthalten, sondern das Werkzeug auf dem Weg dorthin bereitstellen: eine historische Epistemologie der Alterität, eine Anthropologie des Religiösen sowie der Säkularisierung und eine Theorie kultureller Praktiken der Aneignung (Maigret 2000).

1.2.2 Denkfiguren

Certeau hat folglich kein theoretisches System entworfen, das einen elaborierten Begriffsapparat oder eine große Erzählung implizieren würde. Sein Denken kreist vielmehr um einige zentrale Denkfiguren, Sprachbilder und Problematiken. Wie Luce Giard hervorhebt, war es eine wohl nicht zuletzt der jesuitischen Tradition geschuldete Sensibilität für „Stile" und „Künste" (im Sinne der „artes") des Denkens und Handelns, die sein Forschen leitete und begleitete. Wie bereits Jacques Revel feststellte, kommt der Metaphorik nicht nur eine ästhetische und deskriptive, sondern vor allem eine heuristische Funktion zu.[17] Certeau dachte in bestimmten Figurationen, die immer wiederkehren, sich aber nicht zu einem übergreifenden Theoriegebäude fügen. Insofern berühren alle Versuche, sein Werk auf eine einzige Leitkategorie, wie etwa Alterität, Heterologie, Differenz, Körperlichkeit, Räumlichkeit oder Aneignung, zurückzuführen, letztlich immer nur Teilaspekte seines Denkens. Noch weniger können zweifellos Versuche überzeugen, sein Denken auf eine bestimmte disziplinäre Matrix zu verengen. Certeau ‚nur' als Kulturtheoretiker zu interpretieren, wird ihm letztlich ebenso wenig gerecht, wie ihn ‚nur' als Theologen zu würdigen.

Von sich selbst am treffendsten als disziplinärer Grenzgänger charakterisiert, der seinen Ort stets zwischen den Disziplinen fand, ist Certeau insofern kein klassischer Theoretiker als er nie eine Theorie als solche entworfen hat, sondern seine theoretischen Überlegungen immer einen konkreten empirischen Ausgangspunkt besitzen. Certeau entwirft keine Theorie des Alltags, um einen Beitrag zu einer Bewegung zu leisten, die man später als Cultural Studies bezeichnete, sondern er bildet sich innerhalb eines konkreten empirischen Auftrags-Projekts eigene Begriffe, die aus der Unzufriedenheit mit bestehenden Konzepten resultierten; er entwickelt keine abstrakte Geschichtstheorie, sondern anwendungsbezogene Re-

---

17 „Le système métaphorique qu'il affectionnait – carrefours, réseaux, lieux de transit, repères limites – a plus q'une valeur descriptive. Il a une fonction heuristique: il met en espace et en mouvement l'opération de connaissance." (Revel 1991: 126); zur Rolle der Metaphern vgl. auch Blanc 2006.

1.2 Alterität – Schöpferischer Verlust – réemploi: Der Werkzeugkasten

flexionen eines Empirikers der frühneuzeitlichen Religionsgeschichte, die allerdings hinsichtlich ihrer theoretischen Komplexität weit über ihre ursprünglichen Entstehungskontexte hinausweisen.

Diese gegenstandsbezogene und antisystemische Arbeitsweise drückt sich auch in der spezifischen Art seiner Publikationen aus. Certeaus zentrale Veröffentlichungs- und Artikulationsform ist der Aufsatz. Fast keines seiner Bücher – mit wenigen Ausnahmen wie etwa *La Possession de Loudun* – besteht aus einem einzigen Narrativ, einer einzigen großen Abhandlung. Vielmehr handelt es sich fast immer um Sammlungen von überarbeiteten Aufsätzen und Essays, die bereits zuvor meist separat in Zeitschriften oder Sammelbänden veröffentlicht worden waren. Die Aufsatzsammlungen stellen die Texte in neue Kontexte und bilden neue Zusammenhänge. Fünf dieser Bände sind erst posthum von Luce Giard auf Basis des Nachlasses herausgegeben worden, enthalten aber fast ausschließlich bereits zu Lebzeiten publizierte Artikel: *Histoire et psychanalyse entre science et fiction* (1987), *La Faiblesse de Croire* (1987), *La Prise de Parole et autres écrits politiques* (1994), *Le Lieu de l'Autre: Histoire religieuse et mystique* (2005a) und *La Fable mystique. XVIe-XVIIe siècle II* (2013). Für Luce Giard gleicht Certeaus Arbeitsweise der eines Malers, der immer wieder neue Details hinzufügt, etwas ergänzt oder übermalt (Giard 1988: 407). Das rasche und situative Publizieren, die ständige Überarbeitung der eigenen Texte und das ‚Sich-Einnisten' und ‚Wildern' in den Texten anderer Autoren führt zu der Frage einer spezifischen Logik der Wiederverwendung. So sieht etwa Peter Burke im Begriff des *réemploi* die zentrale Kategorie für das Gesamtverständnis des Oeuvres (Burke 2002; Freijomil 2009: 2–5).[18] Ein Großteil von Certeaus Schriften besteht aus Lektüren: Freud, Foucault, Lacan, Jean de Léry, Jules Verne, Nikolaus von Kues. Certeau denkt und ‚wildert' in den Texten anderer. Er betreibt keine reine Exegese, sondern entwickelt *an* und *in* bestimmten Texten eigene Überlegungen, die oft der Art einer dekonstruktivistischen ré-écriture gleichen. Er nistet sich in Texten ein, stellt ungeahnte Verknüpfungen her zwischen literarischen, historischen, theologischen und philosophischen Texten. Daher spielten auch Rezensionen für die Art und Weise, wie sich Certeau neue Forschungen und Theorien angeeignete, eine zentrale Rolle.[19] Seine Besprechungen sind zum Teil enorm umfangreich und haben wenig mit der wissenschaftlichen Standardrezension gemeinsam, die zunächst den Inhalt grob referiert und am Schluss in wenigen Sätzen ein paar kritische Bemerkungen, zur Not zum Fehlen eines Registers und Ähnlichem, platziert. Eines seiner ersten Bücher

---

18 Eine frühe Verwendung des réemploi-Begriffes findet sich bereits in einem Artikel aus *Christus* von 1964 (wieder abgedruckt in E 45–66, hier 58).

19 Vgl. das Verzeichnis der rezensierten Bücher bei Giard 1988b.

L'absent de L'Histoire besteht zu weiten Teilen aus Relektüren von Werken Henri Bremonds, Robert Mandrous, Michel Foucaults oder Leszek Kolakowskis (AH).[20] Zu den zentralen Denkfiguren Certeaus zählt der Mechanismus einer produktiven Abwesenheit, deren Urszene das leere Grab Jesu bildet (Boer 1999; Weidner 2014). Für Certeau baut das Christentum „auf *dem Verlust eines Körpers auf* – des Körpers Jesu, zu dem noch der Verlust des ‚Körpers' von Israel" hinzukommt [...] In der Tat: ein Gründungsverschwinden" (MF 127). Das durch seine Abwesenheit gekennzeichnete Andere ist schöpferisch, sein Verlust verursacht ein Schreiben. Figuren der Alterität und des Abwesenden werden daher immer wieder als die Leitfiguren seines Denkens herausgearbeitet (Ahearne 1995). Das Andere ist eine rein relationale Kategorie. Es bestimmt sich immer nur in Beziehung zu etwas Eigenem, einem Ich, einer Anwesenheit, wie auch das Ich sich aus dem Bezug zum Anderen konstituiert. Die Vergangenheit ist das Andere der Geschichte, die transzendente Gottheit das Andere der Theologie, das Unbewusste das Andere der Psychologie, das Wilde das Andere der Ethnologie etc. Es gibt keine übergreifende inhaltliche Antwort auf die Frage: Was ist das Andere? Das Denken des Anderen ist ein Denken in Relationen, es ist ein Denken der Grenze zwischen Ich und Anderem, Präsenz und Absenz, Mündlichkeit und Schrift, Moderne und Vormoderne.

Luce Giard hat als drei zentrale Elemente von Certeaus „konzeptioneller Architektur" die Frage der Rede bzw. des Sprechens (parole) in Relation zu Schrift und Schriftlichkeit, das Denken in Differenzen (différences) und die Faszination für Orte (lieux) und Räume hervorgehoben (Giard 1994a: 15–19). Die Texte Certeaus sind geprägt von einer Sprache des Raumes (Zmy 2014). Sein gesamtes Oeuvre lässt sich daher mit Jacques Revel als Projekt einer Topographie lesen.[21] Der eigene Ort oder der „Ort des Anderen" werden zu zentralen Bezugspunkten, ebenso wie die Grenze oder der Nicht-Ort. Immer wieder macht er „Geographien" von Mentalitäten, Forschungsrichtungen oder Disziplinen aus. In der *Kunst des Handelns* trifft er eine analytische Unterscheidung zwischen Raum und Ort, die im Rahmen des *spatial turn* mittlerweile einflussreich geworden ist.[22] Diese besondere Ausprägung eines „spatialen Denkens" ist dabei allerdings kaum auf eine einzige Wurzel

---

20 Certeau selber spricht von „compte rendu" also einer Buchbesprechung/Rezension; in der deutschen Übersetzung ist hingegen von „Literaturbericht" die Rede, was eher einen Forschungsüberblick meint, vgl. die Zusammenfassung des Bandes jetzt in deutscher Übersetzung in TF 169–178.

21 „Toute l'entreprise de Certeau peut, pour partie, être comprise comme un projet de topographie (ou de cartographie, pour remployer le terme qu'il a lui-même utilisé à propos de Michel Foucault." (Revel 1991: 111).

22 Zur Aufnahme in den deutschsprachigen Diskurs der Raumtheorie vgl. Dünne/Günzel 2006: 343–353.

zurückzuführen. Eine Rolle spielen gewiss die enge Verbindung von Geschichtsstudium und Geographie in Frankreich, die ignatianische „composición de lugar" (Eickhoff 1998) ebenso wie die allgemeine Konjunktur von Raumtheorien in der französischen Kulturwissenschaft von Fernand Braudel über Gaston Bachelard bis hin zu Henri Lefebvre oder Marc Augé.

1.2.3 Denkbilder

Für einen Ordensmann auf den ersten Blick vielleicht ein wenig überraschend war Certeau offensichtlich ein interessierter Kinogänger und Fernsehzuschauer.[23] In seinem Werk finden sich diverse Filmbesprechungen[24] und er nutzt immer wieder Filme wie Bilder, um einen historischen Sachverhalt, eine Problematik, eine Relation zu verdeutlichen. So dienen häufig Bildbeschreibungen als Einstieg oder Ausblick eines Themas. Immer wieder greift er dabei beispielsweise auf die Filme Charlie Chaplins zurück. So nutzt er *The Gold Rush* (1925) und *Modern Times* (1936) in *La Prise de Parole* (Certeau 1994a: 58 u. 60), um die Situation der 68er Revolte zu symbolisieren oder versinnbildlicht die Grenzsituation der Geschichte zwischen Fakten und Fiktionen mit *The Pilgrim* (1923) in *L'écriture de l'histoire* (SG 65; TF 169). 1975 erscheint ein längeres Interview mit Certeau zum Film *Der Exorzist* von William Peter Blatty in den *Études* (Certeau 1975e), und er publiziert wiederholt in *Ça cinéma*.

Vor allem den Titelkupfern der frühneuzeitlichen Reiseberichte und Proto-Anthropologien hat Certeau bildanalytische Aufmerksamkeit geschenkt. So etwa in der Deutung der America Allegorie von Giovanni Stradano in *L'écriture de l'histoire* (SG 7; Christadler 2002) oder einer eingehenden Bildanalyse des Titelkupfers von Joseph-François Lafitaus *Moeurs des sauvages amériquains comparées aux moeurs des premiers temps* (1724), mit der Certeau die Rekonstruktion seiner Anthropologie beginnt (Certeau 1980b). Im zweiten Kapitel von *La Fable Mystique* wird Hieronymus Boschs *Der Garten der Lüste* einer ausführlichen Deutung unterzogen (MF 81-115). Neben den Metaphern und Sprachbildern sind es diese

---

23 Auf die Frage, was er lese bzw. tue um sich zu entspannen, antwortete er 1983 in einem Interview: Spazierengehen, Fernsehen und Poesie lesen bzw. dichterische Romane vgl. Certeau/Willett 1983a: 12–13.

24 U.a. von Ken Russels *The Devils* (1971), Jean-Louis Comollis *La Cecilia* (1976), Chris Markers *A bientôt j'espère* (1976); Robert Bressons *Le Diable probablement* (1977); John Boormans *Exorcist II: The Heretic* (1977).

Denk-Bilder, die für Evidenzerzeugung und Argumentation Certeaus eine zentrale Rolle spielen.[25]

1.3 Aneignungen eines Denkers: Die internationale Rezeption

> Totus mundus nostra fit habitatio.
> (Jéronimo Nadal S.J., 1554)

Eine Vielseitigkeit, die intellektuell als Vorteil, ja vielleicht in ihrer spezifischen Ausprägung gar als Alleinstellungsmerkmal gelten mag, kann für die Rezeption auch zum Hindernis werden (Maigret 2000: 512). Obwohl Certeaus Denken sich konsequent jeglicher nationaler wie disziplinärer Eingrenzung entzieht, sind entsprechende Pfadabhängigkeiten für die jeweiligen Formen der Aneignung dennoch prägend.[26] Die Rezeption Certeaus folgt in globalem Maßstab seinen Spuren in den von ihm durchquerten Disziplinen und Ländern. Neben Frankreich, Italien, Großbritannien, Deutschland, Belgien und den Niederlanden sind vor allem die USA, Lateinamerika und Australien als wichtige Rezeptionsräume zu nennen. Die bislang intensivste Diskussion erfuhr Certeau in den beiden zentralen Ländern seiner wissenschaftlichen Arbeit: Frankreich und den USA.[27] Vom Tod Certeaus 1986 bis zum Beginn der 2000er Jahre verlief die Rezeption international in einem relativ überschaubaren Rahmen, ab etwa 2005 kam es jedoch zu einem sprunghaften Anstieg der Auseinandersetzungen mit seinem Werk, so dass sich die Forschung mittlerweile kaum noch überblicken lässt. Der folgende nach Ländern und Sprachräumen strukturierte Überblick bietet daher nur eine Sicht auf die wichtigsten Strömungen und einflussreichsten Multiplikatoren. Die Einzelforschungen werden im jeweiligen Themenabschnitt angeführt.

---

25 Eine vergleichende Betrachtung seiner Bildanalysen liegt, soweit ich weiß, bislang nicht vor.
26 Vgl. Ahearne/Giard/Julia/Mayol/Mongin 1996; Dosse 2002: 604–626; Vallin 2003; Füssel 2004a; von Mallinckrodt 2004.
27 Zu den Unterschieden in der Rezeption in beiden Ländern vgl. Ahearne/Giard/Julia/Mayol/Mongin 1996; Cravetto 2003.

1.3.1 Frankreich, Belgien und die Niederlande

In Frankreich waren es zunächst in erster Linie Freunde und Kollegen Certeaus, die sich bereits kurz nach seinem Tod um sein intellektuelles Erbe verdient gemacht haben. Vor allem Luce Giard, bedeutende Wissenschaftshistorikerin der Renaissance und langjährige Mitarbeiterin Certeaus hat sich in zahlreichen Arbeiten der Aufarbeitung seines Werkes gewidmet. Im Januar 1986 hatte Certeau sie kurz vor seinem Tod zur Testamentsvollstreckerin und wissenschaftlichen Nachlassverwalterin seiner Werke ernannt. Giard hat u.a. eine vollständige Bibliographie seiner Werke erstellt, neue Schriften herausgegeben, zahlreiche Einleitungen zu Neuausgaben seiner Bücher verfasst und mehrere Certeau gewidmete Tagungen organisiert (Giard 1987; Giard 1988; Giard/Martin/Revel 1991).[28]

Auch aus dem Umfeld der Ordensangehörigen entstammen zahlreiche Publikationen (Geffré 1991; Moingt 1991; Moingt 2003), ebenso aus dem Bereich der Psychoanalyse oder der Geschichtswissenschaft (Delacroix/Dosse/Garcia/Trebitsch 2002a). Roger Chartier etwa, einer der führenden Vertreter der französischen Kulturgeschichtsschreibung in der dritten Generation der Schule der *Annales*, kannte und schätzte Certeau und hat immer wieder zu seiner Rezeption innerhalb der neuen Kulturgeschichte beigetragen (Chartier 1991). Auch in der Psychoanalyse (Delacroix/Dosse/Garcia 2002), Psychiatriegeschichte (Marion-Veyron 2004) und Pädagogik ist Certeau inzwischen intensiv diskutiert worden (Séradin 2016). Eine Art Rückkoppelungseffekt der Rezeption ergibt sich im Feld der jüngeren französischen Mediensoziologie, deren Vertreter wie etwa Éric Maigret ihrerseits die angloamerikanischen Cultural Studies rezipieren, für die Certeau ein wichtiger Bezugspunkt ist. Nach dem Erscheinen von Dosses umfangreicher Certeau-Biographie 2002 und weiteren von Giard edierten Aufsatzsammlungen hat die Diskussion in Frankreich an Fahrt aufgenommen.[29]

In Belgien waren und sind es vor allem der Literaturwissenschaftler Koenraad Geldof (1963-2009) und der Historiker und Philosoph Wim Weymans sowie in den Niederlanden der Amsterdamer Kulturhistoriker Willem Frijhoff und der Theologe Inigo Bocken, die wichtige Beiträge zu Certeaus Oeuvre vorgelegt haben (Wey-

---

28 Zuletzt organisierte sie eine internationale Tagung in Paris am Centre Sèvres (10.-12.3.2016), die der weltweiten Rezeption seines Werkes gewidmet war vgl. http://www.micheldecerteau-giard.paris/fr/ [zuletzt abgerufen am 18.08.2016]; eine Auswahl der Beiträge erschien in Giard 2017.

29 Vgl. als Überblicke Bogner/Eslin/Giard/Lardet/Schlegel/Vigarello/Widmaier 2002; Vallin 2003; Ullern-Weite 2004: 349–357.

mans 2003; Frijhoff 1998; Frijhoff 2010; Bocken 2012a; Bocken 2012b). Geldof hat in einem längeren Aufsatz eine Gesamtdeutung des Werkes vorgenommen und auch einen ersten Sammelband in flämischer Sprache veröffentlicht (Geldof/Laermanns 1997).

1.3.2 USA und Großbritannien

Der Weg von einem intellektuellen Geheimtipp zu einem anerkannten Meisterdenker der Kulturwissenschaften ist jedoch zweifellos durch die intensive Aufnahme und Übersetzung der Schriften Certeaus in den USA geebnet worden (Ungar 2002). Ein wichtiger Multiplikator war Tom Conley als Übersetzer mehrerer Bücher Certeaus (Conley 1992; Conley 2001). Auch haben namhafte Kulturhistoriker/innen mit Schwerpunkt in der Frühen Neuzeit als regelrechte Theorie-Broker zu einer Verbreitung seiner Schriften beigetragen. Stephen Greenblatt hat einen Vergleich der Besessenen von Loudun mit einem Fall in London angestellt (Greenblatt 1986) und 2000 ein Vorwort zur englischen Ausgabe von *La possession de Loudun* verfasst. Die von ihm 1983 mitgegründete Zeitschrift *Representations*, das Sprachrohr des New Historicism, hatte Certeau wiederholt gewürdigt (vgl. das Sonderheft 33/1991). Die Frühneuzeithistorikern Natalie Zemon Davies hat Certeau ebenso als wichtigen Einfluss benannt (Davis 2008) wie die Mediävistin Gabrielle M. Spiegel in ihrer „Presidential Adress" 2008 auf der Jahrestagung der American Historical Association (Spiegel 2009). In der US-amerikanischen katholischen Theologie hat vor allem der an der Loyola University Maryland lehrende Theologe Frederick Christian Bauerschmidt in zahlreichen Publikationen das theologische Werk Certeaus diskutiert (Bauerschmidt 1996; Bauerschmidt 2001).

Eine ausgeprägte Aufnahme der Werke Certeaus in unterschiedlichen Feldern ist auch in Großbritannien zu verzeichnen. Der in Oxford lehrende Theologe Graham Ward etwa brachte Certeau in zahlreichen Arbeiten in die Diskussion um eine postmoderne Theologie ein (Ward 1996) und hat mit einem Certeau-Reader (Ward 2000) in der populären Blackwell Reihe auch für eine breitere Rezeption seiner Schriften jenseits der Theologie gesorgt. Im Bereich der Cultural Studies haben sich vor allem Jeremy Ahearne, Ian Buchanan und Ben Highmore in verschiedenen Arbeiten mit Certeau auseinandergesetzt. Ahearne legte 1995 die erste Monographie zu Certeau vor (Ahearne 1995), die das Gesamtwerk aus Perspektive eines Denkens der Alterität würdigt. Hingegen behandeln der inzwischen in England lehrende Australier Ian Buchanan sowie Ben Highmore Certeau ganz als Kulturtheoretiker in der Tradition der Cultural studies (Buchanan 2000; High-

1.3 Aneignungen eines Denkers: Die internationale Rezeption

more 2006).[30] Insbesondere Buchanan arbeitete vor allem Querverbindungen zu anderen Denkern wie Fredric Jameson, Gilles Deleuze oder Maurice Merleau-Ponty heraus, um Certeau zu „defamiliarisieren" (Buchanan 2000: 8–9). Besonders anregend wirkte Certeau im Bereich der britischen Cultural Studies etwa auf die Arbeiten von John Fiske zu den Praktiken populären Konsums (Fiske 2000: 27–30, 153–155). Mit Peter Burke hat auch der wohl einflussreichste Vertreter der neuen Kulturgeschichte in Großbritannien Certeaus Werk wiederholt gewürdigt und popularisiert. Seine Heidelberger Gadamer Lecture von 2002 versuchte dies auch in Deutschland, allerdings wohl mit mäßigem Erfolg.[31]

1.3.3 Deutschland und deutschsprachiger Raum

Die deutsche bzw. präziser deutschsprachige Geschichtswissenschaft hat trotz früher Anfänge bislang eher mit Skepsis oder gar Ignoranz auf das Werk Certeaus reagiert. Erste Anfänge datieren in die späten 1980er Jahre, als in Salzburg eine Forschergruppe um den Historiker Georg Erich Schmid unter dem Namen *Sigma* zur Geschichte und Semiotik arbeite. Schmid übersetzte Aufsätze Certeaus und räumte ihm in seinem Entwurf einer postmodernen Geschichtswissenschaft einen prominenten Platz ein (Certeau 1981b; Schmid 1988). Etwa zur gleichen Zeit wandten sich Kultur- und Alltagshistoriker wie Martin Dinges oder Alf Lüdtke vor allem Certeaus *Kunst des Handelns* zu. Während Dinges das Handeln der Unterschichten im frühneuzeitlichen Bordeaux mit Begriffen wie Strategie und Taktik analysierte (Dinges 1987), entwickelte Alf Lüdtke Grundzüge einer Alltagsgeschichte des 19. und 20. Jahrhunderts mit Schlüsselbegriffen wie „Eigensinn" und „Aneignung" (Lüdtke 1993; Füssel 2006).

Die Aufnahme Certeaus ist im deutschsprachigen Raum erst mit einiger Verspätung erfolgt, zu einer Zeit, als „french theory" bereits begann, selbst historisiert zu werden. Verantwortlich dafür ist zweifellos einmal die zunächst vergleichsweise eher schleppende Übersetzung seiner Arbeiten. Erst zwei Jahre nach seinem Tod erschien 1988 im Berliner Merve Verlag als erste Übersetzung die deutsche Ausgabe von *L'Art de faire I*. 1991 folgte in der Reihe „Historische Studien" bei Campus die um einige wesentliche Kapitel gekürzte Übersetzung von *L'écriture de l'histoire*. 1997 veröffentlichte der Wiener Verlag Turia&Kant eine Übersetzung

---

30 Vgl. als Metakritik der Arbeiten des „mouvement anglophone des études certaliennes" auch Freijomil 2009: 7–9.

31 Vgl. die kritische Besprechung von Patrick Bahners: Und wenn ihr die wilden Denker fragt. In: Frankfurter Allgemeine Zeitung, 10 Juli 2002.

von *Histoire et psychanalyse entre science et fiction* (2. Aufl. 2007). Aus der langen Reihe seiner theologischen und religionshistorischen Schriften folgten wiederum in einigem Abstand 2009 *GlaubensSchwachheit* in der Reihe „Religionskulturen" bei Kohlhammer und 2010 *Die mystische Fabel* als selbstständige Schrift bei Suhrkamp. Bereits die unterschiedlichen Reihen und Verlage verweisen auf die fragmentierte disziplinäre Verortung des französischen Jesuiten: Sein Werk konnte als das eines Kultur- oder Geschichtstheoretikers, eines Psychoanalytikers ebenso wie eines Theologen oder Religionshistorikers aufgenommen werden. Bis zur Mitte der 2000er Jahre blieben die Rezeptionsvorgänge im Wesentlichen Episode. Michel de Certeau passte nicht recht in den vorgefertigten Rahmen französischer Theoretiker mit ihrem meist distanzierten Verhältnis zur katholischen Theologie. Bei den Historikern mochte, wenn nicht eine generelle Theorieskepsis, so doch mindestens ein gewisses Unbehagen an der prosaischen, bisweilen gar kryptischen Sprache des Jesuiten für Distanz gesorgt haben.

In der Theologie, von der in Deutschland die wohl bislang intensivste Rezeption ausging, brauchte es ebenfalls einige Zeit, bis man sich der kulturwissenschaftlichen Wende und poststrukturaler Theorie zu öffnen bereit war.[32] Dennoch ging in Deutschland eine über die empirische Aneignung einzelner Begriffe hinausweisende Rezeption bis dato im Wesentlichen von der Theologie aus. Eine Gruppe um Daniel Bogner, Joachim Valentin und Georg Eickhoff organisierte verschiedene Tagungen zu Certeau und popularisierte sein Werk im theologischen Diskurs. Bogner legte mit seiner Münsteraner Dissertation über *Mystik und Politik bei Michel de Certeau* 2002 die erste deutschsprachige Monographie zu Certeaus Oeuvre vor (Bogner 2002). Er betrachtet Certeaus Werk vor dem Hintergrund der Diskussion um die sogenannte „Krise der Repräsentation" als „epistemologischem ‚Ernstfall'" der modernen Theologie, denn im Zuge dieser Entwicklung geraten auch die Formen der Vergegenwärtigung der Präsenz Gottes in zunehmende Schwierigkeiten (Bogner 2002: 17). Die Untersuchung setzt am Begriff des Bruches („rupture") an, den er zunächst begrifflich präzisiert, um sodann in einem zweiten Teil einen Einblick in die Folgen der fundamentalen Brüche der Moderne zu geben, um schließlich den Umschlag einer ursprünglich theologischen in eine politische Problematik herausarbeiten zu können. Das Ergebnis kulminiert in der Formel: „Will der Religiöse religiös bleiben, muß er politisch werden" (Bogner 2002: 339). Hinzu traten einzelne Beiträge aus der Kultursoziologie bzw. den Cultural Studies (Winter 2001), der Geschichtswissenschaft (Füssel 2001) oder der Literaturwissenschaft (Weidner 1999). Ein erster Sammelband versuchte die interna-

---

32 Vgl. Valentin 1997; Hoff 1999; Eickhoff 2001; Ort 2002; Bauer 2003; Lüttich 2004; Eckholt 2006; Stengel 2015; Bauer/ Sorace 2017.

tionale Diskussion zu bündeln (Füssel 2007). Ein interdisziplinärer Schwerpunkt liegt auch in Deutschland in der Rezeption als Raumtheoretiker (Füssel 2013; Zmy 2014). Manfred Zmy hat 2014 mit *Orte des Eigenen – Räume des Anderen* die bislang ausführlichste deutschsprachige Gesamtwürdigung des Certeauschen Oeuvres vorgelegt, sich dabei allerdings ganz auf die „raumphilosophische Perspektive" konzentriert (Zmy 2104). Eine der Folgen dieser insgesamt eher zurückhaltenden Aufnahme war eine Art Re-Import aus den angloamerikanischen Kulturwissenschaften, der Urbanistik oder den Postcolonial Studies. Immer häufiger trat Certeau dort als zentrale theoretische Referenz auf, die auch im deutschsprachigen Raum Interesse weckte. Ein negativer Nebeneffekt dieser Tendenz besteht allerdings darin, das Certeaus Werk häufig immer noch auf die *Kunst des Handelns* reduziert wird.

1.3.4 Italien, Polen, Spanien, Portugal, Lateinamerika, Afrika

In Europa ist neben Frankreich und Großbritannien vor allem die italienische Rezeption hervorzuheben, die mittlerweile mehr monographische Auseinandersetzungen als im deutschsprachigen Raum hervorgebracht hat.[33] Schon früh wurden in Italien Schriften Certeaus übersetzt, so dass inzwischen eine breite Leserschaft entstanden ist.[34] In Italien stand die Rezeption vor allem im Zeichen von Theologie (Morra 2004; Morra 2009; Quirico 2005; Matteo 2008 u. 2011) und Philosophie, jüngst aber auch von Geschichtstheorie (Napoli 2014). In Italien erschienen inzwischen mehrere Certeau gewidmete Sonderhefte von Zeitschriften wie *Discipline Filosofiche* (Maj/Lista 2008) oder *Humanitas* (Di Cori/Napoli 2012). In Polen thematisierte nach der polnischen Übersetzung *Arts de faire I* ein Sammelband jüngst „visuelle Taktiken" und wendete Certeausche Begriffe auf das Feld der Kunst und Ästhetik an (Thiel-Janczuk 2016).

Doch auch jenseits Europas erfuhr Certeaus Werk intensive Aufnahme. Zahlreiche Übersetzungen ins Spanische und Portugiesische haben Certeau beispielsweise in Lateinamerika zu einem prominenten Autor gemacht und bezeichnender-

---

33 Vgl. die Webseite organisiert von Paolo di Cori, die zahlreiche italienische Artikel über Certeau publiziert hat „Michel de Certeau in Italia" unter http://www.micheldecerteau.eu/ [abgerufen am 26.03.2016]

34 Vgl. u.a. La scrittura della storia (1977); Fabula mistica. La spiritualità religiosa tra il XVI e il XVII secolo (1987); L'invenzione del quotidiano (2001); Storia e psicanalisi. Tra scienza e finzione (2006); Debolezza del credere (2006); La presa della parola e altri scritti politici (2007); Lo straniero o l'unione nella differenza (2010); La possessione di Loudun (2012).

weise erfolgten bislang mehr Übersetzungen seiner Werke ins Spanische als ins Englische. Neben Chile, Argentinien, Kolumbien (Ortega 2004), Uruguay (Rico de Sotelo 2006) und Brasilien (Botelho Josgrilberg 2008) ist die Rezeption vor allem in der mexikanischen Forschung spürbar, wo Certeaus Schriften offenbar gerade in den letzten Jahren eine wichtige Rolle spielen (Litmanovich 2000; Chinchilla Pawling 2009, Mendiola 2014). In der geschichtstheoretischen Zeitschrift *Historia y Grafía* der Universidad Iberoamericana etwa erscheinen regelmäßig Beiträge über Certeau, darunter auch bereits zwei Sonderhefte.[35] In Portugal gab es Ende der 2000er Jahre einige Workshops zu Certeau, deren Beiträge in einem Sonderheft der *Revue d'Histoire des Sciences Humaines* publiziert wurden (vgl. Marques 2010).[36] Auch in Australien und in China, dem Land, das Certeau am Anfang seiner Ordenslaufbahn gerne bereist hätte, existieren rege Auseinandersetzungen mit seinen Schriften (Wang 2011).[37] Afrikanische Philosophen wie Fabien Eboussi Boulaga (Eboussi Boulaga 1977) und Jean-Godefroy Bidima (Bidima 1994) aus Kamerun oder Valentin-Yves Mudimbe (Mudimbe 1992) aus dem Kongo beziehen sich ebenfalls auf Certeau (Cravetto 2003: 128).

Der vergleichende Blick zeigt, dass die Rezeption in diversen Ländern ähnlichen Mustern folgt, die durch bestimmte disziplinäre Kontexte und kulturelle Wenden geprägt sind. So existieren phasenverschobene Rezeptionsvorgänge in der Theologie, den Cultural Studies, der Geschichtswissenschaft oder den Philologien meist eher neben- als miteinander. Es kennzeichnet einen großen Teil der Certeau-Rezeption, dass darin bislang vergleichsweise wenig kritische Positionen existieren (vgl. allerdings bereits Frow 1991: 57–60). Wenn sich kritische Stimmen zu Wort melden, so gilt die Kritik meist seiner Sprache (Buchanan 2000: 108–109; Mallinckrodt 2004: 240–421).[38] Das kann von radikalen Ablehnern jedweder moderner Kulturtheorie, wie Keith Windschuttle (Windschuttle 1994), bis hin zu

---

35 Vgl. 1/1993 „Michel de Certeau: historia y alteridad" und 40/2013 „Retorno a Michel de Certeau", darin Freijomil 2013; Zermeño Padilla 2013.

36 „Michel de Certeau et l'anthropologie historique de la modernité" 2010/2 (n° 23).

37 In chinesischer Übersetzung erschienen bislang La Culture au pluriel (2002); L'Invention du quotidien, 1 (2009), II (2014); Histoire et psychanalyse entre science et fiction (2010); L'Écriture de l'histoire (2012).

38 Die Übersetzungen verschärfen diesen Eindruck zum Teil noch. Angesichts der deutschen Übersetzung der *Mystischen Fabel* formulierte etwa Barbara Stollberg-Rilinger „Das macht seine Texte für jeden Übersetzer zum Problem. Im Deutschen spricht man eine solche vieldeutige, metaphernverliebte Wissenschaftssprache nicht. Was im Französischen inspirierend sein mag, klingt hier leider oft nur dunkel, hölzern und gespreizt". Barbara Stollberg-Rilinger: „Unerreichbar fern und fremd". In: Süddeutsche Zeitung Nr. 191 (2010), S. 14.

1.3 Aneignungen eines Denkers: Die internationale Rezeption

ausgewogenen Positionen reichen, die Certeaus moralische und ethische Integrität und Konsequenz würdigen, die praktische Umsetzung jedoch eher skeptisch betrachten (Seigel 2004: 409; Mitchell 2007: 103). Wiederholt ist allerdings Kritik an einer ‚Gender-Blindheit' Certeaus (vgl. Levine 2001: 323; Cuchet 2014: 412) sowie der Verwendung vermeintlich binärer Begrifflichkeiten geübt worden (vgl. dazu unten Kap. 7.2.).

Verglichen mit Denkern wie Foucault und Bourdieu steht die Rezeption Certeaus noch immer eher am Anfang, d.h. einige wenige Schriften haben sehr viel Aufmerksamkeit erfahren, viele andere so gut wie noch keine. Im Vergleich zu Autoren wie Jacques Rancière oder Louis Marin existiert jedoch bereits eine beträchtliche internationale Rezeption, die sich u.a. in Sonderheften von Zeitschriften, akademischen Qualifikationsschriften und Webseiten manifestiert. Es bleibt zu hoffen, dass sich die bisherige, seltsam zwischen Ausblendung und Andächtigkeit oszillierende Certeau-Rezeption künftig zu einem selbstverständlicheren, d.h. unaufgeregt offenen Umgang wandelt. Das wäre zumindest seiner eigenen intellektuellen Neugierde und Begeisterung für neue Theorien, Themen und Methoden angemessen.

Aufbrüche. Die Krise der Theologie und die Krise der Politik

2.1 Kirchengeschichten: Religion und Politik

In der Forschung wird zuweilen der Eindruck erweckt, Certeau sei frühestens 1968 als kritischer Beobachter publizistisch aktiv geworden. Bis zum Jahr 1968 hatte er jedoch bereits rund siebzig Aufsätze und mehrere umfangreiche Editionen veröffentlicht. Dieser Teil seines Werkes wird allerdings meist als eine Art Vorgeschichte seiner ‚eigentlichen' Arbeiten gelesen, wenn er nicht gar vollständig ignoriert wird. So kommt es zu einer selektiven Wahrnehmung, die auch mit der biographischen Wahrnehmung seiner Person korreliert. Auf dem Klappentext der amerikanischen Ausgabe von der *Kunst des Handelns* wird er bezeichnenderweise als „former Jesuit" bezeichnet, obwohl er den Orden ja nie verlassen hat. Aber die Arbeiten eines jesuitischen Kirchenhistorikers der Frühen Neuzeit fügen sich offenbar nicht recht in das Image eines postmodernen ‚french theorist'. Für das Verständnis der Genese seines Werkes, seiner leitenden Begriffe wie seines Engagements als kritischer Zeitbeobachter ist seine Publikationstätigkeit vor dem großen ‚Bruch' des Jahres 1968 jedoch von tragender Bedeutung (Freijomil 2009: 10–11).

Die erste Veröffentlichung Certeaus ist ein Beitrag im Rahmen seines Dissertationsprojektes über Pierre Favres *Mémorial* in der Zeitschrift *Christus* (Certeau 1954). Programmatischer wird es zwei Jahre darauf mit dem grundlegenden Artikel *L'expérience religieuse, ‚connaissance vécue' dans l'Eglise. (Note)* in der Lyoner Zeitschrift *Pax* (Certeau 1956). Der Text ist ein Resümee seiner Zeit in Lyon und der ersten sechs Jahre im Jesuitenorden und gleichzeitig eine Art Prolegomenon seiner künftigen Arbeiten (Freijomil 2012: 146–153.) Ausgehend von der Lektüre Augustins und Hegels streift Certeau bereits Themen wie die Mystik, die Geschichtsschreibung, die Rolle der Sprache und des Sprechens, Fragen der Psychologie ebenso wie der Alltagssprache. Bis zur Mitte der 1960er Jahre folgen eine ganze Reihe von Aufsätzen und Editionen zu Pierre Favre und Jean-Joseph Surin. Der Geschichte des Jesuitenordens in Frankreich während des 16. Jahrhunderts widmete er zwei ausführliche Handbuchartikel, zudem erschienen wichtige Einzelstudien zu Karl Borromäus (1538-1584) oder René d'Argenson (1596-1651).[39] Ab der Mitte der sechziger Jahre folgen dann auch immer mehr Auseinandersetzungen mit zeitgenössischen Theologen wie Pierre Teilhard de Chardin (1881-1955), Vincent Lebbe (1877-1940) oder Henri de Lubac.[40]

In einem Text über *Geschichte und Struktur*, der aus einer öffentlichen Diskussionsrunde mit Raoul Giradet und Pierre Nora im Jahr 1969 hervorging und 1970 publiziert wurde (TF 153–168), blickt Certeau zurück auf die Jahre seiner historischen Arbeit in Archiven und Bibliotheken. Im Laufe seiner Arbeit seien „die Christen des siebzehnten Jahrhunderts gleich einer Insel aus dem Meer emporgetaucht" (TF 153). Doch nicht die gleichen Christen wie die des 20. Jahrhunderts traten zu Tage, die er auf der Suche nach Identitätsstiftung erwartete, sondern fremdartige Gestalten einer anderen, vergangenen Kultur: „Die Geistlichen, die bei den Büchersammlern und in den Wäldern aus Metallregalen der Bibliotheken und Archive eingeordnet sind, wurden mir zu ‚Wilden', in dem Sinn, in dem Lévi-Strauss von den Bororos oder anderen Stämmen spricht" (TF 155). Diese Alterität anzuerkennen und zu dokumentieren, wird zur eigentlichen Aufgabe des Historikers: „Wenn die Arbeit des Historikers eine Bedeutung hat, so ist es die, Fremdheit herauszubringen (so wie eine Fabrik Autos herausbringt) und diese für die Geschichte konstitutive und für die Geschichtsschreibung konstituierende Differenz zu produzieren (im doppelten Sinn: herstellen und zeigen)" (TF 156). Die Auseinandersetzung mit der Vergangenheit schärft auch die Optik für die Gegenwart. So treibe er nicht nur Geschichte „in dem Sinn", dass er „historische Texte produziere", sondern gelange durch seine Arbeit „zu dem Bewusstsein, dass etwas *geschehen ist*, das heute abgestorben ist und in lebendiger Form unerreichbar geworden ist" (TF 156). Es ist die Erfahrung eines Bruchs mit der Vergangenheit, der Vergangenheit einer spezifischen Form des Christentums.

---

39 Vgl. Giard 1988b: 18, 22, 174, 232, jetzt alle gut zugänglich in *Le lieu de l'autre* (LA), Kapitel 5, 6, 7 und 12.
40 Vgl. Giard 1988, Nr. 29, 32, 35, 36.

2.2 Die Einheit in der Differenz

Der 1969 in der theologischen Taschenbuchreihe *Foi vivante* erschienene Band *L'étranger ou l'union dans la différence* bündelt im Wesentlichen Aufsätze Certeaus aus der Zeit von 1963 bis 1969 aus den Zeitschriften *Christus* und *Études*. Der Band kann sowohl als Resümee einer abgeschlossenen als auch als Programm einer neuen Arbeitsphase gelten (Giard 2005b: VII).[41] Einen Abschied stellte der Band insofern dar, als dass Certeau sich ab 1969 nie mehr vollständig in diesem katholischen Diskussions- und Publikationsmilieu aufhalten, es aber auch nie ganz verlassen sollte. Auf der anderen Seite kann die Zusammenstellung dieser Texte auch als eine Art ‚Einleitung' zu einer bestimmten Facette seines Werkes gelesen werden, die sich dem Christsein und der spirituellen Erfahrung in der Gegenwart widmet (Giard 2005b: II).

Die zentrale Problematik ist die Vermittlung der Universalität und Partikularität der Wahrheit des Christentums. Dessen Wahrheit begreift sich als universell, hat aber in der Moderne nur noch einen partikularen Aussageort. Die Energie der Gläubigen ist also aufgerufen die „Einheit in der Differenz" zu suchen. Das Buch teilt sich in zwei große Abschnitte: zu „Begegnungen" („rencontres") und „Bewegungen des Glaubens" („Le mouvement de la foi"). In der letzten Ausgabe von 2005 hat Luce Giard diesen noch einen Text Certeaus über „Geistliche Erfahrung" vorangestellt, der 1970 in *Christus* erschienen war.[42] Dieser schildert darin drei Etappen der Erfahrung: das Ereignis, die Geschichte und die Erfahrung des Unendlichen. Das Ereignis markiert Momente, die den Menschen sagen lassen „Gott ist da"; das kann das Eintreten Jesu in die Geschichte ebenso wie ein persönliches Ereignis sein. Die Geschichte wiederum stellt – beispielsweise in Form von Texten – Bezüge zum Ereignis her. Die dritte Etappe ist die Erfahrung des Unendlichen:

> „Um diese radikale Erfahrung zu beschreiben, will ich ein Wort aufgreifen, das nicht speziell dem mystischen Sprachgebrauch angehört (wenngleich es im geistlichen Bereich gleichwertige Ausdrücke gibt). Ein Philosoph kommt zu Wort. Heidegger versuchte die Beziehung, in der wir zum Sein stehen, zu definieren und kennzeichnete sie durch die Tatsache, dass man *ohne Sie nicht* sprechen kann. Diese Kategorie „nicht ohne" bringt tatsächlich die Spannung einer Beziehung und die in der Erfahrung unbestimmbar wiedergefundene Verknüpfung zum Ausdruck. „Nicht ohne" – was will das sagen? Wenn ich das auf meine Weise aufgreife, vermag diese Kategorie – so denke ich – eines der tiefsten Geheimnisse, die uns das Evangelium vermittelt,

---

41 Die bislang ausführlichste Auseinandersetzung mit dem Text ist York 2009, vgl. aber auch Eckholt 2006: 51–62.
42 L'expérience spirituelle. In: Christus 1//68 (1970), S. 488–498.

nahe zu bringen: Gott kann *nicht ohne* uns leben. Das besagt auch, dass Jesus als historischer Mensch weder leben noch sprechen kann ohne jene, die ihm schon folgen und die ihn noch nicht kennen. Das besagt auch, dass jede und jeder von uns nicht leben kann ohne das, was wir nicht kennen, ohne einem jenseits von uns, das wir nicht mehr kennen oder noch nicht kennen oder das wir nie kennen lernen werden." (E 9–10).[43]

Damit ist aufgezeigt worin der „*Sinn* der mystischen Erfahrung zu suchen ist: in der existentiellen Verbindung mit dem Anderen, mit dem, der unaufhörlich fehlen wird" (E 11).

Zu einer entscheidenden Bibelstelle für diese Theologie der Abwesenheit wird seit den ausgehenden 1950er Jahren der Weg der Jünger nach Emmaus, auf dem ihnen der auferstandene Jesus begegnet, sie ihn jedoch nicht erkennen.[44] Jesus kommt zu ihnen als ein ‚Fremder' und auch Gott selbst bleibt der „Unbekannte, derjenige, den wir nicht kennen, auch wenn wir an ihn glauben: er bleibt der Fremde für uns, in der Dichte der menschlichen Erfahrung und unserer Beziehungen. Aber er ist auch der Verkannte, den wir nicht erkennen wollen" (E 14; dt. nach Eckholt 2006: 59). Der Weg und die Begegnung mit dem Fremden werden zur zentralen Erfahrung. Die Bewegung des Christen, der aufbricht, sich auf den Weg macht hat

„nicht zum Ziel zu ‚erobern', sondern Gott dort anzuerkennen, wo er bis dahin nicht erkannt worden ist. Der Aufbruch in die ‚Wüste' oder in die Fremde flieht die damaligen christlichen Städte, wo der Glaube Gefahr lief sich einzuschließen, sich ganz komfortabel auf Macht und in Systemen niederzulassen; er läßt sich auf eine Reise ein in Länder, Sprachen und Kulturen, in denen Gott eine Sprache spricht, die noch nicht dekodiert und aufgezeichnet worden ist. Sie setzt den Pilger der Überraschung aus. Er übersetzt, geographisch und sozial, die Gewißheit, daß Gott der Unverstehbare ist, ohne den es dennoch unmöglich ist, Christ und Mensch zu sein. Eine Solidarität im Glauben bindet an den *Unbekannten*, der immer auch der *Verkannte* ist. Dieser Fremde hört nicht auf (wenn man den Begriff analog zu einer Liebesbeziehung versteht), derjenige zu sein, der den Christen *fehlt*" (E 15–16; dt. nach Eckholt 2006: 53–54; 57).

Certeau beschäftigt sich in *L'étranger* zunächst mit dem „Gesetz des Konfliktes" und reflektiert über die Rolle von Streit und Auseinandersetzung für den modernen Christen (E 21–43). Der Konflikt hat für ihn selbst eine religiöse Bedeutung, da

---

43 Dt. Übersetzung nach Andreas Falkner vgl. Anm. 8. Zur theologischen Diskussion des „pas sans toi", des „nicht ohne dich" vgl. u.a. Morra 2004; Eckholt 2006; Stengel 2015.
44 Vgl. bereits Certeau 1957.

2.2 Die Einheit in der Differenz

sie den Gläubigen statt mit Ideologien mit einer alltäglichen „realen" Erfahrung ausstattet (E 22; 28).

Die Situationen der Begegnung werden an Figuren wie dem Lehrer und dem Missionar diskutiert, die sich beide durch die Konfrontation mit dem Anderen herausgefordert sehen. Recht plastisch gestalten sich etwa die Überlegungen zur Rolle des Erziehers, Pädagogen und Lehrers in *Donner la parole* (E 45–66). Der Lehrer ist eine Figur der face-to-face Kommunikation. Wenn er seinen Schülern das „Wort erteilt" (donner la parole) meint das für Certeau, ihnen eine Sprache zu geben und sie zum Sprechen zu bringen. Etwas unerwartet bringt Certeau in dieser Reflexion über die geistliche Lehrertätigkeit einen für seine späteren Arbeiten zentralen Gedanken zur kulturellen Wiederverwendung, dem réemploi, ein:

> „Die Psychologie, die Soziologie, die Ethnologie oder die Geschichtswissenschaft haben übrigens zur Genüge gezeigt, dass jede Neuerung, immer relativ verstanden zu einem früheren Status, einen Prozess der Wiederverwendung [‚réemploi'] voraussetzt, dass die vorgängige Erfahrung die Bedingungen für die folgenden Erfahrungen hervorbringt; dass die vorherigen Strukturen in den Reaktionen auf sie fortbestehen und das bis hin zu den äußersten Entgegensetzungen; dass die Brüche noch einer impliziten Kontinuität gehorchen (auch wenn diese unklar oder schwer zu finden ist) und dass die Vergangenheit noch still in der Gegenwart weiterlebt." (E 58–59).[45]

Der Lehrer ist der Apostel von heute (E 66). Etwas, das nicht er selbst ist, offenbart sich in seiner Sprache. Nicht von ungefähr hätten sich die religiösen Reformbewegungen des 16. und 17. Jahrhunderts vor allem auf die Institutionen der Pädagogik konzentriert. Die zwei wesentlichen Aufgaben seines modernen „Apostolats" sind, das Wissen der Tradition zu vermitteln und jene Kommunion zu pflegen, die aus den „Anderen" unsere „Nächsten" macht, also die „Hermeneutik" und die „Seelsorge" E 66).

Ähnlich geht es dem Missionar, der die eine Welt verlässt, um in eine andere einzutreten (E 67–96).[46] Er kommt als Fremder, um eine universalistische Wahrheit

---

45 „La psychologie, la sociologie, l'ethnologie ou l'histoire ont d'ailleurs suffisamment montré que la nouveauté, toujours relative à un statut plus ancien, suppose un processus de ‚réemploi', que l'expérience antérieure fournit les conditions nécessaires à l'expérience suivante; que les structures précédentes subsistent dans les réactions et jusque dans les réfutations ultérieures; que les ruptures obéissent encore à une continuité implicite (même si elle est équivoque ou difficilement repérable) et que le passé survit tacitement dans le présent."

46 Teil des Textes erschienen zuerst 1963 als *La conversion du missionaire* und 1964 als *Situations culturelles, vocation spirituelle* in *Christus*, dann vollständig erstmals 1967

zu vermitteln, die doch nur auf seiner partikularen Erfahrung beruht. Er macht die Erfahrung einer neuen „Wüste". Er will die Fremden nicht mit seinem religiösen „Gepäck" belasten, sondern ihre Kultur verstehen, denn Gott ist darin bereits präsent (E 73). Der Missionar gleicht darin dem Ethnographen, der mit einer fremden Kultur konfrontiert ist und versucht diese zu verstehen, aus einer postkolonialen Perspektive eine vielleicht zu idealisierende Sicht auf den Kulturkontakt. Certeau geht es in seiner Phänomenologie der missionarischen Erfahrung jedoch weniger um eine Rechtfertigung der Missionstätigkeit bzw. die ‚reale' Situation der Adressaten der Mission, als vielmehr um die spirituellen Erfahrungen des Missionars selbst, der in seiner Ortlosigkeit zwischen der Welt, die er verlassen hat und der neuen, der er fremd ist, zu einer Symbolfigur des modernen Christentums wird.[47] Auch hier kommt eine deutliche Referenz auf Heidegger zum Tragen, den Certeau mit dem Aufruf zitiert, ‚uns von unseren eigenen Ursprüngen zu entfremden', und der von ihm auf das Apostolat des modernen Christen übertragen wird (E 96).[48]

Die Zukunft dessen, was der Missionar erlebt, und des Christentums insgesamt ist unbekannt bzw. offen. Bedenkt man, dass Certeau einige Jahre zuvor selbst Missionar in China werden wollte, hat der Text eine deutlich selbstreflexive Note. Auffällig ist auch, dass der Fokus auf die konkreten empirischen Erfahrungsberichte von Missionaren, die er zitiert, sich verschiebt. Von denen, die in der außereuropäischen Welt tätig sind, geht er langsam zu solchen über, die in Frankreich im Arbeitermilieu wirken. Der kulturelle Austausch des Missionars wird als reziprok

---

zusammen und erweitert in dem von Certeau und François Roustang herausgegebenen Sammelband *La Solitude* unter dem Titel *Le désert de l'apôtre* vgl. Certeau/Roustang 1967: 55–81, vgl. Giard 1988b Nr. 21, 28, 58, 91.

47 Vgl. auch die Diskussion des interkulturellen Kontakts des Missionars vor dem Hintergrund der *Kunst des Handelns* bei Chmielewski 1994.

48 „Il faut […] nous dépayser dans nos propres origines" wird ohne Anmerkung zitiert und findet sich so fast wortgleich auch in einem Aufsatz von Paul Ricoeur in der Zeitschrift *Esprit*, den Certeau wahrscheinlich kannte: „Il nous faut nous dépayser dans nos propres origines" vgl. Ricoeur 1961, allerdings dt. nach Ricoeur 1974: 292 übersetzt als: „Wir müssen uns in unsere eigenen Anfänge zurückversetzen". Im Kontext ist das richtig übersetzt, denn Ricoeur tritt für ein Zurückkehren zu den griechischen, hebräischen und christlichen Ursprüngen ein. Ich folge hier allerdings der Übersetzung von Margit Eckholt (Eckholt 2006: 58). Das Wort „dépaysement" hat eine Doppelbedeutung, einerseits Fremdsein, andererseits positiv als Ortswechsel/Tapetenwechsel (Sachs/Villate: 271). Certeau meint eindeutig die erste Variante im Sinne der griech. *xeniteia* = Heimatlosigkeit, bei Heidegger dann zu „Unheimischsein" und „Unbehaustsein" werdend (vgl. E 16 und 184 mit Anm. 18). Heidegger beklagt diesen Zustand eher, insofern ist die Deutung Certeaus in seiner eigenen Leseweise des Begriffs zwar stimmig, nicht aber in der Heideggerschen. Vgl. zum dépaysement auch Ossola 1986: 498–507.

2.2 Die Einheit in der Differenz 35

und von einem „Respekt vor der Differenz" geprägt bezeichnet (E 82) und ist ganz der Historizität unterworfen. Jeder christliche Kommunikationsakt bzw. jede Lebensform – Certeau spricht von vie chrétienne – ist rückgebunden an das kollektive Bewusstsein einer Gruppe, ihre Wertesysteme und symbolischen Strukturen und trägt damit keinen überzeitlichen Charakter, sondern unterliegt dem Wandel. Spätestens hier ist klar, dass die Reflexion über den Missionar weit über dessen tatsächliches seelsorgerisches Wirken hinausgeht. Der Rekurs auf die Geschichte – „diese Passage ist kein Ort, sondern eine Geschichte" (E 86) – reflektiert vielleicht auch die Reise, die der Jesuit Certeau in die Vergangenheit seines Ordens antrat und sich dabei dennoch in der spirituellen Erfahrung des Missionars begriff. Die Reise wird zum „Leitmotiv der ‚Spiritualität'" Certeaus (Eckholt 2006: 51).

Die politischen Ereignisse der Jahre 1968 und folgende fanden ihren reflexiven Niederschlag bereits zeitnah in einem Artikel über den „be-gründenden" Charakter von Revolutionen.[49] Revolution wird hier sowohl politisch als auch kulturell verstanden, beide Ebenen kumulieren in einem Prozess der Sprache (E 100). Ein Grundgedanke taucht dabei immer wieder auf: die Geburt aus dem Tod (E 99; 110; 122; 124–126). Das Motiv des Todes Jesu wird hier zu einem allgemeinen Prinzip der Geschichte. Der Tod trifft hier nicht einzelne Individuen – das ist eher in der „Revolte" der Fall, welche die Väter tötet, während die Revolution neue Gründerväter hervorbringt (E 108) – sondern Gesellschaftsformationen wie das Ancien Régime. Mit einer gewissen Skepsis begegnet Certeau dem Verhältnis von Christentum und Revolution im Sinne einer „Theologie der Revolution" im Anschluss an Ernst Bloch und andere (E 116–119). Vielmehr plädiert er für eine „Theologie der Revolutionsgeschichte" als einer Historisierung des Bruchs (rupture)[50], die im Zeichen der Revolution über die Gegenwart des Christseins methodisch besser nachzudenken erlaube als eine „Gott-ist-tot-Theologie".[51] Als wichtigste Aufgaben macht Certeau eine Reflexion über die Gewalt (seitens der Revolutionäre wie seitens des Staates) sowie ein Nachdenken über das eigene Verhältnis zur Vergangenheit aus.

Die religiöse Sprache befindet sich in einer Krise (E 129–150). Es ein Zustand des „stummen Glaubens" (foi muette), in dem sich die Gläubigen fragen, *was* und

---

49 Zuerst publiziert als La révolution fondatrice ou le risque d'exister. In: Études 329 (1968), S. 80–101.

50 In *L'étranger* bezieht sich Certeau an späterer Stelle auch explizit auf Gaston Bachelards „rupture épistémologique" s.u. (E 140). Die Rede vom ‚Bruch' wird also von Bachelard und Foucault mitmotiviert worden sein.

51 Diese wurde im Anschluss an Nietzsche in den 1960er Jahren vor allem in den USA diskutiert; wichtigste deutsche Vetreterin war die Theologin Dorothee Sölle (1929–2003).

wie sie heute noch etwas zu sagen haben. Es kommt zu einer Art Desillusionierung und Ernüchterung über das Glaubenswissen (E 137), ein „epistemologischer Bruch" im Sinne Gaston Bachelards trennt sie von einem Vorher, in dem man einfach sagen konnte „Ich glaube an Gott" (E 140). Diese „Schwäche" kann auch zu einer neuen Stärke werden, doch warnt Certeau davor, diese Schwäche vorschnell zu einer religiösen Tugend zu erklären. Sie sei zunächst ein Faktum und teilweise gar eine Krankheit (E 141). Eine radikale Erkenntnis ergibt sich aus der Leere selbst. Der Moment der Abwesenheit und der Schwäche ist ein Moment der Wahrheit. Indem sie abwesend sind, zeigt er uns, wie sehr uns die anderen fehlen. „Die Bewegung der Geburt zur Wahrheit ist die Dialektik eines Gesprächs. Jeder bezieht seine Wahrheit von dem her, was ihn an die anderen bindet und zugleich von ihnen unterscheidet" (E 146–147, dt. nach Eckholt 2006: 51). Das ist die Einheit in der Differenz, die einer neuen, gemeinsamen Sprache ebenso bedarf wie der Anerkennung der Andersheit des Anderen.

Man könne gegenwärtig nicht mehr gläubig sein, ohne aufs Neue die Kriterien zu prüfen, die einem die „Überzeugung" und die „Möglichkeit" geben, Christ zu sein (E 153). Die Antwort steht für Certeau im Zeichen der „Differenz". Die Differenz bestimmt die Situation des gegenwärtigen ‚in der Welt Seins' des Christen, das für Certeau drei Ebenen hat: Erstens einen Regionalismus bzw. eine Provinzialisierung des Christentums, das nicht mehr in der Lage ist, mit den großen kulturellen Bewegungen schrittzuhalten (E 156–160), zweitens einen kulturellen (z.B. Sprache) wie institutionellen (Kirche) Wandel (E 161–167) und drittens eine „Zweisprachigkeit", welche eine Sprache der „Realität" und der Wissenschaft von einer der Theologie und der Tradition des Glaubens trennt (E 167–170). Vor diesem Hintergrund muss die Differenz eher als das eigentliche Problem und weniger als Teil der Lösung erscheinen (E 171). Eine „Theologie der Differenz" akzeptiert eine Pluralität, die schon seit Beginn der christlichen Überlieferung, in den Evangelien gegeben ist. Es gibt keine Einheit ohne Differenz; wenn doch, das heißt wenn ihr die sie in Frage stellende Differenz fehlt, wird sie „steril und bedeutungslos" (E 188). Der Sinn des Kommens Jesu als Herstellung einer Beziehung ergibt sich gerade aus seiner Abwesenheit, seinem Verschwinden. Die Differenz wird so zur Bedingung der Möglichkeit des Glaubens. Die Differenz ist jedoch keine transzendentale, sondern eine genuin historische. Gerade die Differenz, die vordergründig als Mangel, Defizit, Traditionsverlust etc. erscheint, wird zur Grundlage einer neuen religiösen Erfahrung. Insofern ist die „negative Theologie" Certeaus auch eine zutiefst hoffnungsvolle.[52] Dem Streben nach Identität stellt Certeau die Nicht-Identität entgegen und weist damit strukturelle Parallelen zur Bedeutung

---

52 Zur „negativen Theologie" Certeaus vgl. Bertrand 1991; Bradley 2004.

des Nicht-Identischen bei Adorno und der Frankfurter Schule ebenso wie im Differenzdenken des Poststrukturalismus etwa bei Derrida auf, bleibt aber dennoch konsequent in der Tradition der katholischen Theologie.

2.3 Die Schwäche des Glaubens

„Wenn ich schwach bin, bin ich stark." (2Kor 12,10)

Von der Mitte der sechziger Jahre bis zur Mitte der siebziger Jahre verfasste Certeau Aufsätze zu aktuellen Themen für verschiedene theologische Zeitschriften wie etwa *Concilium, Esprit* oder *Christus,* die später in *La faiblesse de Croire* versammelt wurden. Ihr thematischer Bogen reicht von der frühneuzeitlichen Mystik bis hin zur Militärdiktatur in Brasilien. Im Zentrum steht stets die Frage nach der Herausforderung des christlichen Glaubens unter den Bedingungen eines grundsätzlichen Traditionsverlustes (Royannais 2003; Gisel 2004; Bastenier 2007). Je weniger man sie „lebe", desto mehr „spreche" man von der Religion, die über keine alleinige Institution der Sinnproduktion mehr verfüge, wie sie früher die Kirche repräsentierte. Sinn wird vielmehr an unterschiedlichen Orten und in unterschiedlichen Sprachen produziert. Joseph Moingt spricht treffend von einer „Theologie des Exils" (Moingt 1991). Das wirft für den Jesuiten Certeau die grundsätzliche Frage nach der aktuellen Gestalt theologischer Arbeit auf.

Lange vor einer postkolonialen „Provinzialisierung Europas" (Chakrabarty 2010) insistiert Certeau auf der „Partikularität" der christlichen Theologie. Angesichts genereller Fragen gelte es ihre eigene Begrenztheit anzuerkennen und nicht einen falschen Universalismus zu propagieren, der letztlich nur die singuläre Option einer Gruppe sei (GS 211f.) Flankiert wird diese Perspektive von einer „geographischen" Sicht auf die unterschiedlichen „Orte" der Theologie: die „Theologie der Kultur" in den USA, die „politische Theologie" in Deutschland oder die „Theologie der Befreiung" in Lateinamerika.

Certeaus Denken ist geprägt von der Erfahrung des Verlustes. Besonderen Raum nimmt darin der Autoritätsverlust der katholischen Kirche ein, der allerdings nicht als ein Phänomen der Säkularisierung – ein Begriff, den erst meist vermeidet – gewertet wird, sondern als spezifische Transformation des Religiösen in der Moderne (Monod 2004). Einige immer wiederkehrende, zeitdiagnostische Bezugspunkte dafür sind neben theologischen Autoren u. a. Guy Debords *Gesellschaft des Spektakels* (Debord 1967), obwohl dieser als Autor nie explizit zitiert wird, Robert N. Bellahs Theorie der Zivilreligion (Bellah 1967) sowie diverse Schriften Michel Foucaults.

Der Kirche als Institution ist buchstäblich der „Boden" abhandengekommen, der feste „Acker der Wahrheit", den sie bewohnte. Doch wie die Figur des leeren Grabes ist auch dieser Verlust produktiv, er gibt neuen Aneignungen Raum:

> „Heutzutage ist das Christentum – ähnlich jenen majestätischen Ruinen, aus denen man Steine bricht, um damit andere Bauten zu errichten – für unsere Gesellschaften zum Lieferanten eines Vokabulars, eines Schatzes an Symbolen, Zeichen und Praktiken geworden, die anderswo neue Verwendung finden. Jedermann macht auf diese Weise Gebrauch von ihnen, ohne dass die kirchliche Autorität ihre Verteilung steuern oder ihrerseits ihren Sinngehalt definieren könnte." (GS 245).

Es kommt zu einer „Autonomisierung der sozialen Praktiken". Die moralischen Lehren des christlichen Diskurses bestimmen nicht länger das Alltagshandeln der Menschen etwa im Bereich der Sexualität, des Konsums oder des politischen Handelns. Dem zu Grunde liegt eine „Verlagerung der Sakramentalität". Die performative Kraft der religiösen Rede, die bewirkt, was sie bezeichnet, transformiert sich in das soziale und politische Handeln des Alltags. Charakteristisch für Certeaus theologische Zeitdiagnose ist, dass er keine „restaurative" Wiederbelebung traditioneller institutioneller Glaubensweisen erhofft, sondern eine Umkehrung der klassischen strukturellen Abhängigkeiten: Dann würden die Gläubigen sich nicht mehr nach der Kirche richten, sondern selbst die Kirche durch ihren Glauben bestimmen (vgl. auch Michel 1993). Doch zunächst gelte es „zu akzeptieren, dass man schwach ist, die lächerlichen und heuchlerischen Masken einer kirchlichen Macht, die es nicht mehr gibt, abzuwerfen und der Selbstzufriedenheit ebenso eine Absage zu erteilen, wie der ‚Versuchung, Gutes zu tun'" (GS 249). In der Moderne teilen somit alle Christen das Schicksal der Mystiker: Die Erfahrung einer „Zerbrechlichkeit, die uns unserer Stärke entkleidet und in unsere notwendigen Kräfte die *Schwachheit des Glaubens* einschleust" (GS 250).

In einem kurzen Text über die Gesten des Gebets (GS 33–40) zeigen sich 1964 bereits in nuce einige der Grundelemente des theologischen Denkens Certeaus. Beten ist eine körperliche Praxis, die ihre Bedeutung weniger aus ihren jeweiligen Inhalten als vielmehr aus ihrem Vollzug bezieht. Das Beten schafft eine eigene Topographie, seine Gebärden fungieren als Aussagen in einem Diskurs. Mit den materiellen Dingen vom Kruzifix bis zum Betstuhl steht das Gebet in einer symbolischen Beziehungskette, in der Dinge, Handlungen und der Körper des Betenden miteinander gleichsam symmetrisch verbunden sind. Die Gesten des Gebets sind „Verlangen und Erwartung und zugleich bereits Empfang und Antwort" (GS 37). Gerade indem sich das Gebet an den abwesenden Gott richtet, ist es auch Präsenz Gottes. Beten ist insofern eine performative Praxis, die nicht nur das Vergangene

2.3 Die Schwäche des Glaubens

lebendig hält, sondern gleichzeitig eine körperliche Gegenwärtigkeit des transzendenten Anderen bewirkt. Hierin zeigt sich eine deutliche Aufwertung des Körperlichen und Dinglichen gegenüber dem Diskursiven ebenso wie eine Sprache der Verräumlichung und die Dialektik von Abwesenheit und Vergegenwärtigung.

In *Kulturen und Spiritualitäten* (1966) unternimmt Certeau eine konsequente Historisierung und Kontextualisierung der Geschichte der Spiritualität. Unter dem Einfluss ethnologischer, soziologischer und neuerer historischer Arbeiten aus dem Umfeld der *Annales* plädiert er dafür, den „wesentlich geschichtlichen Charakter" jeder Spiritualität anzuerkennen. Das „Wesentliche in jeder Spiritualität ist kein Anderswo, es liegt eben nicht außerhalb der Sprache der Zeit" (GS 45). Es gibt keinen unwandelbaren Kern der spirituellen Erfahrung, denn diese unterliegt der permanenten Veränderung. Es ist eine „kulturelle Dialektik", die den spirituellen Menschen in seiner Vereinigung mit Gott immer wieder vor neue Probleme stellt. Certeau verdeutlicht dies exemplarisch an den Krisen und Herausforderungen des 17. Jahrhunderts (Religionskriege, Hexenverfolgung, wissenschaftliche Revolution, Entdeckungsreisen). Bei Mystikerinnen wie Teresa von Ávila erkennt Certeau Strukturen einer neuen Subjektivität (Frohlich 2008; Royannais 2015). Teresa verwandelte die alte Kosmologie in eine Anthropologie:

> „Die Verwirrung, die den Menschen seiner Welt und gleichzeitig der objektiven Hinweise auf Gott beraubte, ist für ihn gerade der Treff-Ort seiner spirituellen Wiedergeburt. An ihm findet der Gläubige den Hinweis auf Gott, eine Gewissheit, die von nun an auf einem Selbstbewusstsein basiert. Er entdeckt *in sich selbst*, was ihn transzendiert und was ihn in seiner Existenz fundiert […] Der spirituelle Fortschritt ist die Reise des Subjekts zu seiner Mitte." (GS 49).

Zentrale Figur der mystischen Erfahrung ist der Bruch. Zunächst ein Bruch mit der eigenen religiösen Tradition, eine Distanz des Glaubenden zu seiner Theologie, dann ein Bruch mit der Welt. Der Mystiker wird zu einem Reisenden, einem Wanderer, der stets in Bewegung ist, stets getrennt vom Gegenstand seines spirituellen Verlangens, der aber gerade in dieser unaufhebbaren Distanz neuen Sinn findet. 1970 beschreibt sich Certeau in einem Artikel über „spirituelle Erfahrung" selbst als einen solchen ‚Wanderer':

> „Ich bin nur ein Wanderer. Nicht nur deswegen, weil ich viele Jahre lang durch das mystische Schrifttum gestreift bin (diese Art von Wanderung macht bescheiden), aber auch weil ich als Historiker oder für anthropologische Forschungen einige Reisen in alle Welt gemacht habe, lernte ich inmitten so vieler Stimmen, dass ich unter vielen anderen nur einer sein könne, der eben auch nur von ein paar Spuren erzählt,

die dank geistlicher Erfahrung in die verschiedensten Länder ehedem und heute eingetragen sind" (Certeau 1970b: 488).[53]

Der andere Pol jener Bewegung sind kulturelle und spirituelle Fixierungen. Die Mystiker unterscheiden sich von der Mehrheit der Christen, die ihrem Christsein eine feste Definition geben können und wollen. Der Inhalt dieser Definition ist historisch wandelbar, nicht aber der exklusive Gestus ihrer Setzung. Motor der mystischen Bewegung, die „Norm ihres ‚Fortschritts'" ist hingegen die Negation. Damit kommt Certeau zu einer dialektischen Dynamisierung, nicht aber Aufhebung des Ausgangsproblems einer Historisierung der Spiritualität. Die Kritik, egal ob sie den Lehren der Theologie, der Vernunft oder Tradition entstammt, ist immer schon konstitutiver Bestandteil der Spiritualität.

„Auf ihre Weise muss auch die Wissenschaft […] die Spiritualitäten aus dem affektiven oder subjektiven Intermediatismus einer realen, aber über ihr eigene Dialektik noch wenig aufgeklärten ‚Erfahrung' herauszuholen; sie sprengt ein naiv verdinglichtes Denken, aber genau zu dem Zweck, dem Objekt oder der Erfahrung als Zeichen (und zwar als operatives Zeichen) zurückzugeben, und dies in einem ‚Diskurs', der dem angemessen ist, was eine Gesellschaft sich als ‚Vernunft' vorgibt. Die Geschichtswissenschaft schließlich deckt die kulturelle Vielfalt der ‚spirituellen' Manifestationen auf; die Fremdartigkeit der Vergangenheit bestätigt in ihrer *Bewegung* die religiöse Erfahrung, überrascht sie jedoch immer wieder, indem sie ihr anhand einer ‚Differenz' zwischen den Epochen den spirituellen Sinn jeder Überschreitung und der Differenzen zwischen Zeitgenossen offenbart" (GS 58f.).

Lebendige Spiritualität ist mithin auf Kritik angewiesen, die ihr eine produktive Veränderung ermöglicht. Konsequente Historisierung gefährdet daher nicht die religiöse ‚Wahrheit', sondern wird vielmehr zu ihrer Möglichkeitsbedingung, indem sie sich konsequent ideologischen Fixierungen/Lähmungen widersetzt und ein ‚Weitergehen' notwendig macht.

Im gleichen Jahr wie *Kulturen und Spiritualitäten* entstand auch der Aufsatz, der später den Titel *L'Epreuve du temps* erhielt und sich in Gestalt der Frage, wie man heute Jesuit sein kann, einer ganz ähnlichen Problematik widmet. „Indem wir uns verändern, verändern wir die Vergangenheit, aber wir legen Wert darauf, die Rechtfertigung durch etwas Vergangenes zu behalten" konstatiert Certeau kritisch (GS 63). Auch hier ist es wieder die Figur des Bruchs mit der Tradition, mit der Vergangenheit, die den modernen jesuitischen Historiker zweifellos in besonderer Weise betrifft. In seinen Überlegungen Mitte der sechziger Jahre zeigt sich

---

53 Dt. Übersetzung nach Andreas Falkner vgl. Anm. 8.

2.3 Die Schwäche des Glaubens

demnach bereits, warum Certeau die Geschichtsschreibung als Wissenschaft vom Anderen begreift, warum er sich selbst in erster Linie als Historiker verstand.[54] Der Historiker „weigert sich, alles mit den Augen einer Kultur, seiner Kultur zu sehen. Er hat Lust am anderen" (GS 66). Es ist die besondere Widerständigkeit der Vergangenheit, die seine Arbeit antreibt, seine Leidenschaft beflügelt, ihn immer wieder in Erstaunen versetzt. In ihrem Umgang mit dem noch Unvergangenen der Tradition ähnelt die Geschichte der Psychoanalyse, einer weiteren Wissenschaft vom Anderen. Geschichtsschreibung wird zu einer „Psychoanalyse der Gegenwart: Im Lauf dieses aktuellen Dialogs tauchen ‚Szenen aus der Frühzeit' wieder auf und verändern sich in dem Maß, in dem wir in ihnen die Bedingungen für ein neues Wagnis entdecken" (GS 69). Traditionen unterliegen stetigem Wandel, obwohl sie zur Legitimation der eigenen Gegenwart so tun müssen, als referierten sie auf einen unveränderlichen Ursprung. Jede Generation von Jesuiten bezeichnet ihr Denken und Handeln als ignatianisch, doch beschreibt damit jeweils ganz unterschiedliche Inhalte. Es handelt sich um Aneignungen, die aus ihrem Gegenstand stets etwas Neues erschaffen, das selbst wiederum zum Bestandteil der Tradition wird:

> „Die Tradition ist tot, wenn sie unberührt bleibt, wenn sie nicht erfinderisch ins Spiel gezogen wird, wenn sie nicht durch einen Akt verändert wird, der sie neu schafft; immer wieder aber entsteht sie neu aus den Fragen und Notwendigkeiten, die mit der Rekrutierung des Ordens, mit seinem Apostolat und seinen tausend kulturellen Wechselbeziehungen aufbrechen." (GS 72)

Das, was die Traditionen in der Gegenwart zu gefährden scheint, die Veränderung, Aktualisierung, Anpassung an etwas Neues, ist gerade ihr Lebenselixier. Die Differenz bleibt das „Element der Erneuerung" für Vergangenheit wie Gegenwart. Certeau spricht dabei von einer „notwendigen" und einer „sträflichen" „Häresie des Jetzt". Letztere leugnet die Vergangenheit, während die notwendige Häresie die Differenz aushält. Es geht nicht darum, nachträglich die „Modernität" bestimmter Elemente ignatianischer Spiritualität auszumachen, ebenso wenig wie es die „Traditionalität" bestimmter gegenwärtiger Formen zu bestimmen gilt.[55] Vielmehr heißt es den Bruch, die Differenz, bewusst wahrzunehmen und nicht zu kaschieren oder zu ignorieren. Aus Reflexionen über Vergangenheit und Zukunft des Ordens werden so allgemeine geschichtstheoretische Überlegungen, die auch

---

54 Vgl. zur Einordnung als Historiker Revel 1991; Martin 1991; Chartier 1991; Füssel 2001.
55 Zum „ignatianischen" Denken bei Certeau vgl. Lécrivain 2001; Lécrivain 2007.

jenseits ihrer spezifisch christlichen Problematik den Blick schärfen für den Zusammenhang von Tradition und Erneuerung.

In *Christliche Autoritäten und soziale Strukturen* schlägt Certeau 1966 deutlich kulturkritischere Töne an, die in vielem an die Kritische Theorie erinnern. Er diagnostiziert eine Krise der politischen wie religiösen Autoritäten, die aus einem Auseinanderbrechen eines sozialen Konsenses resultiert. In Analogie zu Alain Touraines postindustrieller Gesellschaft spricht Certeau von einer post-ideologischen Gesellschaft, die von Unternehmensstrukturen und anonymen Produktionssystemen beherrscht wird. An die Stelle der sozialen Kohäsionskraft der alten Autoritäten sei ein Widerstreit von Rationalisierung und Mythologisierung getreten: „Genau dort, wo eine Rationalisierung des Unternehmens oder eine Technik der Human Relations erarbeitet wird, entstehen auch Legenden sowie Dogmen und Mythen." (GS 83) Der Religion fällt in dieser Entwicklung die Rolle zu, „die ‚spirituellen' Abfälle zu sammeln und ihnen einen Platz zu geben." (GS 86) Innerhalb der Religion kommt es jedoch zu einer Dissoziation der Praxis des Glaubens von einer Sprache des Religiösen, deren frei flottierende Bedeutungen beliebigen Indienstnahmen zur Verfügung stehen. Eine Fokussierung auf die Krise des Religiösen dient dabei dazu, von der eigentlichen politischen Krise abzulenken. Religion wird zu einer Technik zur Erhaltung und zum Ausbau des kapitalistischen Systems. Welchen Ausweg aber lässt diese Totalisierung des Systems noch zu? Anstatt auf lokale Widerständigkeiten zu setzen wie später in der *Kunst des Handelns*, skizziert Certeau eine plurale Autoritätskonzeption. Autorität ist charakterisiert durch einen „Vorsprung des Abwesens"; das, „was die Aktion *sein* lässt, ist das, was ihr *fehlt*" (GS 103). Autorität kann insofern nicht besessen werden. Wahre Autorität tritt stets im Plural auf, speist sich aus unterschiedlichen Quellen. Ein Regime, das diese Pluralität verneint, wird totalitär, da es Opposition nicht mehr als konstitutiv für ein demokratisches Gemeinwesen erachtet. Die Autorität, wie Certeau sie versteht, funktioniert mehr über ein Zulassen.

Ein Text mit programmatischem Charakter ist *La rupture instauratrice/Der gründende Bruch*. Ursprünglich als ‚Methodenkapitel' einer kumulativen Dissertation zur Geschichte der Mystik gedacht, erschien der Text 1971 in der Zeitschrift *Esprit*.[56] Die Krise des Religiösen in der Moderne wird hier in erster Linie in Relation zur Wissenschaft diskutiert, was für Certeau meist konkret eine Trias von Soziologie, Psychologie und Geschichtswissenschaft meint. Während die Wissenschaften das „Reale" sukzessive verabschieden, maßt sich die Theologie weiterhin an, „Wahrheiten" über „Seiendes" zu verkünden. Gleichzeitig ist dem

---

56 Bereits 1968 publizierte Certeau einen Artikel über „La révolution fondatrice" in Études vgl. Anm. 49.

2.3 Die Schwäche des Glaubens

Religiösen jedoch jegliche inhaltliche Basis abhandengekommen. Certeau befindet sich zu dieser Zeit auf dem Höhepunkt der Auseinandersetzung mit dem klassischen Strukturalismus (TF 153–168). Die Sprache wird zum zentralen Objekt der Humanwissenschaften, der Mensch ist auf dem „Rückzug". Doch regen sich bereits Zweifel, ob das Rationalitätsversprechen der strukturalen Verfahren wirklich berechtigt ist, ob die Wissenschaft nicht auch auf Nichtgesagtem, Verdrängtem beruht. Als dieses „Verdrängte" werden vier Machtbeziehungen beschrieben, die obgleich historisch gemacht, gleichsam als Evidenzen daherkommen:

> Die Geschichte „hat den *Weißen* in ein Herrschaftsverhältnis gegenüber den anderen Rassen gebracht; sie hat den *Erwachsenen* eine *Autoritätsstellung* gegenüber dem Kind verschafft; sie hat den *Mann* in die Öffentlichkeit und die *Frau* in den Privatbereich gestellt; sie hat schließlich die *Ordnung* so eng mit der *Vernunft* verknüpft, dass der Wahnsinn durch Wegschließen exkommuniziert oder als Vergehen behandelt wurde." (GS 169).

Auffällig ist an dieser, bereits durch Foucault inspirierten Reihe von Unterscheidungen, dass zwar *race* und *gender*, nicht aber *class*, stattdessen aber Alter und Vernunft als Differenzgeneratoren ausgemacht werden. Es ist also „die *Differenz* von Rasse oder Nation (der Schwarze, der Primitive, der Wilde, der Fremde), von Alter (das Kind), Geschlecht (die Frau) oder Diskurs (der Verrückte)" die „das *Andere* geworden ist, das von dem System, das sich bildete, indem es jenes ausschloss ‚verdrängt' worden ist." (GS 169) Die gegenwärtig zu konstatierende „*Rückkehr des Anderen*", des Verdrängten, führt daher zu den „Wissenschaften vom ‚Anderen'": der Ethnologie, der Geschichte und der Psychoanalyse (GS 170f.). Certeau ist sich zweifellos bewusst, dass auch diese Wissenschaften nicht frei von Machtbeziehungen und Herrschaftseffekten sind, dennoch scheinen sie ihm in ihren innovativen und reflexiven Formen am ehesten als methodische Zugänge zu einer Geschichte der verdrängten Aprioris der Wissenschaft geeignet. Denn in ihrem Bezug auf eine eigene Geschichte, die immer auch die verborgene Geschichte einer sie erst ermöglichenden Andersheit impliziert, steht das Christentum vor einer ähnlichen Problematik wie die Wissenschaft. In ihren Ursprüngen handelt es sich bei beiden um kontingente, ereignishafte Setzungen, um Entscheidungen für eine bestimmte Denk- und Handlungsweise. So lautet Certeaus eigentliche Frage denn auch, „wie das Christentum in einer *gegebenen* epistemologischen Situation *gedacht* werden kann" (GS 174).

Um dies herauszufinden und zu begründen, ist der Rückgriff auf ein fundierendes Ereignis notwendig, das bis in die Gegenwart neue Räume der Möglichkeit eröffnet. Der „gründende Bruch" ist die Szene des leeren Grabes. Der Anfang, der

Ursprung ist ein „Abwesensprozess". Abwesenheit wird zur Bedingung der Möglichkeit des christlichen Glaubens: „Du bist nicht mehr *da* oder noch nicht *da*". Insofern ist auch „jede Form von Autorität in der christlichen Gesellschaft [...] gezeichnet von der Abwesenheit dessen, was sie begründet." (GS 178). Indem jede Autorität manifestiert, „was sie nicht ist", kann es auch keine einzige, das Ganze repräsentierende Autorität geben. Autorität ist daher notwendigerweise plural.

Wie Certeau das Verhältnis von Wissenschaft und Religion zu Beginn der 1970er Jahre begreift, wird an einer weiteren Feldstudie deutlich. In *Lieux de transit* berichtet er 1973 in *Esprit* von einem riesigen religionswissenschaftlichen Kongress in Los Angeles (*Religion and the Humanizing of Man*). Dieses „Theater" der Religionswissenschaften dient ihm als Ausgangspunkt für allgemeine Reflexionen zur „Übergangsfunktion" der Religionswissenschaften, in denen es zu einer „Wiederverwendung" des Religiösen komme, ohne dass dessen Substanz erhalten bliebe. Gerade die marginalisierten religiösen Phänomene, wie Volksreligiosität, Hexerei, Okkultismus, asiatische Spiritualität etc. dienten als Medien der Kritik der eigenen „durchrationalisierten Kultur". Sie werden zur Allegorie des durch den wissenschaftlichen Diskurs Verdrängten, zu einer Form der Rationalitätskritik. Die Frage nach dem Anderen bleibe zwar, bekomme heute aber keine glaubwürdigen Antworten mehr. Mit der Bedeutung der Religion schwinde auch der wissenschaftliche Status der Religionswissenschaft. Es gibt letztlich nichts Eigenes mehr, das sich als genuiner Gegenstandsbereich des Religiösen ausmachen ließe. Die Beschäftigung mit Religion löst sich auf in Religions-Geschichte, Religions-Soziologie, Religions-Psychologie etc.

In *Vom Körper zur Schrift*, einem Text, der auf ein Radio-Gespräch mit Jean-Marie Domenach, dem Herausgeber der Zeitschrift *Esprit* zurückgeht, expliziert Certeau noch einmal die Grundproblematik eines religiösen Sprechens ohne institutionellen Ort. Die Frage lautet, was den religiösen Diskurs autorisiert, wenn es nicht mehr die Institution Kirche ist? Die Kirche ist kein „Produktionsort mehr, sie wird zu einem Produkt, einem imaginären Objekt des Diskurses" (GS 219). Die religiöse Sprache kann daher die Defizite anderer sozialer „Körper" kompensieren und von ihnen in Dienst genommen werden, eine Diagnose, die für den Theologen allerdings kaum zufriedenstellend ist. Es geht nicht um eine Erneuerung des alten institutionellen Ortes, sondern darum, das ortlose und anonyme Wirken christlicher Praktiken zu bestimmen. Die christliche Sprache ist an einem Nicht-Ort loziert, dessen textueller Ort die *Schrift* ist, das heißt die biblischen Texte. Certeaus Überlegungen kreisen immer wieder um das Problem der Ort-Losigkeit eines institutionell nicht-autorisierten Sprechens, das gleichzeitig als Praktik produktiv ist. Die Texte der Bibel werden von ihm als „Fabel" angesprochen, eine Sprache, die durch „die Abwesenheit des Körpers, den Verzicht auf die Proximität und die

Auslöschung des Eigenen" gekennzeichnet ist (GS 240). Der Nicht-Ort des leeren Grabes wird zur Funktion eines Textes, die Erzählung verweist stets zurück auf das sie begründende Ereignis. Die Schrift wird zu einem Verweissystem des Anderen, Abwesenden. Doch die Schrift erscheint in ihrer „Schwachheit" nur „auf dem Ozean der Sprache", um dort wieder zu verschwinden, sie ist „ein Wassertropfen im Ozean" (GS 243).

2.4 Das Laboratorium der Amerikas

Einen zentralen politischen wie religiösen Erfahrungshorizont Certeaus stellen seine zahlreichen Reisen nach Süd- und Nordamerika dar (Levine 2001). Die Konfrontation mit der Befreiungstheologie und die Frage von gewaltsamem und gewaltfreiem Widerstand wurden für ihn zu zentralen Themen. Besonders plastisch wird Certeaus gesellschaftskritisches Engagement in einem 1966 erschienenen Aufsatz über die brasilianische Militärdiktatur. Brasilien scheint ihm als Teil eines kulturellen „Laboratoriums", in dem sich eine spezifische „Geographie der Revolution" beobachten lasse. Es ist einer jener zahlreichen Artikel, in denen er dicht an den aktuellen politischen Vorgängen ist, sehr kundig eine Vielzahl von Informationen präsentiert und gleichzeitig bereits eine historische Analyse von Ereignissen liefert, die kaum vergangen sind. Bei aller Sympathie für die zum Schweigen verurteilte Opposition und die Guerilla unterscheidet sich seine Position durch seine reflexive Perspektive deutlich von der Mehrheit seiner ‚linken' europäischen Zeitgenossen: „Revolutionäre Solidarität mit dem Ausland kann zum ideologischen Imperialismus werden, zu dem unter Umständen eine dogmaverliebte Konzeption von der Wahrheit und eine Sehnsucht nach dem Absoluten verstärkend hinzukommt." (GS 132) Diese klarsichtige Einschätzung dessen, was gewiss einen erheblichen Teil befreiungstheologischer „Kaffeehausstrategen" (GS 117) in Europa kennzeichnete, ist gerade heute angesichts manch postkolonialer Theorieemphase von ungebrochener Aktualität als Ansporn zur Reflexivität.

Noch näher an seiner eigenen kulturellen Identität und deshalb vielleicht noch emotionaler ist Certeaus Bericht über das Schicksal der Brüder Berrigan, der 1971 in *Esprit* erschien. Daniel und Philip Berrigan, zwei katholische Intellektuelle, die sich mit spektakulären symbolischen Aktionen – wie dem Verbrennen von Rekrutierungsakten mit Napalm – gegen den Vietnamkrieg engagierten und dafür ins Gefängnis wanderten, lösten ein breites internationales Medienecho aus. Bei den Berrigans handelte es sich jedoch nicht etwa um junge Studenten, sondern um etablierte katholische Priester um die fünfzig. Daniel Berrigan war Jesuit wie Certeau und trat wie sein Bruder nicht nur als politisch engagierter Intellektueller auf, sondern war wie dieser auch ein angesehener Dichter. Certeau ist von dem radikalen Engagement der irischstämmigen Theologen tief berührt und sieht in ihren Taten eine zukunftsweisende Form politischen Handelns moderner Christen. Das Gefängnis, der Ort, an dem man sie festhält, ist für Certeau ein gesellschaftlicher „Un-Ort". Ihr Handeln ist „a-topisch", da es sich auf die ganze Gesellschaft beziehend keinen partikularen Ort hat. Ihr Widerstand hat keinen eigenen Ort, kein Programm, keinen Rahmen, er ist verstreut und seine Akteure an einen Un-Ort verbannt. Hier kündigen sich mithin bereits Denkfiguren an, die später auch bei Marc Augé und Michel Foucault eine Rolle spielen werden. Nicht-Orte und Heterotopien, räumliche Denkfiguren, die aus einer tiefen Skepsis gegenüber der Utopie entspringen, ohne deren emanzipative Potentiale aufzugeben. Es gibt keinen Ort einer besseren Welt mehr, der das Andere konkret entwirft, ohne dabei totalitär zu werden.

In *La longue marche indienne* (PP 147–161) verfolgt Certeau 1976 die Selbstorganisation der lateinamerikanischen „Indianer". Im Umgang mit den spezifischen historischen Bedingungen der Unterdrückung in Lateinamerika, als die er im Wesentlichen eine in der Proletarisierung der Indigenen resultierende Trennung von Arbeit und Subsistenz, eine spezifische Beziehung der Ureinwohner zu ihrem Boden als Möglichkeit der Bezugnahme auf einen eigenen Ort sowie die plurale soziale Organisation der Stämme begreift, die weder westlichen Stratifikationsprinzipien folgen noch klaren Repräsentationsmechanismen personalisierter politischer Führerschaft. Vor diesem Hintergrund bildete sich nun eine Vielzahl autonom geführter Gemeinden, die gemeinsam Land bewirtschafteten. Von dieser Mikro-Politik erhofft sich Certeau ein revolutionäres Potential für einen kulturellen Pluralismus, der aber gerade nicht als „utopischer" Bezugspunkt für eine Veränderung europäischer Selbstverwaltungsstrukturen dienen soll, denn damit würde er zur Ideologie gerinnen. Vielmehr soll diese Veränderung eine Form der Solidarität begründen, die gerade auf der Anerkennung der Differenz der Strukturen beruht.

Wie stark die Beobachtungen der lateinamerikanischen Verhältnisse Certeaus Theoriebildung beeinflussten, zeigt im gleichen Jahr *Mystiques violentes et stratégie non violente* (PP 133–146). In diesem Text berichtet er zunächst über das Phänomen von zu Guerilleros gewordenen Priestern, einer „guérilla mystique", welche die Geistlichen in die Rolle von Märtyrern bringt. Neben diesen Formen beobachtet er jedoch auch eine Bewegung des gewaltlosen Widerstands, die auf die später in der *Kunst des Handelns* entwickelten Taktiken der Aneignung verweisen. „Die sogenannte ‚Volks'-Kultur eignet sich verstohlen im Nachhinein den (vor)herrschenden Wissensstand an und zwar genau auf die Art und Weise, die ihr zweckdienlich ist. Die List besteht darin, sich der Ausdrucksweise des Anderen zu bedienen – eine Vorgehensweise, die Macht, die sich durchgesetzt hat, gleichzeitig spielerisch nachzuahmen und zu vereiteln und das Wort wieder zu ergreifen, ohne jedoch schon einen geeigneten Ort dafür zu kennen" (PP 141).[57] Gerade das religiöse Feld erweise sich als besonders geeignet, in einer entliehenen Sprache eine unsichtbare Gewalt auszuüben, die sich den Herrschenden temporär entgegenstellt. Die institutionelle Ortlosigkeit dieses Protestes ist entscheidend:

> „Vielmehr geschieht häufig alles, als ob sie [die Sprache] das Indiz würde für eine Strategie, die nicht verortet ist in einer Partei, einer Machtposition, einer Repräsentation, sondern sich vielmehr in die vorherrschende Struktur einschleicht. Sie kennzeichnet das Grummeln und die untergründige Arbeit einer Erosion, die sich nicht einmal benennen lässt, Rache des Unterworfenen just in der Sprechweise des Unterwerfenden. Selbst wenn also die repressive Anweisung mangels Widerstandskraft akzeptiert wird oder akzeptiert zu werden scheint, finden tausend Taktiken unter der Maske der Zustimmung die Möglichkeit einer anderen ehrgeizigen Wiederaneignung. Im Modus der Teilhabe schleicht sich unmerklich ein Umsturz ein. Darin besteht der mit Schwachheit kompatible Widerstand" (PP 142).[58]

2.5 1968 – Der Kampf um die Sprache

Auf den ersten Blick deutet wenig darauf hin, dass Michel de Certeau zu einem ebenso begeisterten wie hellsichtigen Kommentator der Ereignisse im Mai/Juni 1968 werden sollte (Zancarini-Fournel 2002). Als jesuitischer Ordensmann Anfang vierzig, der sich die zurückliegenden Jahre über mit intensivem Quellenstudium frühneuzeitlicher theologischer Texte beschäftigt hatte, verkörperte er gewiss nicht den typischen 68er. Doch private Brüche und Erfahrungen waren dem politischen Bruch vorausgegangen: Der Verlust der Schwester (1966) und der Mutter (1967), eine Krise innerhalb der Redaktion der Zeitschrift *Christus*, der

---

57 „La culture dite ›populaire‹ se réapproprie subrepticement la culture dominante par la manière même dont elle s'en sert. C'est la ruse de se dire dans le langage de l'autre – une façon de jouer-déjouer le pouvoir qui s'est imposé, et de reprendre la parole sans savoir (encore) une place propre."

58 „Bien plus, tout se passe, souvent, comme si elle devenait l'indice d'une stratégie qui n'a pas de lieu propre (un parti, une force, une représentation) mais s'infiltre dans l'organisation dominatrice. Elle signifie déjà le murmure et le sourd travail d'une érosion qui, sans pouvoir encore se nommer, manifeste la revendication du dominé dans la langage même du dominant. Alors même que l'ordre répressif est (semble) accepté, faute de pouvoir à lui opposer, mille tactiques y infiltrent, sous la masque de l'adhésion, la possibilité pour une autre ambition de se le réapproprier. Une subversion s'insinue sous le mode de la participation. C'est la résistance compatible avec la faiblesse."

Abschluss seiner jahrelangen Surin-Forschungen und die Erfahrungen seiner ersten Lateinamerikareise schufen eine aufmerksame Disposition für Krise und Aufbruch (Giard 1994a: 13).

Mai 1968
In den Jahren 1967-1968 kam es von den USA bis Japan weltweit zu Studentenprotesten, die in Frankreich allerdings in einem besonders aufsehenerregenden Zusammenwirken von studentischem Protest und gewerkschaftlicher Streikbewegung resultierten. Mit der konservativen Regierung der fünften Republik unter Charles de Gaulle heizte sich das politische Klima zu Beginn des Jahres 1968 immer mehr auf. Nach ersten Protesten in Nantes und Jussieu im Jahr 1967 eskalierten die eigentlichen Proteste ab März 1968 ausgehend von der Universität Nanterre westlich von Paris, wo man mit der Universitätsleitung über politische Meinungsfreiheit und Polizeipräsenz auf dem Campus stritt. Arbeiter der Garnier-Werke von Redon streikten im gleichen Monat. Am 3. Mai 1968 besetzten Studierende die Pariser Sorbonne anlässlich der Schließung der Universität in Nanterre. Nach der Schließung der Sorbonne am 4. Mai folgten am 6. Mai Demonstrationen, die am 10. Mai ihren Höhepunkt in der Errichtung von Barrikaden im Quartier Latin fanden. Nachdem diese in der „Nacht der Barrikaden" zum 11. Mai gewaltsam geräumt worden waren, kam es in der folgenden Woche zu einer Reihe weiterer Arbeiterstreiks, die sich zu einem einmonatigen „wilden Generalstreik" ausweiteten und die am 24. Mai eine Dimension von neun bis zehn Millionen Menschen erreichten. Doch das Bündnis von Arbeitern und Studenten währte nicht lange: Am 27. Mai wurde von Gewerkschaftlern, Regierungsvertretern und Arbeitgebern das Abkommen von Grenelle (Accords de Grenelle) unterzeichnet, mit dem wesentliche Forderungen der Arbeiter erfüllt wurden. Am 30. Mai verkündete de Gaulle in einer Radioansprache die Ansetzung von Neuwahlen für den 23. Juni; in der Folge wurden bis Mitte Juni alle Streikaktionen beendet. Die Neuwahlen stärkten die Gaullisten und schwächten die Kommunistische Partei Frankreichs (KPF).

Frankreichs Intellektuelle waren in den Ereignissen als Aktivisten wie als Gegner, als Beobachter und Diskutanten enorm aktiv. Jean Baudrillard lehrte in Nanterre, und die Generation der Poststrukturalisten von Pierre Bourdieu bis Michel Foucault wurde nachhaltig von der 68er Zeit geprägt. Über die Folgen der Ereignisse wird bis heute gestritten. Verglichen mit den sozialen Reformen im Bereich der Wirtschaft waren die realen Folgen für die Reform des Bildungssystems und seiner Institutionen gering, langfristig sollte sich jedoch vor allem das kulturelle und politische Klima Frankreichs

2.5 1968 – Der Kampf um die Sprache

ändern. Mit Formeln wie „Die Fantasie an die Macht" oder „Seid Realisten, verlangt das Unmögliche" ist der Mai 68 heute zu einem Erinnerungsort einer ganzen Generation geworden, der immer noch politisch polarisiert. Während die einen ihn für einen Verfall bürgerlicher Werte verantwortlich machen, sehen andere ihn als notwendigen Schritt in eine liberale, demokratische und weltoffene Gesellschaft.

Weiterführende Literatur: Frei 2008; Gilcher-Holtey 2008.

In *La prise de parole* interpretiert Certeau die 68er-Proteste als symbolische Revolution" (PP 29–39).

> „Die folgenden Überlegungen sind aus der Überzeugung geboren, dass die ‚revolutionäre' Rede vom vergangenen Mai, eine symbolische Handlung, einen sprachlichen Prozess eröffnet und zu einer globalen Veränderung unseres kulturellen Systems aufruft. Die Frage, die sich mir aus der Erfahrung als Historiker, Reisender und Christ stellte, die erkannte, ja die entdeckte ich in der Bewegung, die den Untergrund unseres Landes aufgewühlt hat. Dies zu erhellen war mir ein Muss. Nicht so sehr in erster Linie für andere. Eher aus einem Bedürfnis nach Wahrheit heraus."[59]

Und man könnte ergänzen, sie ist einer persönlichen Wahrhaftigkeit der Selbstreflexion und der Absicherung des eigenen Standortes geschuldet.

Das „Symbolische" verweist für Certeau jedoch nicht etwa auf die politische Wirkungslosigkeit im Sinne eines ‚bloß Symbolischen', sondern auf eine eigene Wirkmächtigkeit, die latente Prozesse und Machtverhältnisse sichtbar macht, die Machtbeziehungen symbolisch verkehrt und neuen Akteuren eine Stimme verschafft. Bereits hier spricht Certeau vom „taktischen Handeln" der Studenten, die den günstigen Moment ergreifen und sich etwa in die Sessel der Professoren im Senatsaal setzen (PP 98), ein Begriff der später in der *Kunst des Handelns* zentral werden wird.

Die Zuschauer des gesellschaftlichen Theaters werden selbst zu dessen Akteuren, Räume werden besetzt und mit anderen Bedeutungen aufgeladen, Menschen die keine Stimme hatten, artikulieren sich. Der Kampf um die Sprache, ganz konkret in Sinne des gesprochenen Wortes, der *parole*, wird für Certeau zur zentralen

---

59 „Les quelques réflexions qui suivent sont nées de la conviction que la parole ‚révolutionnaire' de mai dernier, action symbolique, ouvre un procès du langage et appelle une révision globale de notre système culturel. La question que me posait une expérience d'historien, de voyageur et de chrétien, je le reconnais, je la découvre aussi, dans le movement qui a remué le dessous du pays. L'élucider m'était une nécessité. Non pas d'abord pour d'autres. Plutôt par un besion de véracité." PP 38–39.

historischen Signatur der Ereignisse (PP 40–57). 1789 wurde die Bastille erobert, 1968 die Sprache, mit dem Unterschied, dass 1968 eine gefangene Sprache befreit wurde (PP 40).[60] Für Certeau ist es, als ob zum ersten Mal ‚selbst' gesprochen würde. Die hier zum Ausdruck kommende Begeisterung für die Macht der freien Rede spiegelt aus heutiger Sicht die zu gleicher Zeit in der Bundesrepublik von Jürgen Habermas geführten Diskussionen über „herrschaftsfreie Diskurse". Im Gegensatz zur jüngeren kritischen Theorie entwickelt Certeau jedoch keine kommunikativen Verfahren der Legitimation, sondern interessiert sich eher für die „poetische" Dimension der Sprachaneignung. Eine positive Erfahrung, die nur negativ ausgedrückt werden kann, aber einen neuen Möglichkeitsraum eröffnet. Die symbolische Revolution der Studenten ist auch historisch ein Akt der Aneignung, sie bedient sich eines alten symbolischen Vokabulars der Barrikaden und der Arbeiterrevolten. Die Sprache, in der sich Neues artikuliert, wird nur wiederverwendet, ein Vorgang, den Certeau durchaus als ambivalent einschätzt. Seine Überlegungen kreisen um die Frage, ob die Revolte tatsächlich bleibende Veränderungen bewirkt oder von den konservativen politischen wie wissenschaftlichen Kräften aufgesogen wird. Damit ist die Frage berührt, wie sich überhaupt in einer bestehenden Ordnung etwas ‚Neues' ereignen kann bzw. inwieweit eine Gesellschaft dazu bereit ist, diese Artikulation zuzulassen. Certeaus Analyse der 68er-Ereignisse operiert mit dem gleichen heuristischen Instrumentarium, mit dem er auch die Mechanismen der frühneuzeitlichen Mystik erklärt. Wichtiger als die Inhalte der Forderungen ist der performative Modus ihrer Artikulation, von Certeau „Stil einer Erfahrung" genannt. Es ist nicht nur die bestehende politische Ordnung, die in Frage gestellt wird, sondern auch die epistemologische Ordnung. Das Bild, das die Gesellschaft von sich bisher entworfen hat, wird rissig, es kommt zu einem „Repräsentationsverlust" (Bogner 2002: 263). Was sich in politischer Hinsicht als Legitimationsdefizit der herrschenden Ordnung ausdrückt, verweist für Certeau somit auf einen viel tiefer liegenden „globalen" Bruch, der über die Lokalität der Ereignisse weit hinausführt.

Die mündliche Rede steht für Certeau immer in einem Spannungsverhältnis zur Schriftlichkeit. Diese Beziehung erweist sich für 1968 als charakteristisch, denn Certeau war nicht der einzige Zeitgenosse, der die Ereignisse zeitnah dokumentierte und interpretierte. Unmittelbar auf die Ereignisse im Mai und Juni folgte eine wahre Flut von Schriften, welche zum Teil enorm hohe Auflagen erreichten. Da diese unmöglich alle gelesen werden konnten, betrachtet Certeau den Buchkonsum eher als symbolische Handlung. Wichtiger ist jedoch die strukturelle

---

60   Zu den Rückwirkungen der 1968er-Erfahrung auf die Geschichtsschreibung zur Französischen Revolution vgl. TF 166–167.

Leistung der Schrift zur Verarbeitung und damit immer auch Kontrolle und Beherrschung der Ereignisse. Hier teilen die Bücher und Artikel die Funktionen von Historiographie und Ethnographie. Sie machen das Andere beherrschbar, indem sie es in einen Text aufheben und damit auch für abgeschlossen und erklärt deklarieren. Certeau liefert in seiner Darstellung auch eine Art Literaturbericht, in dem er die wichtigsten Publikationen (u.a. André Glucksmann, Alain Touraine, Raymond Aron) vorstellt und kommentiert. Darauf aufbauend identifiziert er sechs systematische Punkte, welche die neue Entwicklung charakterisieren: eine Krise der Autorität, die Beziehung zwischen Vergangenem und Gegenwärtigem, das Fantastische, eine gebrochene Realität, die Interdisziplinarität und die gesellschaftliche Rolle des Intellektuellen.

2.6 Die Formalität der Praktiken: Religion und Politik

Zentraler Stellenwert für die Deutung des Bruches bzw. der frühneuzeitlichen Transformation der Relation von Religion und Politik kommt einem zuerst 1972 in *Ricerche di storia sociale e religiosa* veröffentlichten und später im *Schreiben der Geschichte* erneut publiziertem Text über die *Formalität der Praktiken* zu.[61] Das darin entworfene historische Szenario von einer „religiösen Ordnung zu einer politischen und ökonomischen Ethik" (Certeau 1972b: 7) ist nicht neu, innovativ ist vielmehr der methodische Zugang zu den Wandlungsprozessen. Ausgelöst von den Pluralisierungsschüben der Glaubensspaltung und Konfessionalisierung kommt es zu einer Verschiebung der Legitimitätsstiftung von religiösen zu politischen Institutionen. War es zuvor allein die Religion, welche die Gesellschaft ‚begründete', so ereignen sich nun zunehmend wechselseitige Legitimitätsstiftungen. Vor allem die „Staatsräson" des monarchischen Zentralstaats ist es, der fortan die Aufgabe einer neuen gesellschaftlichen Integrationsleistung zufällt (Certeau 1972b: 16–18). Die religiösen Institutionen verschwinden damit nicht, ihre Stellung in und zum Staat ändert sich jedoch. Mit den Worten Daniel Bogners änderte sich die „Zielbestimmung" in der „Programmierung" des religiösen Apparates. Nicht die Doktrinen

---

61 Der Beitrag wurde in deutschen Ausgabe von *L'ecriture de l'Histoire* ausgelassen und erst 2008 in einem Sonderheft der Zeitschrift *Zeitsprünge* in deutscher Übersetzung publiziert vgl. Certeau 1972b. Die Publikation wurde begleitet von einer deutsch-französischen Tagung, die den Artikel aus verschiedenen Blickwinkeln intensiv diskutierte vgl. Büttgen/Jouhaud 2008, vgl. bereits auch Bogner 2002: 80–109 und Bastenier 2007: 20–23. Als weiterer Kontext kann auch ein Handbucharticle von 1975 mit dem Titel *La pensée religieuse en France (1600-1660)* herangezogen werden, vgl. jetzt den Druck in LA: 195–215.

und Inhalte sind dabei das Entscheidende (sie bleiben weitgehend unverändert), sondern der politische Einsatz der Praktiken (Bogner 2002: 85). Glaubensinhalt (dire/fides quae) und Glaubensakt (faire/fides qua) entkoppeln sich. Damit können religiöse Praktiken einerseits in den Dienst der Politik gestellt werden, andererseits erweist sich ihr Sinn jetzt nur noch im Gebrauch, nicht mehr aus der Bindung an eine Lehre. Mit der Figur der „Wiederverwendung" (Certeau 1972b: 18) und der Formalität der Praktiken hat Certeau zentrale Figuren zur Deutung historischen Wandels entwickelt. Die Denkbewegung Certeaus ist auf den ersten Blick vielleicht deshalb schwierig, weil der Bezug von Inhalt und Praktik hier invers zu anderen, leichter verständlichen Formen der Aneignung verläuft. Hier sind es nicht die gleichen Praktiken, die mit anderen bzw. neuen oder alten Inhalten gefüllt werden, wie in Prozessen der religiösen Missionierung, in denen die missionierte Kultur ihre Inhalte in die neuen christlichen Praktiken integriert, sondern es sind „formal" gleichbleibende Praktiken, z.B. eine religiöse Prozession, die fortan in den Dienst des politischen und nicht primär des religiösen ‚Systems' gestellt werden. Certeau veranschaulicht dies etwa am Begriff der Standespflicht („devoir d'état"; Certeau 1978: 29–32). Der zunächst religiös bestimmte Zu-stand wird zum sozialen Stand, religiöse Ordnungskategorien sichern die gesellschaftliche Ordnung der Ständegesellschaft. Und sie tun dies nicht aus einer ideologischen Verschwörung der Mächtigen heraus, sondern als strukturelles Prinzip, einem „Grundlagencode" (Certeau 1978: 31). Im 18. Jahrhundert kommt eine weitere Trennung hinzu, die einerseits die christlichen Praktiken in den Bereich der Volkskultur abschiebt und zu einer Art anthropologischem Forschungsobjekt macht, andererseits im Bereich der ‚Eliten' die religiöse Praxis in einer bürgerlichen Ethik aufhebt (Certeau 1972: 36–49). Was sich nicht in die Nützlichkeitsimperative der neuen Ethik fügt, wird zu einem „Rest der Moderne" (Bogner 2002: 92–95). Noch verstärkt wird diese Entwicklung durch die mediale Trennung in „gelehrte Schriftlichkeit und populäre Mündlichkeit" (Certeau 1972: 57). Für den Rationalismus der Aufklärung wird die Religion zunehmend un-denkbar, es kommt zu einer Art Folklorisierung religiöser Praxis. Doch Religion und Politik bleiben aufeinander bezogen, die Ent-Christianisierung der Gesellschaft resultiert nicht notwendig im säkularen Staat. Das Politische bedient sich vielmehr religiöser Autoritätsfiguren und Praktiken, während die religiöse Praxis selbst von der politisch-administrativen Logik des frühmodernen Policey-Staats geprägt wird. Die historische Forschung beschreibt diese Prozesse des konfessionellen Zeitalters wie der Aufklärung mittlerweile komplexer, nicht zuletzt da Konzepte wie Sozialdisziplinierung oder Konfessionalisierung inzwischen kritisch betrachtet und teilweise dekonstruiert oder reformuliert wurden. Certeaus Betonung des Bruchs und der Pluralisierung im 17. und 18. Jahrhundert hat unter anderem den Effekt einer rückwirkenden Homogenisierung des Mittelalters (Boureau 2008) Doch liefert Certeau hier mehr als ein simples Modernisierungsnarrativ oder eine klassische Ideologietheorie, die religiöse Inhalte als auswechselbare Ideologeme betrachten würde. Der Fokus auf Diskurse und Praktiken, Mündlichkeit und Schriftlichkeit und die Abgrenzungsmechanismen, mit denen das Religiöse zum Anderen der Politik wurde, eröffnet immer noch neue Perspektiven, die allerdings, wie Certeau es selbst in der Einleitung des Aufsatzes formuliert, in „zukünftigen Fallstudien entkräftet, präzisiert oder bestätigt werden können" (Certeau 1972b: 10).

Orte des Anderen   3

Der bislang letzte von Luce Giard herausgegebene Band mit Aufsätzen Certeaus erschien 2005 unter dem Titel *Le lieu de l'autre. Histoire religieuse et mystique* (LA). Er versammelt thematisch recht disparate Beiträge aus den Jahren 1963-1981, die teilweise schon in *L'Absent de l'Histoire* (AH) zum Wiederabdruck gekommen waren.[62] Im Folgenden werden daraus nur die Texte zu Montaigne und Lafitau im Zusammenhang behandelt, da sich die meisten anderen Texte besser anderen thematischen Feldern, wie der Kirchengeschichte oder der Geschichte der Mystik, zuordnen lassen. Während die für den Band von Giard gewählte Klammer der spezifische „Stil" des Historikers Certeau ist, so eint die folgenden historischen Fallstudien die Problematisierung von Alterität und ihre ‚Verortung', sei es als Mikrogeschichte oder Reisebericht.

3.1 Die Besessenen von Loudun: Mikro-Geschichten

Eine Fallstudie, die zeigt, wie die in der „Förmlichkeit der Praktiken" skizzierten Entwicklungslinien und Prozesse sich in einem einzelnen Ereignis manifestieren konnten, hat Certeau 1970 mit *La Possession de Loudun* vorgelegt (PL). Die Arbeit zu den Besessenen von Loudun schloss an die Forschungen zu Surin an und steht im Kontext eines längeren Untersuchungs- und Publikationsstranges im Werk Certeaus. Dieser reicht von der Kritik an der Arbeit Robert Mandrous, dessen Hexerei-Buch Certeau 1969 eine ausführliche Besprechung widmete (Certeau 1969b), und den Editionen der Selbstzeugnisse von Jeanne des Anges und

---

62 Zu der komplexen Editionsgeschichte der Texte vgl. das Vorwort von Giard 2005a.

Surin bis hin zu einer Filmkritik von *Der Exorzist* (Interview in *Études* Certeau 1975e) und der Wiederaufnahme der Sprachanalyse der Besessenheit in *L'écriture de l'histoire* (SG). In der zwischen Tours und Poitiers gelegenen Kleinstadt Loudun kam es in den 1630er Jahren zu einer Reihe von Fällen von ‚Besessenheit', als ein Ursulinenkloster angeblich vom Teufel heimgesucht wurde (Carmona 1988). Das gemischtkonfessionelle Städtchen wurde zum Schauplatz eines wahren Machttheaters von Gegenreformation und absolutistischem Staat, indem Kardinal Richelieu versuchte, die religiösen Praktiken für politische Zwecke zu instrumentalisieren. Die „Geschichte ist niemals sicher" lautet die Überschrift zum einleitenden Kapitel der Studie, die in der von Pierre Nora und Jacques Revel herausgegebenen Reihe *Collection Archives* erschien. Diese Reihe beleuchtet besonders quellennah bestimmte Ereignisse, Gruppen, Diskurse oder Phänomene. Diesem Zugang trägt Certeau schon typographisch dadurch Rechnung, dass er den eigenen historiographischen Text kursiv druckt und die Sprache der Quellen recte (PL 15–16). Auf diese Weise wird die Relation, aber auch die Distanz des Historikers zur Sprache des Anderen deutlich markiert. Certeau war nicht der erste, der über Loudun schrieb. Von Alexandre Dumas und Jules Michelet bis zu Aldous Huxley und vielen anderen wurden, die Geschichte immer wieder neu erzählt, auch verfilmt und als moderne Oper inszeniert (PL 13–14; Weymans 2003: 6). Diese Geschichte ist auch insofern niemals sicher, als dass ihre Narrative immer wieder anderen Interessen gehorchen, die von der Gegenwart ihrer Verfasser geprägt sind. Auch Certeau hat einen ‚Helden' in Gestalt von Surin, doch ist seine Beziehung zu ihm von expliziter wie reflexiver Distanz geprägt (Höfer 2008).

Mikrogeschichte
Die Mikrogeschichte (ital. „micro-storia") bezeichnet eine historische Forschungsperspektive, die sich seit Mitte der 1970er Jahre zunächst in Italien, dann aber unabhängig voneinander auch in Ländern wie den USA, Frankreich und Deutschland entwickelt hat. Spuren des Begriffs Mikrogeschichte reichen bis in die 1950er und 1960er Jahre zurück, wurden dort aber in anderem Sinn (als Kategorie einer Schlachtbeschreibung) oder pejorativ im Werk des *Annales*-Historikers Fernand Braudel verwendet (Ginzburg 1993: 169–181). So bezeichnet die M. nicht den kleinen, privaten Rest der ‚großen' Geschichte, sondern versucht bewusst den „Beobachtungsmaßstab zu verkleinern" (Ginzburg 1993: 181). Die Gegenüberstellung von Mikro- und Makrogeschichte, mit jeweils deutlicher Abwertung der jeweils anderen Seite hat zu zahlreichen Missverständnissen und Verkürzungen geführt. Denn nicht das Kleine zu erforschen, ist Ziel der Mikrogeschichte, sondern die

3.1 Die Besessenen von Loudun: Mikro-Geschichten

Makrozusammenhänge empirisch kleinzuarbeiten. So formulierte Giovanni Levi in Anlehnung an eine Formulierung des Ethnologen Clifford Geertz: „Mikro-Historiker erforschen keine Dörfer, sie forschen in Dörfern" (Levi 1991: 93). Wie das in der Praxis aussieht, haben Studien wie Michel de Certeaus Buch über die Besessenen von Loudun, Emmanuel LeRoyLaduries *Montaillou. Ein Dorf vor dem Inquisitor* (LeRoyLadurie 1975) oder Carlo Ginzburgs *Der Käse und die Würmer* (Ginzburg 1976) eindrucksvoll gezeigt. Die Studien von Ginzburg und LeRoyLadurie wurden zu historiographischen Bestsellern, nicht zuletzt, da sich in ihnen auch eine bewusste Rückkehr zur historischen Erzählung manifestierte. Was Bücher wie die Loudun Studie oder Ginzburgs Rekonstruktion der geistigen Welt des Müllers Menocchio von einer simplen Regionalgeschichte unterscheidet, ist der Anspruch, abstrakte Begriffe, Prozesse und Entitäten wie den Staat, die Kirche, Konfessionalisierung (Reformation/Gegenreformation), Bürokratisierung, Disziplinierung oder Säkularisierung auf die Ebene von konkreten Einzelakteuren und lokalen Lebenswelten herunterzubrechen. M. ist dann nicht eine Ausfüllung der Lücken an Evidenz und Plastizität, die die Makrogeschichte hinterlässt, sondern eine eigene Perspektive, die sich dem Spiel mit den Maßstäben („jeux d'échelles" Jacques Revel) verdankt. Die historiographischen Traditionen, aus denen heraus dieser Maßstabswechsel erfolgte, sind dabei recht unterschiedlich. Während Carlo Ginzburg in der Tradition der Kulturgeschichte steht, begreifen sich Giovanni Levi, David Sabean oder Hans Medick eher als Vertreter einer historisch-anthropologisch erweiterten Sozialgeschichte (Medick 2003: 218).

Weiterführende Literatur: Levi 1991; Ginzburg 1993; Medick 2003, Ulbricht 2009.

Das späte 16. und frühe 17. Jahrhundert sind europaweit Zeiten der religiösen Krise und bilden den Höhepunkt der Hexenverfolgungen. Die „Besessenheit" ist nicht mit der „Hexerei" zu verwechseln.[63] Sie setzt etwas später ein, ist im Gegensatz zur Hexenverfolgung eher ein städtisches als ein ländliches Phänomen und involviert eher Teile der städtischen Eliten und Mittelschichten (PL 10–12). Auch die Hexenverfolgung erreichte diese Räume und Akteure, doch im Gegensatz zu ihrem strafenden und verfolgenden Charakter ist der Umgang mit den Besessenen eher von einer Art therapeutischer Inszenierungspraxis geprägt. Die betroffen

---

63 Vgl. auch den Lexikonartikel Certeaus zum Lemma „Bessessenheit" in der *Encyclopaedia Universalis* Certeau 1980e.

Akteure verfügten über mehr Handlungsmacht als in Hexenprozessen, und die entsprechenden Verfahren gestalteten sich als öffentliche „Theaterbühnen", auf denen der Kampf zwischen Gläubigen und Dämonen, Gott und dem Teufel sinnfällig ausgetragen wurde. Als eine Art „micro-histoire avant la lettre" (Revel 1991: 112 mit Anm. 5) bildet die Studie einen der Schlüsseltexte in Certeaus Historiographie (Boutry 1988; Ahearne 1995: 75–90; Weymans 2003). In der Tat erweist sich die Loudun-Studie als eine Mikrogeschichte, da es nicht um eine ‚kleine' Geschichte geht, sondern darum, die großen Themen historiographisch kleinzuarbeiten (Peltonen 2001). Die Krise von Loudun weist weit über den kleinen Ort und zwei Jahrzehnte Verwirrung hinaus. Sie dient Certeau vielmehr dazu, verborgene Strukturen sichtbar zu machen und die Brüche in der religiösen, wissenschaftlichen und politischen Kultur der Zeit exemplarisch zu beleuchten. Loudun wird zum Brennglas für das Verhältnis von Religion und Politik im 17. Jahrhundert.

Am Anfang der Besessenheit stand eine schwere Pestwelle im Jahr 1632. Bereits im Jahr 1603 war die Stadt von der Pest heimgesucht worden, doch nun forderte sie mit 3700 Toten fast ein Viertel der Bevölkerung. Der Beginn der Besessenheit fällt in die letzten Tage der Pest. Einige Nonnen sehen zunächst Schatten und seltsame Gestalten, hören Stimmen oder brechen in unerwartetes Lachen aus, bald darauf häufen sich Konvulsionen und Hautausschläge. Immer mehr der siebzehn Ursulinen des Konventes sind betroffen, und als Reaktion werden in ständisch-hierarchischer Reihenfolge Geistliche und Honoratioren als Exorzisten und Zeugen bemüht. Ein Name wird bald immer häufiger explizit als Auslöser der Besessenheit genannt: Es ist Urbain Grandier, der Pfarrer der Stadtkirche Saint-Pierre du Marché und Beichtvater der Nonnen. Der Exorzismus gestaltet sich als Zwiegespräch zwischen Exorzist und besessener Nonne, innerhalb dessen der Dämon seinen Namen preisgibt. Mit der Benennung endet im Regelfall die erfolgreiche ‚Heilung'. Doch hier sollte dies alles nur der Anfang des beginnenden Theaterstückes sein, in dem neben den Nonnen nun immer mehr Akteure mit zum Teil konfligierenden Interessen in Erscheinung treten. Loudun entwickelt sich zu einem regelechten Kriegsschauplatz der Deutungen. Neben die Theologen treten die Mediziner, die sich der objektivierenden Analyse der Körper der Nonnen annehmen.

Die religiöse Topographie der Stadt, die Schauplatz der konfessionellen Glaubenskämpfe war, wurde seit Beginn des 17. Jahrhunderts von diversen katholischen Ordensniederlassungen geprägt. So ließen sich nach und nach Franziskaner, Jesuiten, Karmeliter, Kapuziner, Töchter der Kalvarien und schließlich seit 1626 die Ursulinen in Loudun nieder. Die religiösen Grenzziehungen zwischen Katholiken und Hugenotten wurden jedoch durch politische Frontenbildung ergänzt, die die Akteure mit lokalen Interessen von denen der königlichen Zentralgewalt unterschieden. Das besondere Gespür für räumliche Konstellationen und Verortungen, das

3.1 Die Besessenen von Loudun: Mikro-Geschichten

Certeau hier bei der Rekonstruktion der lokalen Machtverhältnisse beweist, wird noch durch eine sinnesgeschichtliche Perspektive ergänzt. So dekodiert er lange vor Alain Corbins *Pesthauch und Blütenduft* (Corbin 1982) Gerüche als kulturelle Deutungskategorien. Von der Moschus-Rose bis zum Knoblauch kodieren die Gerüche Orte und Situationen (PL 49–52). Die Besessenheit lag gleichsam in der Luft.

Die institutionelle wie materielle ‚Bühne' für das Theater der Besessenheit wird bereitet. Die Gerüche verwandeln sich allmählich in Wörter, in einen Diskurs und ein Kategoriensystem. Man unterscheidet zwischen „Obsession" und „Possession". Im ersten Fall bleibt der Dämon ein Äußeres und handelt mit den Betroffenen, im zweiten Fall ist er ein Inneres und handelt durch die Besessenen. Jeanne des Anges wird von sieben Dämonen bewohnt, die alle einen eigenen Namen besitzen (Astaroth, Zabulon etc.) und für bestimmte negative Eigenschaften wie Blasphemie verantwortlich sind. Die diskursive Ordnung der Besessenheit ist selbstreferentiell und tautologisch, bleibt in einem festen Rahmen. Doch den besessenen Nonnen gelingt es temporär, aus diesem Rahmen auszubrechen. Und hier kommt ein Leitmotiv Certeaus ins Spiel: „les ruses de possession", die Listen und Tricks, die später für seine Theorie der *Kunst des Handelns* so zentral werden sollen (PL 63–64). Eine Sprache, die sich nicht kontrollieren lässt, scheint durch die Nonnen zu sprechen. Diese Unkontrollierbarkeit eröffnet jedoch auch Handlungsspielräume innerhalb des „magischen Zirkels". Sprache wird zum Handlungsfeld und gleichzeitig zum Gegenstand der Kämpfe (PL 64). Der Dämon der Befragten vergisst mitunter seinen Namen, und auch Sprachwechsel zum Schottischen oder Hebräischen bleiben ohne Erfolg. Nur konsequent war es da, auf das Gebiet der Körpersprache zu wechseln, um die Besessenheit lesbar zu machen. Für die Nonnen bedeutete dies jedoch eine noch schwerer entfremdende Entsubjektivierung als die Bedrohung durch die Teufel, sie werden zu einer beliebigen Verfügungsmasse von körperlichen Ausdrücken. Damit gerät die Angelegenheit für die Exorzisten außer Kontrolle. Sie werden Opfer ihres frühen Erfolges, denn die Sprache der Dämonen beginnt zu zirkulieren, d.h. sie wird für alle beteiligten Akteure wie die adeligen Herrschaftsträger, die Mediziner, Juristen etc. verfügbar. Nun wird klar, dass gerade für die Zeitgenossen die Geschichte „niemals sicher" war, sondern ein Kampfplatz der Deutungen und Deutungshoheiten, der Artikulation und ihrer Entgrenzung wie Begrenzung.

Um den Diskurs der Besessenheit zu einem wahren Diskurs zu machen, bedurfte es eines ultimativen Beweises in Gestalt eines Todes. Dieser erfolgte mit der Verurteilung und Hinrichtung des „Hexers" Urbain Grandier. Der von Zeitgenossen als groß, gutaussehend und sprachlich ungemein eloquent und einnehmend beschriebene Beichtvater hatte bereits in den Jahren 1620-1630 zahlreiche Konflikte in Loudun ausgetragen. Von lokalen Rangstreitigkeiten und Status- bzw.

Kompetenzkonflikten zu Beginn der 1620er bis zu einer Anklage wegen diverser Liebschaften gegen Ende des Jahrzehnts eskalierte die Situation Grandiers stetig weiter. Der Verfasser eines Traktats gegen den Zölibat ignorierte diesen in der Praxis offenbar immer wieder, was der lokalen Öffentlichkeit Loudums keineswegs verborgen blieb. Im Zuge der Politisierung des Besessenheitsschauspiels zog sich die Schlinge um Grandiers Hals nun immer weiter zu.

Der Wendepunkt tritt ein, als der Marquis de Laubardemont als königlicher „Kommissar" mit dem Auftrag nach Loudun kommt, die dortige Burg bzw. den Bergfried zerstören zu lassen, um den Protestanten keinen potentiellen Zufluchtsort zu bieten. Im Auftrag Kardinal Richelieus soll sich Laubardemont anschließend der besessenen Nonnen annehmen und einen Prozess gegen Urbain Grandier führen. Richelieu handelt dabei in Certeaus Deutung weniger aus religiöser Überzeugung von der tatsächlichen Besessenheit, als im Sinne der Staatsräson. In einem konfessionell so spannungsreichen Territorium wie der Gegend von Loudun ist ein Unruhestifter wie Grandier ebenso wenig zu tolerieren wie ein außer Kontrolle geratendes religiöses Spektakel. Es gilt ein Exempel zu statuieren, und Laubardemont, der sich als eine Art weltlicher Erzengel Michael begreift, ist bereit, im Auftrag des Königs einen „Kreuzzug" gegen den Teufel zu führen (PL 113–114). Die Justiz beginnt die Akteure zu separieren und ihrer eigenen Klassifikationslogik zu unterwerfen. Grandier wird inhaftiert und die Nonnen auf verschiedene Quartiere verteilt. Das juristische Verfahren erhöht gleichzeitig die Theatralität der ganzen Veranstaltung. Die Nonnen werden in den einzelnen Kirchen der Stadt auf einer Art Bühne vor den Altären der Öffentlichkeit präsentiert. Ihre „Symptome" treten besonders während der Messe auf, während sie ansonsten einen fast normalen Alltag führen. Die Resultate der öffentlichen Inquisition werden in einem „teuflischen Atlas" nach einem sozialen, dämonologischen und medizinischen Register in Listen verschriftlicht (PL 135–140). Zunächst werden Namen und Herkunft der Nonnen notiert, dann die Anzahl und Namen der Dämonen und schließlich deren konkreter Sitz im Körper. Claire de Saint-Jean beispielsweise, eine dreißigjährige Laienschwester, ist eine Verwandte von Kardinal Richelieu und von sieben Dämonen besessen, einer von ihnen „Sansfin, alias Grandier", sitzt in der zweiten rechten Rippe (PL 137).

Die Ärzte und Mediziner, die nun die Bühne betreten, sind in zwei Lager gespalten, obwohl beide die gleichen Symptome beobachten und sichtbar machen. Doch die Analysen unterscheiden sich zwischen „Possessionisten" und „Antipossessionisten", d.h. zwischen solchen, die keine medizinische Erklärung für das Phänomen finden können und solchen, die Ursachen wie Melancholie etc. verantwortlich machen. Alle Experten der drei höheren Fakultäten, Theologie, Jurisprudenz und Medizin befinden sich hier in einem Kampf um die geltende Wahrheit. Alle Gelehrten sehen sich jedoch mit einer fundamentalen Verunsicherung

3.1 Die Besessenen von Loudun: Mikro-Geschichten

konfrontiert. Was stimmte und was nicht? Gibt es überhaupt eine Besessenheit und wenn ja, wie läßt sie sich ergründen? Den Gelehrten gelingt weder eine eindeutig akzeptierte Deutung noch gar eine Therapie. Eine ‚Heilung' schien auch gar nicht ihre vorrangige Absicht, vielmehr ergingen sie sich in der Reproduktion ihrer jeweiligen epistemologischen Dogmatik. Gerade damit wird der Fall Loudun jedoch zum Brennpunkt einer Krise des religiösen (und medizinischen) Wissens des 17. Jahrhunderts. Certeau hat in diesem Sinne nicht nur eine Mikrogeschichte, sondern auch eine Wissensgeschichte avant la lettre entworfen.

Am 8. Juli 1634 wird der Prozess gegen Grandier eröffnet (PL 225–248). Eine Kommission aus weltlichen Richtern beginnt mit der Urteilsfindung auf Grundlage einer immensen Masse an Protokollen und Akten. Grandier selbst – der einst so eloquente galante Priester – verstummt. Er weiß nicht, was geschieht und warum. Das Verfahren findet unter Ausschluss der Öffentlichkeit statt, innerhalb derer verschiedene Flugschriften pro und contra zirkulieren. In der Urteilsbegründung unterschied man sorgfältig zwischen der Frage nach der Authentizität der Besessenheit und der Schuld Grandiers. Für die erste Frage wurden die zahlreichen Gutachten der medizinischen und religiösen Experten vom Bischof von Poitiers bis zu den Doktoren der Sorbonne angeführt. Der zweite Punkt der Anklage bedurfte hingegen direkter Zeugen und Beweise. Die Beweise waren unterteilt in gewöhnliche, wie die Aussagen der Nonnen zur sexuellen Attraktion von Grandier, und außergewöhnliche, wie die Narbe auf Grandiers Hand als Zeichen eines dämonischen Paktes und die berüchtigten „Hexenmale", schmerzunempfindliche Stellen am Körper. Bei Grandier fanden sich solche angeblich an der Schulter und an den Genitalien. Am Abend des 18. August verkündeten die Richter das Todesurteil: Grandier sollte zunächst vor der Marktkirche und der Ursulinenkirche mit einer Brandfackel kniend Abbitte leisten und danach auf dem Platz von Sainte-Croix öffentlich verbrannt werden.

Das Ereignis der Hinrichtung selbst bildet eine Art Leerstelle. Es lässt sich nur aus späteren Berichten rekonstruieren. Grandier wurde gefoltert und schließlich verbrannt, die ihm versprochene „Gnade", kurz vor den Flammen erdrosselt zu werden, blieb aus. Bis zur letzten Minute blieb er jedoch offenbar standhaft, betete zu Gott, doch bekannte sich nicht zu Magie und Hexerei. Seine Asche wurde in alle Winde zerstreut, und die Spuren seiner Hinrichtung auf dem öffentlichen Platz konnten bereinigt werden, nicht jedoch die Erinnerung: „Der öffentliche Platz ist leergefegt. Nicht aber das Gedächtnis: die Polemik ist dabei sich zu vervielfachen, eine ausufernde Literatur, eben genau entstanden aus dieser gefährlichen Leere." (PL 260).[64]

---

64 „La place publique est nettoyée. Mais pas la mémoire: la polémique va se multiplier, une littérature proliférer, nées précisément de cette dangereuse absence".

So kommt auch hier die für Certeaus Denken so einflussreiche Figur der Produktion aus einer Abwesenheit, aus einem Mangel heraus, zum Tragen. Das Verschwinden des Körpers nährt einen neuen Diskurs. Doch dieser Diskurs, den Certeau minutiös entlang der Flugschriftenpublikationen rekonstruiert, hat seine polarisierende und damit auch einende Kraft mit Grandier verloren. Dessen Abwesenheit führt zu einer Fragmentierung des Diskurses. Die politische Macht zieht sich aus Loudun zurück, aber die Besessenheit bleibt. Sie geht ihren Weg in zwei Formen: Mirakel auf der einen und Erbauung auf der anderen Seite.

Das sollte sich erst mit dem Auftreten der Jesuiten und allen voran mit Jean Joseph Surin, dem „D'Artagnan der Mystik" (PL 286), ändern. Der 34jährige kommt im Dezember 1634 nach Loudun. Es braucht seine Zeit, bis es ihm gelingt, das Vertrauen von Jeanne des Anges zu gewinnen. Seine ‚Methode' unterscheidet sich radikal von denen seiner Vorgänger. Er agiert weniger als Inquisitor denn als Therapeut. Er betet und spricht mit leiser Stimme zu den Nonnen über das Innere Leben und die mystische Union mit Gott. Die Folgen sind erstaunlich: Surin erkrankt selbst bzw. wird zum Besessenen, während es Jeanne des Anges und den anderen Ursulinen nun zunehmend besser geht. Es ist, als ob er die Besessenheit auf sich übertragen hätte. Nach zwei Jahren wird Surin im Oktober 1636 aus Loudun abberufen. Im Februar 1637 ereignet sich ein weiteres Wunder. Nachdem Jeanne des Anges in tiefster Agonie im Konvent darniederliegt, erscheint ihr ein Engel und lässt sie als fast geheilt aufstehen. Nur ein letzter Dämon – Behemoth – verweilt noch in ihr und wartet darauf, durch Surin vertrieben zu werden. Surin wird nach Loudun zurückbeordert und vertreibt den letzten Dämon im Oktober des Jahres. Während der Jesuit völlig erschöpft ist, erscheinen auf der Hand der ‚geheilten' Priorin am 15. Oktober, dem Tag der Teresa von Ávila plötzlich vier Namen: Jesus, Maria, Joseph und Franz von Sales. Jeanne des Anges wird fortan zum gefeierten ‚Star' der Gegenreformation und begibt sich auf eine Tournee durch ganz Frankreich – Tours, Paris, Moulins, Nevers, Lyon, Grenoble und Annecy sind nur einige der Stationen – um ihre Hand zu präsentieren und die wundersame Vertreibung der Dämonen zu zelebrieren. Das Kapitel über jenen „Triumph der Jeanne des Anges" lässt Certeau mit einem Brief Surins an Jeanne enden, der sich bei aller Dissimulation seitens der Priorin nicht mehr sicher ist, woran er bei ihr ist. Ähnlich dürfte es auch dem Historiker gegangen sein, obwohl Certeau am Ende mit einer kurzen Biographie der Karriere von Jeanne des Anges durchblicken lässt, dass hier jemand mit einem ausgeprägten öffentlichen Geltungsbedürfnis agierte. Doch führt auch dies letztlich nicht zu einer ‚Auflösung' der Geschichte wie in einem traditionellen Kriminalroman, denn die „Geschichte ist niemals sicher".

3.1 Die Besessenen von Loudun: Mikro-Geschichten

Aus einer heutigen, medizinischen Perspektive würde man die Besessenheit der Nonnen und Surins wohl am ehesten als Schizophrenie bezeichnen. Doch so einfach lässt sich die Alterität der Vergangenheit nicht bändigen. Der Historiker, der selbst zu einer Art Exorzist wird, indem er die fremde und verstörende Vergangenheit in eine rationale historische Erklärung aufhebt, muss sich eingestehen, dass zwar die Zeit der Besessenheit à la Loudun ihr Ende gefunden hat, jedoch „neue soziale Figuren des Anderen" („les nouvelles figures sociales de l'autre") (PL 328) auch unsere gegenwärtigen Gesellschaften heimsuchen. Vielleicht hat Emmanuel LeRoy Ladurie *La Possession de Loudun* deshalb 1971 in einer Rezension in *Le Monde* ironisch als „le livre le plus diabolique de l'année" bezeichnet (LeRoyLadurie 1973: 407).

In *Die entstellte Sprache* kehrt Certeau im *Schreiben der Geschichte* noch einmal zu seiner Studie über die Besessenen von Loudun zurück und fragt sich: „Gibt es in der Besessenheit einen ‚Diskurs des Anderen'?" (SG 174). Innerhalb des „Schauspiels", das sich zwischen den besessenen Ursulinen und den diversen Gelehrten und Exorzisten abspielte, zeichnete sich für Certeau in *La Possession de Loudun* wie in einem Brennglas der Wandel politischer, religiöser und epistemologischer Strukturen des 17. Jahrhunderts ab. Hier interessiert ihn jedoch vor allem das Verhältnis von Mündlichkeit und Schriftlichkeit. Wer spricht hier eigentlich und von welchem Ort aus? Der gelehrte Wissensdiskurs reagiert mit einer Praxis der Benennung auf die als Besessenheit klassifizierten Äußerungen der Nonnen. In einer den Studien Foucaults zur Geschichte des Wahnsinns analogen Perspektive geht Certeau davon aus, dass es eine strukturelle Asymmetrie zwischen dem Diskurs der Psychologen und Exorzisten und den Kranken und Besessenen gibt. Letztere können sich nur im offiziellen Diskurs der Mediziner artikulieren, produzieren dabei jedoch nicht einen eigenen Diskurs, sondern ordnen sich dem klassifizierenden Raster der Fragenden unter. Doch geht Certeau nicht davon aus, dass es einen analogen, anderen Diskurs dahinter gibt, den es „auszugraben" gilt, sondern dass allein das tatsächlich ausgesagte als Quellenmaterial zur Verfügung steht. Dennoch kommt es innerhalb dieses herrschenden Diskurses zu einer „Wiederkehr des Anderen". Ähnlich dem Umgang mit den „Wilden" in den Reiseberichten kommt dem Zitat hier eine ambivalente Qualität zu. Einerseits drückt das Zitieren, auch im Sinne eines vor den Richterstuhl „Zitierens" eine Macht über die legitimen Aussagen aus, andererseits kann von dem Zitat auch eine gespenstische Fremdheit ausgehen, die den Diskurs latent verändert. Hier weicht Certeau demnach von der klassischen Diskurstheorie ab. Auch wenn die Rollenverteilung im Diskurstheater nie ganz aufgeht und es zu Abweichungen kommt, bleibt eine grundlegende Differenz erhalten: Die Besessenen können zwar sprechen, aber nicht schreiben, wie Certeau an der Gegen-

Überstellung von Jeanne des Anges Verhörprotokollen und ihrer später verfassten Autobiographie deutlich macht. Mit Rückgriff auf Rimbauds berühmtes Diktum „Ich ist ein anderer" („je est un autre") beschreibt Certeau die Austreibung der Besessenheit als eine Aneignung unterschiedlicher Eigennamen. Die Nonnen antworten auf die Frage „Wer ist da?" mit unterschiedlichen Eigennamen, die den Exorzisten eine Verortung in der „Dämonennomenklatur" gestattet, um damit die soziale Ordnung der Signifikanten wiederherzustellen. Doch die Nonnen wechseln zwischen Namen, nennen nacheinander ganz verschiedene Namen, deren Listen nicht nur anerkannte biblische Dämonen (Behemoth etc.), sondern auch Namen aus esoterischen oder griechisch-römischen Traditionen enthalten, gefolgt von Gattungsnamen als Ausdruck der Begierde (z. B. Hundeschwanz) und französischen Eigennamen. Die Besessenen, die nicht über eine eigene Sprache verfügen, artikulieren damit eine Widerständigkeit gegenüber dem inquisitorischen Zugriff ihrer Befrager, denen es immer schwerer fällt, eine eindeutige Ordnung der Benennung festzuschreiben. Ist es in den frühneuzeitlichen Reiseberichten das Andere, das einen eigenwilligen Rest innerhalb seiner Schrift produziert, der sich einer vollständigen skripturalen Kontrolle entzieht, so haben wir es hier mit konkreten Akteurinnen zu tun, die, obwohl über keinen eigenen Ort verfügend, dem Zugriff des politisch-medizinisch-religiösen Dispositivs eine spielerische Irritation beibringen. Somit kündigt sich hier in psychoanalytischen Termini bereits ein Aufbrechen der zu diesem Zeitpunkt bei Foucault noch als weitgehend unentrinnbar konzipierten Macht des Diskurses an, wie Certeau sie später in der *Kunst des Handelns* (KH) entwerfen wird.

3.2 Die Französische Revolution und die Politik der Sprache

Das Verhältnis von Mikro und Makro, von Zentrum und Peripherie kommt auch in einer weiteren historischen Fallstudie der 1970er Jahre zum Sprechen. Mit der Französischen Revolution eröffnete sich den revolutionären Akteuren mit dem Land, der Campagne und seiner Bevölkerung einerseits eine zentrale geschichtsmächtige Kraft historischen Wandels, andererseits aber auch eine Welt der Fremdartigkeit und Eigensinnigkeit. Besonders plastisch kam der Widerspruch der im Geist des aufgeklärten Universalismus beschworenen Einheit der Nation und der Pluralität ihrer Bewohner und Regionen in der Frage der Sprache zum Ausdruck. Gemeinsam mit Dominique Julia und Jacques Revel hat Certeau in einer Studie über die Sprachpolitik des Abbé Grégoire während der französischen Revolution ein frühes historisches Beispiel für den gleichsam musealen Umgang der Eliten mit

3.2 Die Französische Revolution und die Politik der Sprache 65

der Volkskultur gegeben (Certeau/Julia/Revel 1975).[65] Das Bestreben, die Sprache des Patois (=Mundart) zu eliminieren, und dadurch eine Universalisierung und Homogenisierung der französischen Sprache voranzutreiben, erweist sich als Versuch, durch die Einheit der Sprache die Einheit der Nation gegenüber der Anarchie der Dialekte zu symbolisieren.

Zu Beginn der Revolution, im Jahr 1790, verfolgten die Revolutionäre noch primär eine Politik der ‚Übersetzung', indem sie versuchten der Landbevölkerung die neuen Gesetze und Dekrete in ihrer jeweiligen Sprache zu kommunizieren. Dieses föderalistische Programm wurde ab 1793/94 abgelöst durch ein radikales zentralistisches Gegenprogramm. Jeder Föderalismus erschien als konterrevolutionär, die regionalen Dialekte als barbarisch. In diesem aufgeheizten Klima unterbreitete der Abbé Grégoire (1750-1831), Mitglied der Nationalversammlung und des Nationalkonvents und führender Kirchenpolitiker der Revolution, 1793 dem Konvent einen *Rapport sur la nécessité et les moyens d'anéantir les patois et d'universaliser l'usage de la langue française*. Der Abbé hatte diese Politik schon 1790 mit einer Fragebogenaktion zum Patois und den ‚Sitten der Landbevölkerung' begonnen, deren Ergebnis zu einer Mischung aus Linguistik und Ethnographie geriet und in der Sprache einen Spiegel der Sitten und der Mentalität sah. Die an lokale *Amis de la Constitution*, Amtsträger, Kleriker etc. adressierten Fragen zielten auch darauf ab, einen Ursprung der Sprache zu ermitteln und das mündlich gesprochene Patois durch schriftliche Fixierung im hegelschen Sinn ‚aufzuheben'. Der Dialekt, den es auszumerzen galt, wurde so gleichzeitig zu etwas Schützenswertem. Indem Grégoire versuchte, aus dem gesprochenen Patois eine Sammlung von Texten zu machen, wurden Eliminierung und Konservierung zu zwei eng miteinander verknüpften Operationen.

Certeau, Julia und Revel konnten insgesamt 43 Antworten auf die Fragebögen ermitteln, die von Dominique Julia zunächst im ersten Kapitel mit Blick auf die soziale Zusammensetzung der Verfasser und ihre regionale Verteilung ausgewertet werden (Certeau/Julia/Revel 1975: 23-47). Certeau analysiert die Antworten dann in den folgenden sechs Kapiteln inhaltlich u.a. mit Methoden der Linguistik und der Diskursanalyse. Die Antwortschreiben werden als individuelle Aneignungen

---

65 Eine Art Zusammenfassung erschien im gleichen Jahr in den *Annales* vgl. Certeau/Julia/Revel 1975d; die Kapitel 2 bis 7 der Monographie stammen von Certeau, vgl. Giard 1988, Nr. 200. In der Neuauflage von 2002 haben Dominique Julia und Jacques Revel ein „Postface" publiziert, worin die Entstehung des Werkes und die weitere Entwicklung des Forschungsfeldes der „populären Kultur" bzw. „Volkskultur" seither ausführlich nachgezeichnet und kontextualisiert werden, vgl. Certeau/Julia/Revel 1975: 413–441, vgl. auch den ‚runden Tisch' der Zeitschrift *Le français aujourd'hui* Certeau et a. 1976b. Zu der Studie vgl. auch Ahearne 1995: 136–142; Zmy 2014: 187–189.

des zentralistischen Imperativs gelesen. Für die lokalen Gelehrten – überwiegend Kleriker – ist der Fragebogen einerseits eine Zumutung, andererseits die Möglichkeit, sich in den neuen Nations-Diskurs aktiv einzuschreiben. Entlang eines wir/sie Unterschieds werden soziale und räumliche Positionierungen verhandelt: Wir die Nation und die Gebildeten, sie die Bauern und Dialektsprecher. Gleichzeitig ist man aber selbst vor Ort, so dass unterschiedliche Relationen von Nähe und Distanz wirksam werden (Certeau/Julia/Revel 1975: 48–60). Übergreifender Effekt der Antwort-Politik ist die Überführung einer Pluralität von Sprachkulturen in den Gegensatz von Französisch/Nicht-Französisch. Patois ist von nun an alles, was nicht französische Hochsprache ist. Aus den Antworten erarbeitet Certeau ferner ein Korpus des linguistischen Wissens der lokalen gelehrten Akteure, also über welche gedruckten, ungedruckten oder mündlichen Quellen sie verfügten (Certeau/Julia/Revel 1975: 61–79). Im Ergebnis zeigt sich eine erstaunlich hohe Diffusion gelehrten Schrifttums in der Provinz, von Wörterbüchern über Lexika bis zu Sprachgeschichten. Innerhalb der Genealogien der Sprache, die die Antworten entwerfen, herrscht laut Certeau ein „cratylisme" vor, das heißt eine Orientierung an der Sprachphilosophie, wie Platon sie in seinem Dialog *Kratylos* entworfen hat (Certeau/Julia/Revel 1975: 86–87).[66] Vereinfacht gesagt gehen die Leute nicht von einer Arbitrarität der Bezeichnung eines Gegenstandes mit einem Wort aus, sondern von einer ‚natürlichen' bzw. mimetischen Passung zwischen Bezeichnendem und Bezeichnetem. Die Sprache imitiert also gewissermaßen die Ideen. Am Beispiel des Keltischen als einem imaginären Nicht-Ort zeigt Certeau, wie ein mythischer Ursprung einer Sprache konstruiert wird. Die keltische Sprache wird zur ‚primitiven' Ur-Sprache, die dann alle folgenden Sprachen nachahmen bzw. erweitern und transformieren. Die Sprachpolitik der lokalen Gelehrten privilegiert die Schrift gegenüber der gesprochenen Sprache, die zur „Stimme des Anderen" wird (Certeau/Julia/Revel 1975: 94–98). Konkret heißt das, dass die Hochsprachen sich durch die Konsonanten voneinander unterscheiden, die Dialekte durch ihre Vokale. Analog mit der Saussureschen Unterscheidung von *langue* und *parole* ergibt sich so eine strukturelle Homologie zwischen Dialekt/Mündlichkeit und Hochsprache/Schriftlichkeit. Die eigentlichen Unterschiede sind damit hörbar, entscheidend wird die jeweilige Aussprache des selben Wortes, die aber nicht aufschreibbar ist. So kommt es zu einer Bedeutungsaufladung der Vokale und ihres Klanges, die zwischen „doux" (süß, weich) und „dur" (hart) oszilliert (Certeau/Julia/Revel 1975: 112–124).

---

66 Der Kratylos ist in der modernen Sprachphilosophie prominent u.a. bei Roman Jakobson, Hans-Georg Gadamer oder Gérard Genette diskutiert worden.

Auf der Suche nach der Muttersprache verstehen die diversen Autoren das Patois als eine Art Museum der ursprünglichen Sprache. Es sind jedoch nur Reste, durch die die ursprüngliche Sprache aufscheint, die keinen eigenen Ort mehr hat, sondern nur noch in Alterationen überlebt hat. Im ‚Zyklus' der Suche nach der Muttersprache fallen Anfang und Ende gewissermaßen zusammen. Der Ursprung ist ein Nicht-Ort, eine Fiktion, die den Willen zur Re-Konstruktion der *einen* Sprache antreibt. Im Sinne dieser Spuren des Verlorenen muss das Patois gesammelt und zusammengetragen werden, hat jedoch keine Legitimität als ‚eigene' Sprache (Certeau/Julia/Revel 1975: 99–111). An dieser Interpretation bestätigt sich Certeaus generelle Sicht auf die kolonialisierende Wirkung der Schriftlichkeit und der Alterität der Mündlichkeit (explizit ebd. 124 u. 180).[67] Neben der „Präsenz eines Ursprungs" und einem „Raum der Mündlichkeit" ist das Patois zum dritten auch ein Verzeichnis der Dinge (ebd., 124). In diesem Lexikon der lokalen Fachbegriffe vor allem für die Landwirtschaft wird das am *Kratylos* orientierte Verständnis der Sprache als einem ‚Abmalen' der Dinge besonders plastisch. Gleichzeitig wird die Ambivalenz eines Exotisierens der ländlichen Sprache deutlich, die einerseits geradezu ein kindliches Brüllen (ebd., 139), andererseits eine eigene Wissenskultur konstatiert. Der Beginn einer romantisch-verklärenden Sichtweise ist untrennbar mit sozialen Grenzziehungen gegenüber dem damit evozierten Anderen verknüpft.

Das Vorgehen Grégoires erweist sich damit als „Aneignungsform par excellence", mit der „die bürgerliche Kultur von anderen Kulturen Besitz ergreift" (Schindler 1984: 29). Die Politik Grégoires verweist gleichzeitig auf ein grundsätzliches Problem im Umgang mit einer als fremd und andersartig wahrgenommenen Kultur. Statt sie entweder für die eigenen Zwecke zu vereinnahmen oder sie mit Hilfe vorgefertigter Deutungskategorien abzuwerten und damit in jedem Fall ihrer Eigenheit nicht gerecht zu werden, gilt es für Certeau, sich immer wieder durch das zunächst unverstehbare „Andere" herausfordern und verwundern zu lassen.

3.3 Die Schönheit der Toten

In *La beauté du mort,* einem Aufsatz, der bereits 1970 in *Politique aujourd'hui* erschien, haben Certeau, Julia und Revel die Problematik der Dialektik von Ausmerzung und Aufbewahrung der Volkskultur am Beispiel von Charles Nisard

---

67 Vgl. dazu im Folgenden u.a. Kap. 3.4.1. und 5.2.5.

(1808-1890) bis in die Mitte des 19. Jahrhunderts verfolgt.[68] In seiner zweibändigen, 1864 publizierten *Histoire des livres populaires ou de la littérature de colportage depuis le XVe siècle jusqu'à l'établissement de la Commission d'examen des livres du colportage (30 novembre 1852)* profitiert der Philologe Nisard von seiner Tätigkeit als „sécretaire adjoint" des Polizeiministers. Aus einer großangelegten Konfiskation wurde ein philologisches Projekt. Nach dem späten 18. Jahrhundert bildete die Zeit zwischen 1850 und 1890 eine Phase des besonderen Interesses für die sogenannte Volkskultur. Aus Nisards Perspektive galt es, den naiven Leser des gemeinen Volkes vor den schädlichen Auswirkungen der Kolportageliteratur der *Bibliothèque Bleue* zu schützen und diese gleichzeitig für wissenschaftliche Lektüre zu bewahren. Mit einer Mischung aus Voyeurismus und Pädagogik wird „das Volk" in der „belle époque" der Volkskunde während der dritten Republik zum „edlen Wilden", das Museum ersetzt das Reservat (CP 55).

Certeau, Julia und Revel belassen es jedoch nicht bei den Anfängen der Volkskunde im 19. Jahrhundert, sondern wenden ihre Kritik auch gegen Autoren und Autorinnen ihrer eigenen Gegenwart wie Robert Mandrou, Geneviève Bollème und Marc Soriano. Für sie markieren deren Studien zur Volkskultur eine regelrechte „Geographie des Vergessenen" (CP 63), indem sie Themen wie das Kind, die Sexualität oder die Gewalt systematisch ausblenden. Schließlich führt diese Kritik zu einer Aufhebung der Grenzen zwischen Volks- und Elitenkultur, einer methodischen Neu-Orientierung in Richtung Kultursoziologie und linguistischer Analyse von Narrativität und Textualität sowie der Frage nach dem sozialen Standort des sprechenden bzw. schreibenden Forschers. Aus ihrer Sicht ist die Gelehrtenkultur – auch und gerade der Gegenwart – primär repressiv. Das kulminiert in der radikalen Frage, ob die Volkskultur überhaupt außerhalb des forschenden Aktes existiert, der sie unterdrückt (CP 70).

3.4 Anthropologie und Ethnographie

Ein bislang noch wenig beachteter Zweig der Forschungen Certeaus ist die Geschichte der frühneuzeitlichen Anthropologie (Buchanan 2000: 68–85; Barbieri 2002: 29–37; Geldof 2007: 125–131; Zmy 2014: 156–172). Die ‚Neue Welt' in der Frühen Neuzeit war ein Projektthema, dem sich Certeau nach der Fertigstellung der *Mystischen Fabel* mit voller Aufmerksamkeit widmen wollte (Giard 1991) und das bei seiner Fertigstellung vielleicht eine vierte Phase seines Werkes begründet hätte (Buchanan 2005: 90). Anhand der Lektüre der Texte von Jean de Léry

---

68 1980 in der zweiten Auflage von *La culture au pluriel* erneut publiziert CP 45–72.

3.4 Anthropologie und Ethnographie

(1975), Michel de Montaigne (1981) und Joseph François Lafitau (1980) hat Certeau Elemente der Genealogie eines „anthropologischen Paradigmas" zusammengestellt.[69] In allen drei Texten geht es um das Spannungsverhältnis von Oralität und Schriftlichkeit, der indigenen Kultur und ihrer Be-Schreibung durch die Europäer. Als ein „Kartograph der Alterität" (Dosse 2002: 523–545) rekonstruiert Certeau heterologische Erfahrungen der Andersheit und die verschiedenen Weisen, einen Raum durch seine ‚Be-schreibung' erst zu konstituieren.

3.4.1 Jean de Léry und die Kunst der Be-Schreibung

Im Rahmen einer Studie zu den brasilianischen Reiseberichten Jean de Lérys aus dem 16. Jahrhundert entfaltet Certeau Grundzüge einer ethnographischen Schreibweise. Ethnographie ist für ihn wesentlich durch die Beschäftigung mit oralen Kulturen geprägt. Deren Beschreibung in Form von Texten der Ethnologen markiert die Abwesenheit der mündlichen Rede als Spur. Als eine solche „Heterologie" stellt auch die Ethnographie eine Wissenschaft vom Anderen dar. Im Vergleich mit der Geschichtsschreibung ist die strukturelle Matrix des ethnologischen Schreibens jedoch durch ein entgegengesetztes Koordinatensystem charakterisiert. Während die Geschichte durch Schreiben, Zeitlichkeit, Identität und Bewusstsein geprägt wird, ist die Ethnologie von Oralität als primärer Kommunikationsform, Räumlichkeit als Ausdruck synchroner Geschichtslosigkeit, der Andersheit einer ‚fremden' Kultur und der Unbewusstheit, der die indigene Kultur organisierenden Strukturen gekennzeichnet. Die Formationsphase jener „wilden Völkerkunde" (Harbsmeier 1994) im 16. Jahrhundert ist jedoch gleichzeitig die Phase eines Umbruchs der religiösen Traditionen. Beide treffen sich strukturell im Spannungsverhältnis von Mündlichkeit und Schriftlichkeit.

In seiner 1578 veröffentlichten *Histoire d'un voyage faict en la terre du Brésil* berichtet der reformierte Léry von seiner Reise zu den brasilianischen Tupinambá in den Jahren 1556-1558 (de Léry 1977).[70] Sein Weg führt ihn zunächst von Frankreich nach Genf, und dann zu einer Insel nahe Rio, mit dem Ziel dort eine calvinistische Gemeinde zu gründen. Unzufrieden mit den Verhältnissen vor Ort irrt er drei Monate an der Küste Brasiliens unter den Tupinambá herum, um schließlich

---

69 1983 plante Certeau eine ins Italienische übersetzte Sammlung von Aufsätzen unter dem Titel *Fictions théoriques*, die die Texte zu Montaigne, Lafitau und Jules Verne in einer Sektion unter dem Titel *Écritures* bündeln sollte, vgl. das maschinenschriftliche Inhaltsverzeichnis abgedruckt bei Cravetto 1999b. Der Band ist nicht erschienen.
70 Vgl. dazu Lestringant 1995; Ahearne 1995: 65–75; Lestringant 2004; Klein 2000.

erfolgreich die Heimreise zunächst nach Genf, später wieder nach Frankreich anzutreten. Ergebnis seiner als kreisförmige Bewegung erzählten Reise ist die „Erfindung des Wilden" (SG 142). Der „Wilde" wird zu einer Art Katalysator seiner religiösen Identitätsfindung. Indem Léry gut calvinistisch die Schriftlichkeit privilegiert, verweist sein Umgang mit dem Anderen auf eine Epoche abendländischen Schreibens.

Anfangspunkt von Lérys Erzählung ist ein Bruch, symbolisch markiert durch die Überfahrt in die neue Welt. Sein Narrativ ist von binären Unterscheidungen organisiert, wie Nacktheit/Kleidung, Fest/Arbeit, Nähe/Distanz oder Lust und Ethik, die den Wilden vom Zivilisierten trennen. Certeaus Lektüre unternimmt keine Dekonstruktion dieser Dichotomien, sondern beschreibt sie als eine Rückkehr des Verdrängten. Die Erotisierung des wilden Körpers und ihre Verausgabung im Fest markieren Leerstellen in der „Produktionsethik" des calvinistischen Handwerkers Léry. Dabei unterscheiden sich sein „Sehen" und sein „Hören" der Wilden. Während das Sehen Kontrolle bedeutet und das Andere der wissenschaftlichen Sehlust unterwirft, entziehen sich die Stimmen und Gesänge dem Zugriff. Sie üben eine „erotisierende" Kraft aus, wodurch sie sich der „Beschreibung" entziehen, gerade dadurch aber zum Motor eines endlosen abendländischen Schreibens werden. Das Archiv der Schrift wird zum Medium kolonialer Expansion, das Schreiben erobert sich einen eigenen Raum.

In einem kurzen, ebenfalls in *Das Schreiben der Geschichte* publizierten Aufsatz zur Gattung der Heiligenviten greift Certeau noch einmal die räumliche Dimension von Texten auf (SG 198–213).[71] Zunächst bietet die Hagiographie Freiräume zur festlichen „Erbauung" religiöser Gemeinschaften. In ihrer textuellen Gestalt hingegen ist die Vita von einer „Zusammensetzung von Orten" geprägt. Gründungsorte wie das Grab eines Märtyrers, werden zu liturgischen Orten einer Wallfahrt, das Schreiben inszeniert den entbehrungsreichen Weg des Helden, seine Abreise und seine Rückkehr. Strukturen, die auch den Reisebericht Lérys zu einer Art protestantischer Heiligenbiographie werden lassen. Die konkreten physischen Orte von Abreise und Rückkehr verweisen zudem auf einen geistigen Nicht-Ort, ein „Anderswo", das seinen Sinn aus einer „Übereinstimmung der Gegensätze" zieht (SG 213).

---

71 Der Text baut auf dem Art. Hagiographie. In: Encyclopedia universalis, Bd. 8, Paris 1971, S. 207–209 auf.

3.4.2 Michel de Montaigne und die Kannibalen

Die Motivation einer abendländischen „Ethik des Schreibens" findet sich auch im Werk Michel de Montaignes (1533-1592). Im 31. Kapitel seiner berühmten Essais (1572-1592) räsoniert der französische Jurist und Philosoph über „Kannibalen" (Montaigne 1992). Certeau hat dem Text 1981 eine eingehende Lektüre gewidmet (Certeau 1981a, wieder abgedruckt in LA: 249–263).[72] Er sieht in dem Essay eine zweifache Topographie am Werk. Zum einen die Trennung zwischen kulturellen Räumen, d.h. zwischen der eigenen, zivilisierten und der fremden, barbarischen Welt, zum anderen eine Räumlichkeit des Textes, der sich durch ein abwesendes Anderes – den Kannibalen – autorisiert, von dem er handelt (LA 249–250).

Die narrative Konstruktion des Textes als „Reisebericht" vollzieht sich in drei Schritten. Zunächst erfolgt der Aufbruch in die Fremde als ein „a priori der Differenz", dann kommt die Beschreibung der Gesellschaft der „Wilden" und ihrer Sitten, an dritter Stelle steht die Rückkehr in die eigene Kultur. Mit dem Reise-Erzähler kehrt jedoch auch der Wilde selbst heim (LA 251–252). Der „Wilde" und der „Barbar" werden zunächst als Begriffe in ihrer Beziehung zu einem Textäußeren (hors-texte) problematisiert, der Ort des Kannibalen wird ‚geleert'. Er wird zu einer linguistisch produzierten Figur der Abwesenheit. Der zweite Teil, die ‚Gesellschaftsbeschreibung', erlangt seine Evidenz aus der Zeugenschaft eines einfachen Augenzeugen und vermittelt über ihn, den Kannibalen. Zwei Themen beherrschen die Gesellschaft der „Wilden": Krieg und Polygamie. In vier Schritten, These, Demonstration, Illustration und Poetik, interpretiert Certeau die von diesen beiden Praktiken konstituierte Kultur im Sinne der Sprech-Akt-Theorie als Ergebnis der performativen Herstellung von Bedeutung, die damit keine eigene diskursive ‚Materialität' aufweist. Diese entsteht erst im Schreiben Montaignes. Verläuft der erste Kommunikationsprozess vom Körper der Erfahrung zur Repräsentation in der Stimme des Wilden, verläuft der zweite von der Stimme des Wilden zum Text Montaignes.[73] Der Text transportiert die Stimme nur noch als eine Art „Ruine" (LA 260). Die abwesende Stimme des Kannibalen wird aufgehoben durch das auktoriale „Ich" Montaignes, welches sie gleichzeitig autorisiert. Indem Montaigne schreibt und erklärt ersetzt er das Andere durch ein Selbst. Ähnlich wie bei Léry gewinnt der Text Macht über die Stimme, weist aber gleichzeitig Spuren des Anderen auf.

---

72 Vgl. dazu im Vergleich mit Jacques Derrida Serra Pagès 2011.
73 Zur Stimme der „Wilden" vgl. auch Tomlinson 2009: 93-123.

3.4.3 Joseph-François Lafitau und die Bilder des Ursprungs

Mit dem französischen Jesuiten und Ethnographen Joseph-François Lafitau (1681-1746) macht Certeau einen Sprung von der „wilden Völkerkunde" des 16. Jahrhunderts zu den Anfängen der Verwissenschaftlichung der Anthropologie im 18. Jahrhundert. Lafitau gilt als einer der Wegbereiter einer vergleichenden wissenschaftlichen Anthropologie. Sein Hauptwerk, die „Geburtsurkunde" der Völkerkunde, ist die zweibändige Abhandlung *Moeurs des sauvages amériquains comparées aux moeurs des premiers temps* (1724).[74] Lafitau verfolgt darin ein diffusionistisches Modell der Ausbreitung der christlichen Religion. Er versucht, die ursprüngliche Religion wiederzuentdecken, die einst allen Menschen zu eigen war, sich aber mit ihrer Ausbreitung über den Erdball zum Teil verloren hat. Das ‚Moderne' seiner Methode besteht darin, fremde Kulturen mit ihren eigenen Maßstäben und Kategorien zu beschreiben und nicht allein in Relation zur europäischen Kultur. Certeau widmet sich in einem 1980 in den *Yale French Studies* zuerst auf Englisch publizierten Aufsatz allein dem Titelkupfer des Werkes (Certeau 1980b; frz. Certeau 2005a: 89–111). In der Bildmitte befindet sich ein engelgleicher bärtiger Mann mit Flügeln und einer Sense in der Hand als Symbol der Zeit, links von ihm sitzt eine schreibende Frau an einem Schreibtisch. Ihre Feder und die Sense sind sich nah, berühren sich aber nicht. Der Mann weist an die Rückwand des Raumes, auf der sich ein Bild im Bild befindet, das Adam und Eva im Paradies und zwei Gestalten der Apokalypse im Himmel darüber zeigt, und lenkt den Blick der Frau auf die Szenerie. Im Raum verteilt finden sich diverse Artefakte aus den Kulturen der Antike und der neuen Welt. Zwei Putten mit Flügeln tragen einige der Artefakte in Richtung der scheibenden Frau. In der Frau wird Lafitau symbolisch zur ‚Mutter' seiner Texte, eine Inszenierung die Certeau als Ausdruck eines neuen Selbstbewusstseins von Autorschaft in der Frühaufklärung deutet. Neben dem Titelkupfer enthält das Werk noch 41 weitere Illustrationen. Doch der Text kommentiert die Bilder und nicht umgekehrt. Die Bilder erlauben Einblicke in die Ursprünge der Menschheit, ihre Faszinationskraft ist die einer „Erotik des Ursprungs" (Certeau 1980b: 42). Lafitau ist von dem unbedingten Willen geleitet, die „Zeichen zu lesen", er entwickelt eine regelrechte „Passion für Bedeutung" (Certeau 1980b: 42).

Der Raum des Titelkupfers wird von Certeau als Laboratorium der Geschichte interpretiert: Die auf dem Boden verstreuten Artefakte bilden das Archiv, der Vergleich die Methode und die schreibende Frau den forschenden Wissensproduzenten. Die Labor-Logik ähnelt damit deutlich den Überlegungen in *L'Ecriture*

---

74 Vgl. die deutsche Edition Lafitau 1752/53.

de l'histoire (SG). Das Bild im Bild wird zum Nicht-Ort (nonlieu) der Theorie (Certeau 1980b: 52), es ist eine Art optische Täuschung, die auf das Prozesshafte der historisch-anthropologischen Erkenntnis verweist. Das Titelkupfer wird so zum Emblem der strukturellen Probleme der Anthropologie als einer Wissenschaft vom Anderen: die Abwesenheit einer fremden, indigenen Kultur, daneben die materiellen Spuren einer vergangenen historischen Kultur der Antike und die Verschriftlichung der Fabel (vgl. lat. fari, Spruch oder das Gesprochene) als wissenschaftliches Narrativ, das bestimmten methodischen Postulaten des Vergleichs folgt. Die Zeit, der Mann mit der Sense, trennt die schreibende Frau von der Repräsentation einer abwesenden Wirklichkeit und verbindet gleichzeitig beide.

3.4.4 Die Entdecker Jule Vernes und das Schreiben der See

Zu den bedeutenden französischen Autoren des 19. Jahrhunderts, denen Certeau eine eingehende Lektüre gewidmet hat, zählt auch Jules Verne. 1977 erschien im Pariser Verlag Ramsay eine Neuauflage eines der zumindest in Deutschland vielleicht weniger bekannten Sachbücher des Mitbegründers der Science-Fiction-Literatur: *Les Grands Navigateurs du XVIIIe Siècle* (1879).[75] Certeau verfasste eine längere Einleitung zu dieser Darstellung über die großen Entdeckungsreisenden des 18. Jahrhunderts (u.a. Bougainville, Cook, Humboldt), in der er die Produktionsgeschichte des Werkes und seine Schreibverfahren analysiert und dabei mit einem nun bereits gut eingespielten Kategorienapparat arbeitet. Es geht um Kartierungen des Werkes und seiner Quellen, um das Andere, die Junggesellenmaschine, die Schrift, die Fiktion und das Reisen. Als eine „bibliothekarische Nautik" rekonstruiert er, wie Verne aus der Vorlage einer Materialsammlung des Nationalbibliothekars Gabriel Marcel (Certeau 1977b: 128–131) seinen Text konstruiert. Die Bibliothek wird zu einem doppelten Referenzort: als die Nationalbibliothek, aus der Marcel seine Texte holt, und als Bibliothek etwa des Kapitän Nemo in *20.000 Meilen unter dem Meer*. Über beide berichten Erzählerfiguren, in einem Fall Verne über Marcel, im anderen der Gelehrte Aronnax über die Seefahrt Nemos.

Les Grands Navigateurs ist für Certeau damit keine „geschichtsgeographische Studie", sondern die Zusammenstellung von „Fiktionen" des Reisens (Certeau 1977b: 129), die zu einem „Simulacrum aus Reliquien" werden (ebd.). Mit dem u.a von Barthes, Derrida oder Baudrillard verwendeten Begriff des Simulacrums kann Certeau hier ein Abbild eines nicht realen Vorgangs beschreiben, der sich einem „Reliquientransfer" verdankt. Diese Reliquien sind die Zitate, die von Mar-

---

75 Dt. Die großen Seefahrer des 18. Jahrhunderts, Wien 1880.

cels Sammlung bereitgestellt, von Verne zu etwas Neuem verarbeitet und dabei in ihrer Herkunft letztlich unsichtbar werden: „Von dem Korpus, das der Bibliothekar bereitgestellt hat, bleiben uns in dem Werk nur verstreute, Fragmente, Wrackteile: ein zerstückelter Körper [...], Körper werden durch Fiktionen ersetzt". (Certeau 1977b: 131–132). Die Namen der einzelnen Seefahrer füllen den kartographischen Raum, sie machen „aus dem Raum eine Sprache" (Certeau 1977b: 134). Ähnlich wie bei der Analyse von de Brys America-Allegorie im *Schreiben der Geschichte* ist der Raum des Anderen, der neuen Welt, aus Sicht der Europäer eine unbeschriebene Fläche: „Die Reisen beschreiben das große Weiße Blatt des Pazifiks" (Certeau 1977b: 135). Jeder ‚Entdecker' benennt Inseln, Kaps, Buchten, Meerengen, Passagen, ja ganze Kontinente mit Namen und „erschreibt" sich damit die See.

Die Weltumsegelungen bilden Kreise, die sich immer wieder an denselben Punkten als Wissen ablagern (vgl. die Schemata in Certeau 1977b: 139), lediglich Erkenntnisfortschritt und narratives Fortschreiten sind linear, die Reisen – wie auch in Vernes *Reise um die Erde in 80 Tagen* (1873) – sind zirkulär. Ihr zentrales Kontrollinstrument ist die Uhr, die Certeau hier mit der Junggesellenmaschine vergleicht, die selbst wieder zur „eponyme[n] Figur jener Junggesellenseefahrer" wird (Certeau 1977b: 140–141).[76] Schließlich sieht Certeau in Vernes Monographie auch eine politische Stellungnahme, indem die „Internationale der Entdeckungen" zum „Schauplatz eines Klassenkampfes" wird, einem Kampf zwischen dem französischen Aristokraten Bougainville und dem britischen „Kind des Volkes" Cook, zwischen adeligem Habitus und bürgerlicher Leistungsethik. *Die See schreiben* ist damit weder ein systematischer Kommentar noch eine editorische ‚Buchgeschichte' des Werkes von Jules Verne. Der Text bietet vielmehr eine Reflexion über einzelne Motivkomplexe, die charakteristisch für Certeaus Denken über das Thema Reiseberichte, Schrift und Alterität sind. Indem die textuellen Verfahren und Operationen Vernes erörtert und kontextualisiert werden, kann Certeau exemplarisch an einem Text zeigen, was er in seinen metahistoriographischen Texten abstrakt über das Schreiben der Geschichte und seine theoretischen Fiktionen formuliert hat: den Bezug von Archiv/Bibliothek und Geschichtsschreibung, die Macht der Schrift, der Dialog mit dem abwesenden Anderen und die Kartierungen des Wissens.

---

76 Zur Junggesellenmaschine vgl. unten Kap. 5.2.5.

4 Meta-Historiographie. Die Abwesenheit der Geschichte

Zu den zentralen Arbeitsgebieten Certeaus zählte die Selbstreflexion der Geschichtsschreibung als Wissenschaft. Die hierzu publizierten Arbeiten, vor allem *L'Absent de l'histoire, Das Schreiben der Geschichte* und *Theoretische Fiktionen*, bewegen sich zwischen Geschichtstheorie, Historiographiegeschichte und einer Wissenssoziologie des sozialen Feldes der Geschichtswissenschaft. Im Anschluss an Ian Buchanan – nicht zu verwechseln mit dem ähnlichen Begriff der *Metahistory* von Hayden White (White 1973) – kann Certeaus geschichtstheoretisches Werk als eine Art „Meta-Historiographie" beschrieben werden (Buchanan 2000: 54–67).[77] Keineswegs selbstverständlich für einen Geschichtstheoretiker ist die Tatsache, dass Certeau selbst ein begeisterter empirischer Geschichtswissenschaftler war. Viele der theoretischen Texte des Genres sind von Autorinnen und Autoren verfasst, die wenig Tuchfühlung mit den alltäglichen Praktiken empirischer Forschung haben. Certeau nimmt hingegen trotz aller Abstraktion die Perspektive eines Praktikers ein.

Auch die metahistoriographischen Überlegungen Certeaus speisen sich zunächst aus der kritischen Auseinandersetzung mit den tonangebenden Theorieentwürfen der Zeit, darunter vor allem denen von Michel Foucault und Paul Veyne. Veynes *Geschichtsschreibung – und was sie nicht ist* (Veyne 1971) hat Certeau 1972 eine ausführliche kritische Besprechung gewidmet, die für das Verständnis seiner eigenen theoretischen Entwürfe hilfreich ist (Certeau 1972; dazu Weymans 2003, 3–5). Certeau spielt in seiner Rezension immer wieder mit der räumlichen Distanz des in Aix-en-Provence lehrenden Althistorikers zum Pariser Establish-

---

[77] Vgl. zur Diskussion der Geschichtstheorie Certeaus u.a. Beehler 1996; Wandel 2000; Carrard 2001; Füssel 2001; Peltonen 2001; Clark 2004: 119–124; Napoli 2014.

ment. Veyne versuche gewissermaßen, die Geschichte zu „de-kolonialisieren" (Certeau 1972: 1317), indem er eine Art geschichtswissenschaftlichen „Guerillakrieg" führe (ebd., 1318). In der Kritik Veynes spiegelt sich Certeaus eigenes Methodenprogramm, das er wenig später in dem grundlegenden Aufsatz *Faire l'histoire* entwickeln wird (SG 31–70). So kritisiert er den „Nicht-Ort", von dem aus Veyne spricht, der als Autor nicht greifbar, nicht lokalisierbar sei, obwohl aus Sicht Certeaus ja jede historiographische Produktion von der Logik ihres Ortes bestimmt wird. Veyne hingegen maskiere sich mit einer „Rhetorik der Gelehrsamkeit" (Certeau 1972: 1318), die sich im Dauerkonflikt mit einer „Rhetorik der Neugier" befinde. Neben der mangelnden institutionellen Selbstverortung problematisiert Certeau auch ein Missverhältnis zwischen den reichhaltigen Referenzen auf Philosophen und Metatheoretiker („historiologues") und einer großflächigen Ausblendung der zeitgenössischen ‚empirischen' Historiker, insbesondere jener, die in Theorie- und Methodenfragen als führend galten, von Braudel bis Le Roy Ladurie (Certeau 1972: 1319). Veynes Text sei durch Dichotomien organisiert wie konkret/abstrakt, kontingent/notwendig, Phänomen/Essenz und vor allem einer Privilegierung der Mikro-Einheiten (Ereignis, Individuum) vor den Makro-Einheiten (Gesellschaft, Mentalität).[78] Was Certeau dabei irritiert, ist weniger die Dichotomisierung als vielmehr ein erneuerter Faktenglaube Veynes, der eigentlich nicht mit dessen nominalistischer Epistemologie zusammenpasse. Für Veyne ist der Historiker im Wesentlichen der geschickte Erzähler wahrer Fakten. Es geht nicht um abstrakte Gesetzmäßigkeiten und Strukturen, sondern um konkrete Akteure und Ereignisse.

Veynes Hinwendung zur Sprache als einer der zentralen Herausforderungen der Epistemologie des Historischen wird von Certeau ausdrücklich begrüßt, doch missfällt ihm die weitgehende Ausblendung der rezenten Diskurstheorien von Barthes bis Foucault. Sie könnte eine Art ‚Sesam öffne dich' für die von Veyne aufgeworfenen Fragen bieten, er gefalle sich aber offenbar zu sehr in seiner südfranzösischen Rebellenposition. Mit Hinweis auf Barthes „effet du réel" insistiert Certeau auf dem ‚Produziertwerden' von historiographischen Texten. Nach den Orten kommen hier nun die Praktiken als heuristisches Instrument von Certeaus Metahistoriographie ins Spiel. Was sei denn eine Theorie im Grunde anderes als eine Praktik? (Certeau 1972: 1322). Historiographische Texte werden gemacht, produziert und konstruiert und geben damit nicht nur ‚Fakten' wieder, sondern schaffen ihre Gegenstände erst. Allerdings nicht ohne Bezug auf ihre Quellen und ihr Material und stets nach gewissen Regeln. Gilt dem „rapport ambivalent avec l'autre" (Certeau 1972: 1327) einerseits Certeaus ganze Sympathie, so ist er ande-

---

78 Vgl. zu dieser Problematik auch Peltonen 2001.

rerseits von Veynes Stil offenbar irritiert und vermisst die wissenssoziologische Grundierung in der Auseinandersetzung mit der Praxis der Geschichtsschreibung. Eine solche liefert er wenige Jahre später selbst.

4.1 Das Schreiben der Geschichte

Mit *L'écriture de l'histoire* legte Certeau 1975 sein geschichtstheoretisches Hauptwerk vor, das eine Reihe von grundlegenden methodischen Aufsätzen zum ‚Schreiben des Anderen' enthält, d.h. neben Schreibpraktiken der Historiographie vor allem jenen der Ethnographie und dem Diskurs der Psychoanalyse. Den Begriff der „Heterologie" als einer Geschichtsschreibung des Anderen hatte er bereits in *L'Absent de l'histoire* geprägt (TF 171) und nach ihrer Funktionsweise bzw. der Aufgabe des Historikers gefragt (Indermuhle/Laus 2004). Letztere bestehe darin,

> „eine Gesellschaft in der Dimension ihrer Heterogenität denkbar zu machen, sie sich ihr selbst an den Rändern, an denen sie ihren Ursprung hat und sich in ihrer eigenen Abwesenheit verliert, wiederzugeben und technisch an der kollektiven Transformation dieser Andersheit in Legenden mitzuwirken. Der historische Text kombiniert also die Rationalität der Erklärung mit der literarischen Erzählung, die vom Anderen in Form der Verneinung spricht. [...] Der Anteil des ‚Literarischen' in der Geschichte hält somit die Ambivalenz des Realen aufrecht, zugleich das Selbe und das Andere zu sein" (TF 173–175).

Obwohl auch das *Schreiben der Geschichte* voll von Bildern, Metaphern und Allegorien steckt, ist Certeau hier doch stärker als sonst bereit, Begriffe zu definieren und theoretische Verallgemeinerungen vorzunehmen. Gleich zu Beginn wird mit Jan van der Straets Stich zu de Brys *America decima pars* (1619) eine Szene präsentiert, die später zum Schlüsselbild der Postcolonial Studies geworden ist (Christadler 2002). Amerigo Vespucci begegnet vom Meer kommend am Strand einer nackten, in einer Hängematte liegenden Frau, Sinnbild für den „Körper des Anderen", in den sich das „erobernde Schreiben" des europäischen Entdeckers einschreibt. Damit ist von Beginn an deutlich, dass Geschichtsschreibung als ‚Wissenschaft vom Anderen' kein unschuldiges Unterfangen ist, sondern immer eine Machtdimension besitzt. Es geht ihm um *Das Schreiben der Geschichte* „als historische Praxis", um ein skripturales Handeln, einen Produktionsprozess. Geschichtsschreibung kennzeichnet damit zunächst ein Paradox: Ihr Begriff verbindet die Geschichte als abwesende, andere Wirklichkeit mit dem Diskurs als ihrer gegenwärtigen Repräsentation.

Ursprünglich als eine neuzeitliche „Geschichte des Schreibens" konzipiert, die von der Ethnographie des 16. Jahrhunderts, über die Transformation des christlichen Schreibens im 17. und 18. Jahrhundert, die Sprachpolitik der französischen Revolution, die Schreibpraxis Sigmund Freuds bis hin zur modernen Geschichtswissenschaft des 20. Jahrhundert reicht, entschied Certeau sich schließlich für eine systematische Einteilung, die nacheinander einen „sozioerkenntnistheoretischen", einen „historischen", einen „semiotischen" und einen „psychoanalytischen" Ansatz entwickelt.[79]

Geschichtsschreibung nimmt ihren Ausgang immer von etwas Abwesendem. „Im Grab, das der Historiker bewohnt, gibt es nichts als ‚Leere'", wie Certeau gleich zu Beginn im Anschluss an Jules Michelet formuliert (SG 11). Das Schreiben von Geschichte gleicht einem Ritual der Trauerarbeit, das den Toten der Vergangenheit „skripturale" Gräber anbietet. Das „Andere" wird zum „Phantasma der Geschichtsschreibung", einem Gegenstand „den sie sucht, ehrt und begräbt" (SG 12). Die Geschichtsschreibung, die sich über die Setzung einer Grenze, eines Bruches mit der Vergangenheit definiert, ist eine „abendländische Eigenheit", wie Certeau im Vergleich mit außereuropäischen Formen der Erinnerung betont (vgl. auch TF 164–166). Im Gegensatz zur Theologie verfüge die säkulare akademische Geschichtsschreibung immer noch über einen gesicherten institutionellen Ort, der ihr Schreiben legitimiert. Seit den Anfängen an den europäischen Fürstenhöfen denke der Historiker stets die Macht, „die er nicht hat" (SG 19). Hier kündigt sich bereits der topographische Zugang zur Geschichtsschreibung an, der stets danach fragt, welcher Ort ein bestimmtes Schreiben möglich macht und autorisiert (Wandel 2000). Geschichte ist das Ergebnis einer Produktion, einer Tätigkeit, die von der Spannung zehrt, einerseits vom „Anderen" zum Narren gehalten zu werden, andererseits die Vergangenheit immer nur als „Fiktion der Gegenwart" schreiben zu können. In expliziter Bezugnahme auf Marx sollte das Buch daher ursprünglich auch unter dem Titel *La production de l'histoire* erscheinen (AH 173 mit Anm. 2). Insofern folgt Certeau hier einem konstruktivistischen Geschichtsverständnis, das allerdings nicht in die Sackgasse des Relativismus führt, sondern die „Archäologie" im Sinne einer unmöglichen Suche nach den Anfängen als produktive Praxis versteht. Geschichte ist für ihn das Ergebnis eines Dreischritts von disziplinärer Praxis, Forschungsergebnissen in Gestalt von historischen Diskursen und deren Relation zueinander in Gestalt einer spezifischen Produktionsweise.

---

[79] Die deutsche Ausgabe stellt nur eine Teilübersetzung dar, zwei Kapitel (Nr. III u. IV) wurden ausgelassen. Eine deutsche Übersetzung von Kap. IV „La formalité des pratiques" erfolgte mit Certeau 2008.

4.1 Das Schreiben der Geschichte

Das „Machen" (faire) von Geschichte steht demnach im Mittelpunkt des Interesses des Religionshistorikers, der sich in seiner eigenen Arbeit ständig damit konfrontiert sieht, dass die zünftigen Historiker die Theologie lediglich als religiöse Ideologie betrachten. Certeau setzt daher tiefer an, um die Geschichtswissenschaft selbst zu historisieren und die ideologischen Anteile jeglicher Historiographie offenzulegen. Ähnlich wie in seinen theologischen Reflexionen betont er dabei stets die Partikularität und Standortgebundenheit der Analysen eines französischen Religionshistorikers der Frühen Neuzeit und wendet damit bereits seine Theorie auf seine eigene Arbeit an.

Die Argumentation des Kapitels zum *Machen der Geschichte* gliedert sich in vier Punkte. Zunächst werden unterschiedliche historiographische Stationen in der Geschichte der Religionsgeschichtsschreibung abgeschritten, die von frühen volkskundlichen Modellen bei Arnold van Gennep und der Analyse religiöser Praktiken bei Gabriel le Bras, über die Ideengeschichte bis hin zur Mentalitäts- und Kulturgeschichte reichen. Während alle diese Positionen in ihren Fragen an die Vergangenheit immer auch auf Fragen der Gegenwart antworten, kommt es ferner zu Verschiebungen in der Beziehung von historiographischer und gesellschaftlicher Praxis. Einerseits gelinge es den Historikern immer weniger, für sich eine „Sinnbestätigung" aus den Gegenständen ihrer Forschung zu ziehen, als diese vielmehr in der historiographischen „Tätigkeit" selbst zu finden. Andererseits wandele sich die Beschäftigung mit dem Religiösen von einer schematischen Wiederholung klassischer Konfliktrollen der historischen Akteure durch ihre Erforscher (Katholiken vs. Protestanten, Gläubige vs. Atheisten) hin zur ethnologischen Beschreibung einer distanzierten Sphäre der Alterität. Genau in dem Moment, in dem das Religiöse in der gegenwärtigen Gesellschaft an Kraft verliert, kann es zu einem fremdartigen Forschungsgegenstand aus der Vergangenheit werden, dessen ideologische Grabenkämpfe nur mehr als historische Themen von Interesse sind.

Der dritte und der vierte Punkt widmen sich einer bis heute andauernden Diskussion über die Referentialität der Geschichtsschreibung. Die Position Certeaus, die bereits aktuellen wissenschaftshistorischen und epistemologischen Forschungen zur *Fabrikation von Erkenntnis* (Knorr-Cetina 1981) sehr nahekommt, bietet hier bislang eine immer noch wenig berücksichtigte Alternative (Reekie 1996: 54–58; Wandel 2001). Historische Wirklichkeiten sind für Certeau ebenso „Resultat" wie „Postulat" der Analyse. Abwesenheit des Vergangenen und Gegenwart des historiographischen Diskurses bilden weniger einen unvereinbaren Gegensatz als ein produktives Spannungsverhältnis, eine ebenso konstitutive wie unaufhebbare Grenze der Geschichtsschreibung zu ihrem Gegenstand. In einer paradox anmutenden Bewegung muss die Historiographie den Bruch mit der Vergangenheit immer wieder betonen, ohne sich von ihr lösen zu können. Mit Roland Barthes erkennt Certeau an, dass der Diskurs des Historikers stets eine Erzählung ist und diese mit spezifischen „Realitätseffekten" arbeitet (Barthes 1968). Doch damit wird nicht etwa auf eine „Referenz zur Wirklichkeit" verzichtet:

> „Vielmehr ist diese Referenz verlagert worden. Sie ist nicht mehr unmittelbar durch die erzählten oder ‚rekonstruierten' Gegenstände gegeben. Sie ist impliziert durch die *Konstruktion* von an *Praktiken* angepaßte[n] ‚Modellen' (Die Gegenstände ‚denkbar' machen sollen), durch die Konfrontati[o]n dieser Modelle mit dem, was ihnen widersteht, sie begrenzt und zu anderen Modellen Zuflucht nehmen läßt; schließlich durch die Verdeutlichung dessen, *was diese Tätigkeit ermöglicht hat*, indem sie in eine besondere (oder historische) Ökonomie der sozialen Produk*tion* eingebunden wird" (SG 63).

Fakten vs. Fiktionen oder die Krise der Geschichtsschreibung
Die Dichotomie von historiographischem Diskurs und vergangener Wirklichkeit motivierte immer wieder hitzige Debatten, deren oft extrem aggressiver Tonfall darauf verweist, dass es hier um einen der Kernpunkte historischer Erkenntnis geht. Mit dem *linguistic turn* seit Ende der 1960er Jahre kam es in den vergangenen Jahrzehnten zu anhaltenden Debatten über Faktizität und Fiktionalität der Geschichtsschreibung. Die erste große Verunsicherung ging von Strukturalisten wie Roland Barthes aus, der provokant formulierte, dass der Historiker „weniger Fakten als Signifikanten" sammle (Barthes 1968). Es gibt also nur Signifikanten die auf andere Signifikanten verweisen, aber nicht auf ein Signifikat im Sinne eines vergangenen Faktums. Jacques Derrida befeuerte mit der meist aus dem Kontext gerissenen Formulierung, „ein Text-Äußeres gibt es nicht" (Derrida 1967: 274), die Diskussion zusätzlich. Wesentlich wirkmächtiger als diese Positionen wurden innerhalb der Geschichtswissenschaft jedoch die Arbeiten Hayden Whites zur Narrativität und Tropologie der Geschichtswissenschaft. Ein Titel wie *Auch Klio dichtet oder die Fiktion des Faktischen* (White 1978) bringt die Problematik bereits präzise auf den Punkt. Wie lassen sich Geschichtsschreibung und fiktionale Literatur noch unterscheiden, wenn doch beide ‚erzählen' und sich dabei narrativer Plots bedienen? In den 1990er Jahren erlebte die Diskussion um die „historische Referentialität" (Goertz 2001) ihren vorläufigen Höhepunkt. Dem meist kollektiv als „postmodern" etikettierten Lager von der Diskurstheorie bis zum radikalen Konstruktivismus standen auf der anderen Seite epistemologisch vergleichsweise naiv wirkende Verteidiger einer historischen „Realität" gegenüber (Keith Windschuttle, Richard J. Evans, Gérard Noiriel). In der Minderheit waren

4.1 Das Schreiben der Geschichte

> hingegen diejenigen, die wie Certeau die Einsichten des linguistic turn produktiv aufnahmen, ohne die Geschichtswissenschaft deswegen in referenzloser Fiktion aufzulösen.
>
> *Weiterführende Literatur: Windschuttle 1994, Noiriel 1996, Evans 1998, Kiesow/Simon 2000, Goertz 2001; Clark 2004, Schöttler 2011.*

Insofern steht im Zentrum der Arbeit des Historikers immer eine Grenze, die die Beziehung zum Anderen bestimmt.

„Wenn die Geschichte den ihr eigentümlichen Ort – die Grenze, die sie setzt und die sie erhält – verläßt, löst sie sich auf und ist nichts weiter als eine Fiktion (die Erzählung dessen, was geschehen ist) oder eine erkenntnistheoretische Reflexion (die Erhellung ihrer eigenen Arbeitsregeln). Sie ist aber weder die Legende, auf die sie eine Popularisierung reduziert, noch die Kriteriologie, die sie bloß zur kritischen Analyse ihrer Verfahren machen würde. Sie spielt zwischen beiden, auf der Grenze, die diese beiden Reduktionen trennt, wie Charlie Chaplin, der am Ende von The Pilgrim, an der mexikanischen Grenze, zwischen zwei Ländern, die ihn jagen, hin- und herläuft und mit seinen Zick-Zack-Bewegungen ihren Unterschied und die sie verbindende Naht markiert" (SG 65).

Der historische Diskurs arbeitet mit dem „Verweis auf ein abwesendes Drittes" (SG 67), er erzählt von den Toten, den Abwesenden in der Sprache seiner Leser, den Lebenden. Genau diese Relation ist es, welche die Geschichte zum „Mythos der Sprache" macht. Indem der Tod zur Möglichkeitsbedingung des Diskurses wird und damit stets auf dessen Ursprünge verweist, muss der Bericht über diesen fundierenden Bruch zum Mythos werden: „Ein Lebens- und Todesspiel wird in der ruhigen Erzählung einer Geschichte fortgesetzt, die Wiederbelebung und Leugnung des Ursprungs, Enthüllung einer toten Vergangenheit und Resultat einer gegenwärtigen Praxis ist" (SG 68). Betrachtet man ganz im Sinne Certeaus den Ort, von dem aus er spricht, so zeigt sich, dass er selbst von der Grenze her spricht, ohne diese in eine Richtung zu verlassen. Im Gegensatz zu Denkern, die nie selbst im strengen Sinn historiographisch gearbeitet haben, ist Certeau selbst praktizierender Historiker. Gleichwohl arbeitet er am Rande der Disziplin und ist in dieser selbst institutionell alles andere als gefestigt. Sein Ziel ist auch nicht eine abstrakte Dekonstruktion historischen Schreibens, sondern die reflexive Klärung des eigenen Tuns. Ähnlich wie die Frage: Wie heute jesuitischer Theologe sein?, stellt er sich die Frage: Wie heute Geschichtsschreiber sein? Auch die Geschichtswissenschaft befindet sich in einer Krise, wenn er den historischen Diskurs als Geldschein unter vielen in einer Währung, die an Wert verliert, bezeichnet. Doch trotz allem bleibt ihre notwendige Bedeutung als „schwache Zeugin" und „notwendige Kritikerin" gesellschaftlicher Praxis unbestritten.

In *Die historische Operation*, einem Text, der zuerst 1974 in einer von Jacques Le Goff und Pierre Nora herausgegebenen dreibändigen Einführungsreihe *Faire de l'histoire* (Le Goff/Nora 1974) erschien, entfaltet Certeau eine analytische Trias von sozialen Orten, wissenschaftlichen Praktiken und Schreibweisen (Martin 2002). Diese reflexive Vorgehensweise hatte er im April 1972 auch in seiner Eröffnungsrede einer europäischen Konferenz zur Kulturpolitik in Arc-et-Senans entwickelt, indem er nach dem Standpunkt des Vortragenden und den „Produktionsbedingungen" von Politikberatung fragte (CP 193–203).[80]

Ausgehend von dem dominierenden Einfluss, den Raymond Aron seit den 1930er Jahren auf das Verständnis von der Subjektivität des Historikers nahm, und den jüngeren epistemologischen Herausforderungen u.a. durch Michel Foucault und Paul Veyne wird die institutionelle Basis des eigenen Ortes betont, der durch überpersönliche Entscheidungsmuster geprägt ist (Reekie 1996: 48–51). Die historische Studie gleiche einem Auto, das aus einer Fabrik kommt. Sie sei abhängig von den Konventionen und Wertungen ihres wissenschaftlichen Feldes, wie an den spezifisch französischen Verhältnissen beispielsweise des „Tabus der Monumentaldissertation", den paternalistischen Rekrutierungsmechanismen von Lehrstühlen oder einem sprachlichen Chauvinismus gezeigt wird. Zu dieser bereits stark an die Wissenssoziologie Pierre Bourdieus gemahnenden Perspektive auf die sozialen Produktionsbedingungen jener institutionellen „Orte" tritt der Einfluss von Jürgen Habermas hinzu, der, vergleichbar der deutschen Gesellschaftsgeschichte, dazu anhält, das jeweilige „Erkenntnisinteresse" offenzulegen und damit die Partikularität des eigenen Ortes kenntlich zu machen (Habermas 1968). Ganz ähnlich der *Ordnung des Diskurses* bei Foucault ermöglicht der jeweilige Ort einerseits bestimmte Aussagen, wie er andererseits auch andere unmöglich macht. Er eröffnet und begrenzt das historische Schreiben und wird in dem Moment zur Ideologie, in dem er seine regulierende Partikularität verleugnet.

Bis hierhin dominiert eine vorwiegend soziologische Perspektive, die noch nichts über die konkrete Tätigkeit des Historikers aussagt. Zentrale Handlung des Historikers ist die Verwandlung seiner Quellen in Geschichte. Dazu nimmt er eine eigene Organisation seines Materials vor, er kopiert oder transkribiert beispielsweise archivalische Quellen.[81] Die Transkription ist nun nicht mehr an den Ort des Archivs gebunden, sondern folgt der Ordnung des Historikers, der sie nach eigenen Kriterien für seine Studie aufbereitet. Noch deutlicher wird der Mehrwert

---
80 Vgl. dazu auch im Folgenden das Kap. 5.1.
81 Vgl. zur Rolle der Archive Farge 1989, zu Certeau Farge 2002.

4.1 Das Schreiben der Geschichte

dieser Übersetzung, der von Certeau in Zusammenhang mit einer Transformation von Natur in Kultur in Verbindung gebracht wird, bei der elektronischen Datenverarbeitung. Anfang der siebziger Jahre stand diese noch in den Kinderschuhen, doch Certeau registriert aufmerksam die neue Macht der Technik. In einer aus heutiger Perspektive scheinbar bereits auf die Überlegungen Bruno Latours vorausweisenden Sicht zeigt er die seltsame Produktion von Daten auf, die die Maschine zum eigentlichen Akteur des Erkenntnisgewinns machen. Noch mehr interessieren den Religionshistoriker aber die qualitativen Auswirkungen einer quantitativen Expansion der Datenerhebung. So scheint die Bildung von Serien ein Interesse an der Abweichung zu motivieren. Ins Zentrum rücken die Ränder der Geschichte, die von den kontrollierten Regelmäßigkeiten abweichen. So erkläre sich der Boom von Themen wie Hexerei, Wahnsinn, Festen oder Volkskultur. Von diesem Interesse an der Abweichung, d.h. einer besonderen Beziehung zwischen den Regelmäßigkeiten und den Sonderfällen, gelangt Certeau zu einer Funktionsbestimmung der Geschichte als „Inszenierung des Anderen" (SG 111). Die Erforschung der Vergangenheit erlaubt nicht nur die empirische Falsifikation von Modellen, die in der Gegenwart entworfen werden, sondern die Etablierung einer fundamentalen Differenz zwischen Vergangenheit und Gegenwart. Erst indem diese Grenze im Akt der Geschichtsschreibung symbolisiert wird, ermöglicht sie auch ihr Überschreiten: Der Ort, den die Geschichte „der Vergangenheit entwirft, ist ebenso eine Weise, *einer Zukunft Platz zu machen*" (SG 111).

Nach den Orten und den Praktiken folgt als dritter Aspekt das Schreiben, das von der Praxis des Forschens zum Text führt. Die Praxis des historischen Schreibens ist durch vier Funktionen bzw. regulierende Zwänge gekennzeichnet. Zunächst produziert es eine Art Verkehrung der Analyseregeln, da es die Erzählung an eine chronologische Struktur bindet. Die „diskursive Zeit" des Textes weicht jedoch zweitens von der „Zeit der Dinge" ab. So können Gegensätze kompatibel gemacht und unterschiedliche Zustände und Ereignisse im Text verbunden werden. Ferner ermöglicht sie die Einteilung von Perioden, ein Spiel mit Ursprung und Ziel einer historischen Entwicklung. Drittens unterscheidet sich der historische Diskurs von einem logischen Diskurs in der Art, wie er die Repräsentation der Vergangenheit als „vertrauenswürdig" inszeniert. Mit Hilfe von Anmerkungen und Zitaten, ständigen Verweisen auf eine „Primärsprache" konstituiert der Diskurs des Historikers ein „Wissen vom Anderen" (SG 123). Die zitierte historische Sprache signalisiert dem Leser, dass es die „Wirklichkeit" ist, die ihm entgegentritt, obwohl die Quellenzitate ja der Selektion des Historikers unterliegen, dessen Subjektivität aber hinter einer textuellen Inszenierung verschwindet. Viertens erfüllt der historische Diskurs die Funktion eines Bestattungsritus. Er bändigt und treibt den Tod aus, indem er ihn in den Diskurs einfügt und räumt den Toten gleichzeitig einen eigenen Platz, eine Art textuelles Grab ein. Das Schreiben hat insofern die performative Funktion, den Lebenden einen Ort zu geben, indem es die Vergangenheit begräbt. Auf diese Weise erhält eine Gesellschaft überhaupt erst eine Gegenwart. Die Geschichtsschreibung wird durch die Ambivalenz geprägt, die „Bedingung eines Tuns und das Leugnen einer Abwesenheit zu sein" (SG 132). Geschichtsschreibung verbindet also soziologische Produktionsmilieus (im Sinne von Feldern), analytische Praktiken im Umgang mit den Zeugnissen der Vergangenheit und die diskursiven Logiken der Verschriftlichung zu einer komplexen „historiographischen Operation". Vor dem Hintergrund des Grundmotivs der Abwesenheit des Anderen kombiniert Certeau ganz unterschiedliche theoretische Zugänge, die weniger in einer übergreifenden Theorie des historischen Schreibens synthetisiert werden, als vielmehr eine Art Baukasten unterschiedlicher Zugänge präsentieren. Ihre ungebrochene Aktualität liegt in der Radikalität, in der die Alterität des Historischen gedacht wird, ohne dabei jeglichen Anspruch auf die Wissenschaftlichkeit historischer Aussagen aufzugeben.

4.2 Freudsche Schriften: Geschichte und Psychoanalyse

Ein zentraler Angelpunkt von Certeaus Werk bleibt die Schnittstelle zwischen Geschichtswissenschaft und Psychoanalyse (Delacroix/Dosse/Garcia 2002; Wegener 2011). Zu Beginn der 1970er Jahre entwickelte sich die Psychoanalyse zu einer Art Modewissenschaft im interdisziplinären Diskurs. Eine Bewegung, die auch vor der Geschichtswissenschaft nicht Halt machte, so dass Certeau bereits 1970 konstatieren muss, dass die „Verwendung psychoanalytischer Konzepte zu einer neuen Rhetorik zu werden" drohe (SG 218; TF 163). Sie verkomme zu einer „Stilfigur", die immer dann Verwendung finde, wenn die Historiker es mit einem von den herkömmlichen Theorien unerklärbaren „Rest" zu tun hätten.

In *Was Freud aus der Geschichte macht*, einem Aufsatz aus den *Annales*, geht er den umgekehrten Weg und fragt nach Freuds spezifischem Umgang mit historisch überlieferten Fällen (SG 217–239). Gegenstand seiner Freudlektüre ist *Eine Teufelsneurose aus dem 17. Jahrhundert* (1923), eine Analyse, die den Fall des in den 1670er Jahren mit dem Teufel paktierenden Malers Christoph Haitzmann (1651/52-1700) behandelt, der infolge seiner Heimsuchungen dem Orden der Barmherzigen Brüder beitritt (Harnischfeger 2003). Freud sieht in den Teufelspakten Substitutionen eines verlorenen Vaters, denn der Maler litt offensichtlich seit dem Tod seines Vaters an Melancholie. Freuds Umgang mit diesem historischen Fall eröffnet für Certeau eine ganze Reihe von Problemen. Zunächst wird Freuds Umgang mit den Quellen problematisiert. Im Gegensatz zum Umgang mit einem lebendigen Patienten nehme er das ihm vorgelegte und aufbereitete Archivmaterial als gegeben an, ohne dessen Struktur und Herkunft zu hinterfragen. Zweitens ergibt sich eine Spannung zwischen dem Akt der Analyse und der Historizität des Falls. Gibt es überzeitliche Konstanten oder wiederholen sich lediglich spezifische Konstellationen? Lassen sich Imaginationen, wie die des Teufels in Termini der Gegenwart übersetzen? Von hier aus eröffnet sich die Doppeldeutigkeit des „Etwas-aus-der-Geschichte-machens". Freud „löst" den Fall durch Einführung seines psychoanalytischen Gesetzes, eröffnet damit aber auch einen spezifischen Umgang mit dem Historischen. Für Certeau ist Haitzmann, der als Ordensbruder immer nur noch vom Teufel sprach, wenn er zu viel Wein getrunken hatte, hingegen weniger der pathologische Fall als vielmehr einer jener listenreichen Zeitgenossen, der sich durch seine „Geschichten" ein wenig Freiheit vor dem Gesetz erschlich.

Psychohistorie

Das Feld der Psychohistorie bezeichnet eine ganze Reihe sehr heterogener Ansätze im interdisziplinären Forschungsfeld zwischen Geschichte, Psychologie und Psychoanalyse, die untereinander zum Teil nur wenige Korrespondenzen aufweisen. Die historische Anwendung psychoanalytischer Begriffe und Fragestellungen geht bis auf Sigmund Freud selbst zurück und war seitdem immer wieder von der Spannung zwischen der Universalisierung und der Historisierung der analytischen Kategorien geprägt. Freuds Arbeiten wie *Totem und Tabu* (1913), verschiedene biographische Skizzen von da Vinci bis Dostojewski und Woodrow Wilson und vor allem *Der Mann Moses und die monotheistische Religion* (1937) können als erste Versuche psychoanalytischer Geschichtsschreibung gelesen werden. Damit sind auch bereits wesentliche Typen der psychohistorischen Analyse benannt: die psychoanalytische Biographie, Phänomene der Massenpsychologie und das Aufschließen historischer Einzelgegenstände mit psychoanalytischer Begrifflichkeit. In den 1930er Jahren folgten dann so unterschiedliche Aneignungen wie die durch die historische Soziologie des Zivilisationsprozesses bei Norbert Elias (1939) oder die Begründer der französischen Schule der *Annales* bei Marc Bloch und Lucien Febvre. Während Elias sich freudscher Strukturmodelle wie dem „psychischen Apparat" zur Analyse der langfristigen Transformation von Fremdzwängen in Selbstzwänge in der europäischen Kulturgeschichte bediente, waren es bei den Historikern der *Annales* interdisziplinäre Austauschprozesse mit der Psychoanalyse, die vor allem neue Themenfelder wie kollektive Ängste, Mythen, Märchen oder Träume erschlossen. In Frankreich wurde die Auseinandersetzung mit der Psychoanalyse durch die Mentalitätsgeschichte beflügelt, die sich für unbewusste Triebkräfte der Geschichte oder die Kollektivpsychologie sozialer Bewegungen interessierten (wichtige Vertreter waren u.a. Georges Devereux, Alain Besançon oder Robert Mandrou). Während Elias lange kaum rezipiert wurde, gewann in der jungen Bundesrepublik in den 1960er und 1970er Jahren die sogenannte Kritische Theorie an Bedeutung, die ebenfalls psychohistorische Ansätze verfolgte wie Wilhelm Reichs *Analyse der Massenpsychologie des Faschismus* (1933) oder Theodor W. Adornos Studien zum autoritären Charakter (1968). In den 1970er und 1980er Jahren wurde das Verhältnis von Psychoanalyse und Geschichtswissenschaft in Deutschland dann unter anderem von einflussreichen, der zweiten Generation der Kritischen Theorie (v.a. Jürgen Habermas) nahestehenden Historikern wie Hans-Ulrich Wehler diskutiert und stellte an US-amerikanischen history-departments sogar zeitweise eine einflussreiche Modeerscheinung dar. Im Gegensatz zur französischen und angloamerikanischen Forschung nahm in der deutschen Geschichtswissenschaft der als „Psychohistorie" bezeichnete Strang jedoch eher eine Außenseiterrolle ein. Nach ihrem goldenen Zeitalter in den 1970ern kann ab den 1990er Jahren das Projekt der Psychohistorie weitgehend als gescheitert gelten und ist seitdem kaum noch in der Lage die Gemüter zu erhitzen. Zu den wesentlichen internationalen Vertretern gehören u.a. Erik H. Erikson, Peter Gay oder Lloyd DeMause. Thematische Anschlüsse an Fragen und Themenfelder, wie sie bereits von der Psychohistorie ausgingen, können gegenwärtig vor allem in der Geschichte der Emotionen und der Geschichte des Subjekts bzw. Prozessen der Subjektivierung gefunden werden.

Weiterführende Literatur: Kleinspehn 1991; DeMause 2000.

Eine weitere intensive Lektüre freudschen Schreibens unternimmt Certeau anhand von *Der Mann Moses und die monotheistische Religion* (1939). Dieser Text Freuds enthält für ihn die Theorie einer „theoretischen Fiktion", er ist eine Mischung aus Geschichtsschreibung und Roman, die auf ein dem historischen Schreiben inhärentes Anderes verweist. Unter „Fiktion" versteht Certeau hier ein „Herstellen", eine Produktion und ein „Fingieren", ein Glauben-machen. Theoretisch sei diese Fiktion insofern, als sie eine Art selbst-analytischer Metauntersuchung von Freuds Verhältnis zum Schreiben beinhalte. Ausgehend von Freuds Text will Certeau einerseits dessen Verhältnis zum Historischen herausarbeiten, andererseits den Einfluss Freuds auf sein eigenes Verständnis von Geschichtsschreibung prüfen.

Das Skandalon von Freuds Schrift liegt in der Formel „Moses, der Ägypter" (vgl. Assmann 1997). Moses der Ur-Vater der jüdischen Religion, selbst kein Jude? Das bedeutet die Spaltung des Subjekts einer aus Abgrenzung („wir sind keine

Ägypter') geborenen Identität. Gerade aufgrund der enormen Tragweite dieser Verschiebung wünscht sich Freud eine historisch möglichst tragfähige Argumentation. Da diese aber letztlich unerreichbar ist, bleibt sein Text notwendig eine Mischung aus Analyse und Roman. Er stellt „seinen Roman an die Stelle der Geschichte, so wie er Moses, den Ägypter, an die Stelle von Moses, dem Juden setzt" (SG 250). Freud bricht mit dem Gesetz der Geschichtsschreibung, eine Gegenwart räumlich von einer Vergangenheit zu trennen, beide existieren gleichzeitig. Es gibt aber keinen Ort, der Freuds Schreiben autorisiert, er schreibt in der „Sprache des Anderen", der Fiktion. Freud fühlt sich in der Sprache des Judentums nicht zu Hause. Ähnlich der jüdischen Identität, die sich aus einem Weggehen speist, ist auch das Schreiben Freuds Bewegung zwischen Abweichung und Bekenntnis der Zugehörigkeit. Wieder ist es also die Figur einer produktiven Abwesenheit, eines Verlustes, der ein Schreiben ermöglicht, ja erfordert: „Man muß körperlich sterben, damit das Schreiben geboren werden kann. Das ist die Moral der Geschichte" (SG 258).

Eine weitere Problematik entfaltet das Verhältnis von Geschichte und Psychoanalyse für Certeau in Hinsicht auf unterschiedliche „Strategien der Zeit", wie er sie in *Die Psychoanalyse und ihre Geschichte* entwickelt (SG 91–112). Zentraler Prozess der Psychoanalyse ist die Wiederkehr des Verdrängten. Das Vergangene, Andere sucht die Gegenwart des Ich beständig heim. Die Geschichtswissenschaft hingegen gründet sich auf einer strikten Grenzziehung zwischen Vergangenem und Gegenwärtigem. Dem gegenwärtigen sozialen Ort der Forschung steht der Ort der Vergangenheit, das Archiv bzw. die daraus zu rekonstruierenden Vergangenheiten, gegenüber. Für die Objektivität der historiographischen Repräsentation ist diese Trennung von Forschungsapparat und Forschungsgegenstand grundlegend. Psychoanalyse und Geschichtsschreibung nehmen so unterschiedliche Aufteilungen im „Raum des Gedächtnisses" vor. Während die Psychoanalyse das „eine *im* anderen" erkennt, stellt die Geschichtsschreibung das „eine *neben* das andere" (TF 62).

Um die möglichen Synergiepotentiale eines Austausches zwischen beiden Disziplinen auszuloten, geht Certeau den Verflechtungen beider Strategien im Werk Sigmund Freuds nach. Freuds Umgang mit der Geschichte ist für Certeau durch vier signifikante Brüche bzw. Operationen gekennzeichnet: Die Überschreitung der Grenze zwischen Individual- und Massenpsychologie, die Dekonstruktion der Unterscheidung vom Normalen und Pathologischen, das Aufzeigen der die Geschichte organisierenden „Krisen" und „Urszenen" und schließlich der Markierung eines eigenen Ortes des Analytikers (im Gegensatz zur subjektlosen Objektivität des Historikers). Während Freud selbst qua Profession für die Geschichtsschreibung eher ein Pionier denn ein erfahrener Praktiker bzw. Empiriker war, habe er gleichwohl der Geschichte eine gewisse „Unheimlichkeit" zurückgegeben. Die Stimmen der Toten artikulieren sich wieder, aber nicht nur, wenn sie von den Historikern gefragt werden bzw. ohne deren Kontrolle. Auch innerhalb der Geschichte der psychoanalytischen Bewegung selbst zeigt sich eine Spannung beider Disziplinen, denn nur, wenn die Psychoanalyse in der Lage ist, ihrer eigenen Geschichtlichkeit, und das heißt immer auch ihren internen Kämpfen, bewusst zu begegnen, kann es ihr gelingen, nicht selbst ideologisch oder doktrinär zu werden. Ein dritter Kreuzungspunkt von Geschichte und Psychoanalyse sind die nationalen Aneignungen der Psychoanalyse, die Certeau am Beispiel der Sowjetunion, der USA sowie Frankreichs beschreibt. Während in der UdSSR eine schrittweise doktrinäre Verdrängung der Psychoanalyse stattfand, erlebte sie in den USA einen Siegeszug, zunächst im Zeichen des Individualismus, später durch die Rezeption von vor den Nazis geflohenen europäischen Intellektuellen. In Frankreich fristete die Psychoanalyse aufgrund nationalistischer Vorbehalte gegenüber angeblich germanozentrischen Ideologien ein Schattendasein bis zu Jacques Lacans Wiederentdeckung Freuds in den 1950er und 1960er Jahren, die 1964 in der Gründung der Pariser *École Freudienne* gipfelte, deren Mitglied auch Certeau wurde und es bis zu deren Auflösung im Jahr 1980 blieb. Anfang der 1970er Jahre beginnt sich das Verhältnis von Geschichte und Psychoanalyse umzukehren, oder besser gesagt symmetrischer zu gestalten. Die Geschichte ist nicht länger ein von der Psychoanalyse zu erobernder Bereich, vielmehr wird die Selbsthistorisierung der Bewegung zu deren festem Bestandteil. Certeau vergleicht ihre Entwicklung mit der der Mystik des 17. Jahrhunderts und ihrer Auflösung in einer religiösen Tradition. Ähnlich gingen auch die Methoden der Psychoanalyse in allgemein historisch-anthropologische Methoden ein: Die klassische Biographie wird selbstkritisch dekonstruiert, das Irrationale, die Triebe, Affekte und das Verlangen werden als subversive Kräfte der Geschichte analysierbar.

Wiederum unter Rekurs auf Freud diskutiert Certeau auch das Spannungsverhältnis von Geschichte und Literatur. Dabei geht es ihm weniger um die Geschichte ihrer disziplinären Entkoppelung und Differenzierung als um die Rolle der Literatur im Theoriediskurs historischer Prozesse. Das Verhältnis von Literatur und Geschichte verhalte sich homolog zum Verhältnis von Mathematik und Naturwissenschaften. Das ist die Bedeutung, die Certeau hier dem Begriff „Fiktion" gibt, eine Art orientierende Möglichkeitsbedingung. Auch der psychoanalytische Diskurs nimmt für ihn – ähnlich der Geschichtswissenschaft – die Form einer „theoretischen Fiktion" ein. Der Stil von Freuds Analysen ähnelt dem von Romanen, er ist in der Lage „Mythen zu bilden" (TF 84). Nach der Identifikation der Symptome folgt die Fallstudie als eine Leidensgeschichte, deren individuelle Signatur die Abweichung von der Struktur ist. Diese Spannung zwischen System der Krankheit

4.2 Freudsche Schriften: Geschichte und Psychoanalyse

und konkretem Leiden, zwischen Struktur und Ereignis, entfaltet eine narrative Dynamik, deren „Roman" sich fortan sowohl aus den Aussagen eines Patienten als auch aus einem literarischen oder psychoanalytischen Werk speisen kann. Im Stile von Hayden Whites *Metahistory* (White 1973) unternimmt Certeau nun eine Analyse der Narrative der Freudschen Schriften, die für ihn den Modellen der Tragödie und der Rhetorik folgen. Nach Form (Roman) und Begriffsapparat (Tragödie, Rhetorik) wendet er sich dem eigentlichen Inhalt in Gestalt der Fallstudie zu. Die anti-individualistische Biographie wird zur Leitgattung der psychoanalytischen „Romane". Wenn Defoes Robinson Crusoe den Idealtyp des bürgerlichen Individualismus darstellt, so bilden Freuds Analysen eine Art „Anti-Robinson-Crusoe". In ihrer Maskerade und Alterität scheinen seine Akteure eher einem Don Quijote zu gleichen. Auch wenn seine Studien in manchen Befunden empirisch widerlegt würden, bliebe ihnen – ob das Freud selbst nun lieb gewesen wäre oder nicht – eine literarische Logik erhalten, die sie zu einem wichtigen theoretischen Instrument mache.

Wie bereits im *Schreiben der Geschichte* (SG 261) ist es das Schillerzitat „Was unsterblich im Gesang soll leben, Muß im Leben untergehen", das Certeau dazu benutzt, seine eigene theologische Lesart Freuds zu entfalten. Der Tod wird zur Bedingung einer Auferstehung im Text, zum Ausgangspunkt einer Theorie des Schreibens. Was Certeau an dieser Stelle jedoch vornehmlich interessiert, sind die Autoritätseffekte, die von der Verwendung des Schiller-Zitats für Freuds Argumentation ausgehen. Die Autorisierung der Schrift qua Referenz auf einen Zeugen (Schiller) oder eine vergangene Realität, wie in der Geschichtswissenschaft, beide wiederum abgesichert durch eine Institution, gegenüber einer nicht autorisierten Relation zum Anderen, bildet damit die entscheidende Grenzlinie, nicht die Unterscheidung von Literatur und Geschichte. Literatur, Historiographie und Psychoanalyse teilen ähnliche Bezüge zum Schreiben im Modus der theoretischen Fiktion. Das Oszillieren zwischen dem unsicheren, „unseriösen" Gefilde der Fiktion und einer institutionell gesicherten Referenzialität zum Realen ist jedoch keine Gefährdung oder Kontamination der jeweiligen Wissenschaftlichkeit, sondern unausweichliche Konsequenz heterologischer Disziplinen und ihrer fragilen Relation zum Anderen.

Ausgehend von den *Denkwürdigkeiten* des „Nervenkranken" Daniel Paul Schreber (1842-1911) diskutiert Certeau Homologien zwischen Psychoanalyse und Mystik (TF 179–196), die zu einer ungewöhnlichen Artikulation von Widerständigkeit im Angesicht der Folter führen. Mystik wie Psychoanalyse unterhalten ein besonderes Verhältnis zum Körper, zur Sprache und ihrer jeweiligen gesellschaftlichen Umwelt, zu der sie sich in Distanz begeben, sei es durch ein *Unbehagen in der Kultur* (Freud) oder den Selbstauflösungstrieb der Mystiker. Certeaus Reflexionen kreisen um das von Schreber gehörte, angeblich von einer Gottheit gesprochene Wort „Luder". In einer strukturalistischen Perspektive unterscheidet Certeau die Gegensatzpaare faul/rein und hören/sehen. Schreber wird als das maximale Gegenstück zur Gottheit angesprochen, er hört eine Wahrheit, die sich erst zeigen muss. Diese Appellation kann als negatives Pendant zur vorangegangenen Ernennung Schrebers zum Dresdner Gerichtspräsidenten gelesen werden, aber auch als Parallele zum Namenswechsel zahlreicher Mystiker. Schreber wird gleichsam von der Gottheit adoptiert: „Der Eigenname erlegt dem Subjekt das Sein-Müssen des Nicht-Gewußten auf, welches das Wollen des Anderen ist." (TF 183). Die Appellation als Luder hat performativen Charakter, Schreber wird zur „Dirne". Ähnlich den Besessenen von Loudun geht es auch für Schreber darum, einen Platz in der sozio-religiösen Ordnung zu finden. Der ganze Vorgang ist somit keine Eigenart eines Wahnsinnigen, sondern verweist für Certeau auf allgemeine Strukturen institutioneller Anrufungen. Dies führt zu einer Analogie zwischen Mystik und Folter. Die Institution übermächtigt das Subjekt, zwingt es, sich selbst zu einem ‚Nichts', einem Stück Dreck zu machen. Die „Offenbarung seiner eigenen Verkommenheit" durch die Erniedrigung der Folter entzieht dem Opfer jedes „Recht auf Widerstand" (TF 187–188). Es soll seinen ihm gegebenen Namen anerkennen: „Luder". Doch das Subjekt ist der Macht der Folter nicht vollständig ausgeliefert. Im Gebet und im Glauben eröffnet sich die Möglichkeit eines Widerstandes, dem kein Eigentum zu Grunde liegt, ein *Nein*, das der Gefolterte „dank dessen bewahren kann, was er nicht besitzt" (TF 189). Auch hier ergibt sich eine Parallele zur Mystik. Aus der Zerstörung ihrer Körper schöpfen die Mystiker eine absolute „Gelassenheit" (Meister Eckhart), die Eröffnung eines „Draußen" als Ziel der mystischen Reise. Eine Reise, die auf die „Wahrscheinlichkeit des Anderen" baut (TF 191). Psychoanalyse (Schreber), Religion (Mystik) und Politik (Folter) stellen daher dieselbe Frage nach dem Zusammenhang des Subjekts mit einer Institution.

4.3 Theoretische Fiktionen

Unter dem Titel *Histoire et psychanalyse entre science et fiction* gab Luce Giard 1987 einige Aufsätze Certeaus heraus, die sich vor allem mit den Arbeiten Michel Foucaults, Sigmund Freuds und Jacques Lacans auseinandersetzen, aber auch einige wichtige Weiterführungen seiner geschichtstheoretischen Überlegungen enthalten. Gerade angesichts einer in den vergangenen zwei Jahrzehnten vielbeschworenen epistemologischen Krise der Geschichtswissenschaft sind seine Überlegungen zum Spannungsverhältnis von Wissenschaft und Fiktion von ungebrochener Aktualität (vgl. Füssel 2004b). Certeau schildert das Verhältnis der Geschichtsschrei-

4.3 Theoretische Fiktionen

bung zur Fiktion als das eines fortwährenden Kampfes. Die Distanzierung von der Fiktion wird für die Geschichte als Wissenschaft zur Grundlage ihrer epistemologischen Identität. Historische Wahrheit wird durch „Falsifikationsarbeit" produziert, durch die latent normative Abgrenzung des Realen (Wahren) vom Fiktionalen (Falschen).[82]

Die Fiktion wird auf dreifache Weise zum Anderen der Geschichte, als Gegenstück der Realität, als Gegenstück der Wissenschaft und als Gegenstück der Eindeutigkeit. Geschichtsschreibung im Sinne historischer Repräsentation ist von einer doppelten Bewegung des Entbergens und Verbergens geprägt. Ihr Diskurs autorisiert sich durch die Referenz auf eine vergangene Realität im gleichen Moment, in dem der historische Diskurs die Bedingungen seiner eigenen Produktion verschleiert: „Die Repräsentation maskiert so die Praxis, von der sie organisiert wird" (SG 64). In der Praxis des Historikers heißt das konkret, dass an dem Endprodukt, dem Text, kaum noch erkennbar ist, aus welchen Produktionsbedingungen wie etwa Doktorvater bzw. -mutter, Drittmittelförderung, technische Hilfsmittel etc. er hervorgegangen ist. Damit nähert sich die professionelle Geschichtswissenschaft den populären ‚Historiographien' der Medien an, welche den Ereignissen des Alltags eine Sinnstruktur verleihen. Ob es sich um eine Fernsehreportage oder eine historische Dissertation handelt, beide sind das Resultat einer komplexen Konstruktionsarbeit, sprechen im Namen des Realen und wirken performativ, indem sie die Realität schaffen, von der sie erzählen (TF 41).

Besonders plastisch skizziert Certeau diese ambivalente Praxis des Historikers anhand des „Rausches" der Statistik. 1977 bis 1983, dem Zeitraum der Erstveröffentlichung des aus verschiedenen Teilen entstandenen Textes über *Die Geschichte: Wissenschaft und Fiktion*, waren quantifizierende Methoden in der französischen Geschichtswissenschaft noch sehr präsent.[83] Was heute weitgehend ein Residuum der Sozial- und Wirtschaftsgeschichte bildet, war damals noch eine das gesamte Fach prägende Bewegung, gegenwärtig vielleicht vergleichbar mit Digitalisierung und E-Research im Zeichen der Digital Humanities. Als „Garanten der Objektivität" schienen die Zahlen es dem Historiker zu ermöglichen, sich vom seine Wissenschaftlichkeit kompromittierenden Ballast der Rhetorik zu emanzipieren. Diese Hoffnung zerstörte Certeau rasch, indem er eine „Wiederkehr" der Fiktionen auch im Bereich der Mathematisierung beschrieb. Er verwies auf die historische Gemachtheit des scheinbar überhistorischen statistischen Denkens

---

82 In Fragen der historischen „Falsifizierbarkeit" ist Certeau deutlich von Karl Popper (1902-1994) beeinflusst vgl. Giard 1994b: III.

83 Vgl. zur Genese des Aufsatzes Giard 2007b:45-46 (frz. Version, die editorischen Hinweise fehlen in der deutschen Übersetzung).

seit dem 18. Jahrhundert, seine methodische Begrenztheit im Umgang *mit* und der Erhebung *von* Daten sowie deren Interpretation und die verschiedenen Funktionsweisen der Informatiknutzung innerhalb des historiographischen Feldes. Zum einen habe sich eine Art „epistemologische Zweisprachigkeit" der Historiker entwickelt, die dem Datensammeln eine reine Hilfsfunktion zuschreibe, zum anderen sei der Computer Ausdruck der spezifischen Autoritätsstrukturen technokratischer Macht. Der gegenwärtige Historiker befinde sich „im Gefolge" des Computers wie einst im 17. Jahrhundert „im Gefolge" des Königs (SG 76). Die Technologie wird zum „Garanten des Realen" und verleiht dem historiographischen Diskurs neue Glaubwürdigkeit. Doch der Preis dieser technisch zertifizierten Glaubwürdigkeit ist eine Art interdisziplinärer „Aberglauben", der dem jeweils anderen zuspricht, was einem selbst fehlt. Der Informatiker verleiht dem Historiker „Seriosität" und der Historiker stattet den Informatiker mit dem „Konkreten" aus (SG 77).

Als „Science-Fiction" macht Certeau jenen „Zwischenraum" aus, in dem die Historiographie als Heterologie ihren Ort zwischen Wissenschaft und Fiktion findet. Dies anzuerkennen bliebe die Aufgabe einer „Repolitisierung" der Geschichtsschreibung, dergestalt, dass die Historiker den Umgang mit ihrem Material auch auf ihre eigene wissenschaftliche Praxis anwenden, d. h. „jeden Diskurs auf seine sozio-ökonomischen oder geistigen Produktionsbedingungen" hin befragen. Das Ergebnis wäre eine Selbst-Historisierung der Geschichtswissenschaft, die nicht in historistischem Relativismus mündet, sondern sich von den Imperativen politischer Macht selbstbewusster zu emanzipieren wüßte.

Gefordert wird eine Infragestellung der angenommenen Identität von Zeit, Ort, Subjekt und Objekt. Die Zeit sollte nicht länger als reine Taxonomie vergangener Dinge aufgefasst werden und auch nicht als das überwundene Andere, das als „Produktionsmaschinerie" der Gegenwart ihre Identität gibt (im Sinne von ‚Das sind wir nicht mehr'). Die Zeit sollte vielmehr in ihrer Ambivalenz als unmöglich zu erreichender Ort und gleichzeitig weiterwirkende Kraft gedacht werden. Auch sollten die Subjekte historischer Erkenntnis sich selbst im Erkenntnisprozess wieder deutlicher sichtbar machen, und nicht länger die Autoritätseffekte des subjektlosen Sprechens als Objektivität missverstehen. Konkret heißt dies, die im Verwissenschaftlichungsprozess der Geschichtsschreibung, der immer auch ein Messen am Wissenschaftsideal der Naturwissenschaften beinhaltete, verdrängten Elemente der Fiktionalität wieder anzuerkennen. Als „Disziplin" verfüge nämlich gerade die Geschichtswissenschaft am wenigsten über die Mittel, eine solche zu sein, denn sie beschäftigte sich mit dem, was der Wissenschaftlichkeit am meisten widerstrebe: „der sozialen Relation zum Ereignis, zur Gewalt, zum Vergangenen, zum Tod" (TF 56). Dieser Hiatus macht die Geschichtsschreibung zu einer „Fiktion der Wissenschaft".

4.3 Theoretische Fiktionen

Certeau hat von früh an die Schriften Foucaults verfolgt und mit verschiedenen Essays kritisch gewürdigt. Bereits 1967 erscheint eine längere Auseinandersetzung mit der *Ordnung der Dinge* in den *Études* (TF 121–139). Seine Ausführungen sind Ausdruck einer Mischung aus Faszination und Distanzierung. Die Gelehrsamkeit und stilistische Eleganz faszinieren ihn, doch bleiben sie ihm zugleich auch unheimlich. „Ein wenig zu brillant" (TF 121), „manchmal etwas zu rasch" (TF 122), ziehe Foucault wie ein Zauberer die Leser in seinen Bann. Wofür sich Certeau interessiert, ist der von Foucault ausgemachte, verborgene „Untergrund" der Sprache: „Was einem jeden das Vermögen zu sprechen gibt, niemand kann es aussprechen […]. Das Selbe (die Homogenität der Ordnung) hat die Figur des Anderen (die Heterogenität des Unbewussten oder eher des Impliziten)." (TF 122). Auch hier zeigt sich wieder das charakteristische Sich-Einnisten Certeaus in die Theoriegebäude anderer. Das Andere der Vernunft, das Vernunftwidrige, bezeichnet Certeau in Anlehnung an Gérard de Nervals Gedicht „El Desclichado" (1854) als die „schwarze Sonne" der Sprache. Die Abwesenheit, der Tod, ist in der Sprache der Vernunft stets miteingeschlossen.

Vor diesem Hintergrund stellt Certeau nun einige methodische Fragen an Foucault. Aus einem Unbehagen an der die Ideengeschichte bis dato prägenden Praxis des Kommentars entwickelt Foucault seine „strukturale Analyse", die das exegetische Versteckspiel, das nach verborgenen Einflüssen und Vorläufern sucht, zugunsten einer Beziehungsanalyse von Aussagen überwindet. Konsequent verweigert sich Foucault allen Fortschrittsnarrativen und betont die Diskontinuitäten, die „Abgründe der Differenz". Stimuliert durch die Alterität undenkbarer Ordnungen, wie sie die berühmte Referenz auf Borges „chinesische Enzyklopädie" symbolisiert, macht sich Foucault auf die Suche nach anderen „Seinsweisen der Ordnung". Deren „Entdeckung" verändert nicht nur unser Verhältnis zum Anderen, sondern auch zu uns selbst. Überkommene Sicherheiten geraten ins Wanken, der eigene geistige Boden erhält Risse und Brüche. Was Certeau an diesem Projekt irritiert, sind nicht die radikalen epistemologischen Konsequenzen, sondern die Unsichtbarkeit von Foucault als Forscher mit eigener Werkstatt, eigenen Erkenntnisinteressen etc. Die Rede vom „Bericht" (récit) scheint zu verschleiern, dass Foucaults Forschungen selbst einem Plan folgten und nicht allein auf Zufällen beruhten, eine Problematik, die auch in der Ethnographie beschrieben wurde. Der scheinbar objektive Bericht über die ,vorgefundene' fremde Kultur ist das Ergebnis einer Suche, eines Schreibprozesses („writing culture"), eines bestimmten interpretativen Horizonts. Wer spricht und von wo? fragt sich Certeau hier bereits im Sinne seiner späteren wissenssoziologischen Überlegungen in *Schreiben der Geschichte*.

Nach Foucaults Tod 1984 verfasste Certeau eine kurze Würdigung unter dem Titel *Foucaults Lachen*. Ausgangspunkt ist auch hier die Frage nach Foucaults eigenem Ort, auf die dieser ebenso verstört wie wütend reagierte: „Nein, nein, ich bin nicht da, wo sie mich vermuten, sondern ich stehe hier; von wo aus ich sie lachend ansehe." (TF 107). Foucault wollte nicht zum „Gefangenen einer Klassifikation, eines Ortes oder einer Kompetenz werden", er wollte sich einem identifizierenden Denken stets entziehen. Denken, darin sind sich beide einig, heißt „weitergehen". In Certeaus Nachruf erklingt auch sein eigenes intellektuelles Selbstverständnis. Foucaults Lebensweg habe alle „Wissensbereiche und Landstriche durchquert", seine Bücher habe er so besucht „wie er auf dem Fahrrad durch Paris fuhr oder durch San Francisco und Tokyo streifte, stets mit einer äußersten Wachsamkeit für die unbemerkten, versteckten Seltsamkeiten, die einem beim Umblättern einer Seite oder beim Einbiegen in eine Straße entgegenspringen" (TF 108). Für die Fähigkeit, sich vom Unerwarteten in Staunen versetzen zu lassen und anders zu denken, kommt dem Lachen entscheidende Bedeutung zu. Geschüttelt vom Lachen bezeugt der Philosoph die „Ironie der Geschichte". Ohne besserwisserischen Gestus habe Foucault von Buch zu Buch Umkehrungen klassischer Narrative und Erschütterungen anerkannter Autoritäten vorgenommen. Ein Gestus, der getragen war von der Fähigkeit, sich von Neuem überraschen zu lassen. Doch Foucault war nicht nur registrierender Beobachter der Ereignisse, er verstand es auch, auf brillante Art seine Erzählungen zu inszenieren und zu visualisieren. Auch hierin zeigt sich eine Parallele zwischen Foucault und Certeau. Nicht nur Bilder in Gestalt von Stichen und Gemälden, sondern auch von Zitaten und bestimmten Szenerien bevölkern die Bücher Foucaults und dienen als Einstiegspunkte eines überraschenden Perspektivwechsels. Seine „Überraschungs-Bilder" haben sowohl heuristische wie synthetisierende Funktionen, sie eröffnen neue Blicke und ordnen gleichzeitig die analysierten Phänomene. Gleichwohl folgen sie nicht der Logik des Panoptismus, sondern eher der eines Kartografen der Möglichkeiten, „anders zu denken", so jedenfalls hat ihn Gilles Deleuze beschrieben (TF 111).

Michel Foucault markiert für Certeau auch einen Neubeginn in der Geschichte des Intellektuellen. Nicht mehr der einzelne Held im Kampf mit der Macht steht nun im Mittelpunkt, sondern „intellektuelle Praktiken", nicht mehr Handlungsträger, sondern Handlungen, nicht mehr Figuren, sondern „Operationen" (TF 114). Diese Handlungs- und Gebrauchsweisen eines intellektuellen „Stils" bilden kollektive Repertoires, denen eine gewisse kulturelle Stabilität zu eigen ist und die dennoch in sich keine kohärente Einheit bilden (TF 117). Damit ist ein entscheidender Perspektivwechsel verbunden, den Certeau selbst wenige Jahre zuvor mit der *Kunst des Handelns* eingeleitet hatte.

Von der Analytik der Gegenwart zur politischen Anthropologie des Alltags 5

5.1 Kultur im Plural

In *La Culture au Pluriel* (CP) bündelt Certeau 1974 Aufsätze aus den Jahren 1968 bis 1973, die entstanden waren, nachdem er mit *La Prise de Parole* (PP) zu einem gefragten Berater und Gesprächspartner in Fragen der Kulturpolitik geworden war. Es geht um eine Wiederaneignung von Kultur und semiotische Praktiken der Bezeichnung, aber auch um eine Auslöschung des Eigentums und des Eigennamens, ein Pfad, der auf „die anonyme See" führe, auf der die „Kreativität ein Lied der Gewalt murmele" (CP 11). *La Culture au Pluriel* ist ohne Zweifel ein sehr politisches Buch, das viel dem Kontext der Nach68er-Zeit verdankt, wie sich etwa an damals gängigen Begriffen wie „Repression" zeigt (Giard 1993: V). Es drückt aber auch die Hoffnung aus, „neue Möglichkeiten zu eröffnen".

Luce Giard hat im Vorwort zur dritten Auflage von 1993 Aktualität und Historizität des Textes gegeneinander abgewogen (Giard 1993). Als drei historische Kontexte, die sich seit den 1970er Jahren stark gewandelt haben, nennt sie die Vollbeschäftigung, die Rolle der Gewerkschaften und die Gewalt in der sogenannten „Dritten Welt". Die Rede über die Entfremdung in der Arbeitswelt hatte bei voller Beschäftigung einen anderen Klang, ebenso wie die Hoffnung in das Engagement der Gewerkschaften für die Rechte von Minderheiten und lokalen Gruppen, die sich nach einem deutlichen Macht- und Glaubwürdigkeitsverlust der Gewerkschaften vor 20 Jahren heute anders gestaltet. Die Hoffnung in die emanzipatorische Gewalt in Vietnam oder Chile ist schließlich anderen Szenarien von Bürgerkriegen und ethnischen Genoziden gewichen (Giard 1993: VI). Jenseits dieser Zeitkerne besitzt die Aufsatzsammlung jedoch eine erstaunliche Aktualität, die von Reformen im Bildungswesen bis zu Fragen der Migration reicht.

Der hier zu Grunde gelegte Begriff von Kultur klingt vor dem Hintergrund einer seit den späten 1980er Jahren eingeleiteten kulturwissenschaftlichen Wende zunächst etwas sperrig. Jede Form der gesellschaftlichen Differenzierung verweise einen Ort auf die „Arbeit an seinem Anderen". Diese Arbeit bezeichnet Certeau als „Kultur" (CP 11). Kultur ist damit mehr als Repräsentation oder Träger von Bedeutung. Mit dem mehrfach verwendeten Konzept der Kultur als Arbeit wird ein Verständnis von *Kultur als Praxis* sichtbar, das auch bei den gegenwärtigen Kulturbegriffen diskutiert wird (Hörning/Reuter 2004). Dass Certeau jedoch bereits lange vor dem *cultural turn* über ein breites Repertoire an Kulturbegriffen verfügt, macht ein Papier von 1972 deutlich, in welchem er die Inflation der Kulturbegriffe und Bindestrich-Kulturen diskutiert (CP 167–170). 1980 hat Certeau die zweite Auflage mit einem weiteren Vorwort versehen, das nun vor dem Hintergrund der *Kunst des Handelns* das Werk neu einordnet. Vom „Plural" sei er damit zum „Multiplen" weitergegangen. In *La Culture au pluriel* erfolge der Zugang noch stark über Institutionen, weniger über die Logik einzelner Praktiken. Übergreifender Fragehorizont sei nun das Projekt einer „Anthropologie der Glaubwürdigkeit" (CP 12).

In einem Artikel über die „Revolution" des „Glaubbaren" (croyable) diskutiert Certeau 1969 den Verlust der Glaubwürdigkeit *von* und des Vertrauens *in* traditionelle religiöse, politische oder ökonomische Institutionen (vgl. Orylski 2008). Im Anschluss an einen Begriff Husserls wird der Kampf für eine gerechtere Gesellschaft zu einer „unendlichen Aufgabe", die fortan aber nicht von den Institutionen, sondern nur von einzelnen Individuen im Alltag vorangetrieben werden kann. Auch ein Jahr später, in einem Artikel über das *Imaginäre der Stadt*, kommentiert Certeau die aktuelle Kultur. Seine Ausführungen über das Glücksversprechen der Bilder in der Werbung, Erotikmagazinen, dem Fernsehen, auf Plakaten etc. stehen noch im Horizont der Kulturkritik, wie sie ähnlich Vertreter der Frankfurter Schule artikulieren. Manches über Trieb und Sublimierung erinnert wohl nicht zufällig an Herbert Marcuse. Certeau kennzeichnet sich und seine Zeitgenossen als „Beobachter" und nicht als „Handelnde" (CP 18). Angesichts einer Omnipräsenz von Fiktion wird die städtische Lebenswelt zu einem „imaginären Museum" (CP 20) uneingelöster Versprechen. Certeau sieht dies nicht als Effekt von Ideologie oder einer bewussten Verblendungsstrategie, aber dennoch sind dies Folgen einer Entfremdung und eines Verlustes. Wie dem kreativ begegnet werden kann, zeichnet sich noch nicht ab. Im Januar 1973 erschien in *Le Monde diplomatique* ein Artikel Certeaus über die *Sprache der Gewalt*, welche eine mögliche Folge des Verlustes an sprachlichen Artikulationsmöglichkeiten und des Auseinandertretens von öffentlichem Diskurs und sozialer Praxis aufzeigt. Die Gewalt von Demonstranten gegen Computerbildschirme und Autoscheiben ähnelt für Certeau dem, was ein

5.1 Kultur im Plural

Schriftsteller tut, wenn er die Sprache dekonstruiert (CP 80), mit dem Unterschied, dass die Gewaltakteure keinen Text haben, mit dem sie arbeiten können. Obwohl er in der Gewalt eine schöpferische Kraft sieht – „der Neubeginn ist unabtrennbar von einem Gewaltakt" (CP 80)[84] – ist der Text weder ein Aufruf zur Gewalt noch deren Rechtfertigung. Wenn die Worte fehlen, wird allein die Gewalt zum Zeichen eines notwendigen Wandels.

Unter der Überschrift *Nouveaux marginalismes* behandelt Certeau Reformprobleme an Universitäten und Schulen sowie den aktuellen Umgang mit Minderheiten.[85] Die klassische Universität sieht er vor der Herausforderung eines modernen Massenbetriebes, auf den man einerseits mit der Verschärfung des Prüfungswesens reagiere, um ‚auszusieben', andererseits mit einer dialogischen Laissez-faire Politik. Angesichts eines unabwendbaren Konfliktes zwischen der älteren elitärexklusiven Universitätskultur und den neuen gesellschaftlichen Anforderungen an das Bildungssystem spricht er von der gleichzeitigen „Abwesenheit und Notwendigkeit" von Massenkultur an der Universität (CP 86). Mit dem Begriff „culture de masse" spielt Certeau zwischen zwei Registern: der neuen Quantität der Masse der Studierenden und der Qualität von Massenkultur. Die Notwendigkeit einer quantitativen Öffnung, von Inklusion statt Exklusion, wird konfrontiert mit der Herausforderung an eine neue Art der Kommunikation und der Lehre. Wie diese Öffnung konkret aussehen soll, macht Certeau an zwei Bereichen deutlich. Zum einen fordert er einen stärkeren Praxisbezug der Ausbildung, und dies durchaus bereits mit Fokus auf konkrete Praktiken „kultureller Produktion", nicht auf eine Nähe zu zukünftigen Berufsfeldern (CP 97–100), zum anderen warnt er die Universitäten, sich in ihrem Beharren auf Autonomie nicht an den Rand ökonomischer, politischer und sozialer Entwicklungen drängen zu lassen und sich diesen damit passiv auszuliefern (CP 101). Der Text trägt wie viele der Aufsätze in *La Culture au pluriel* eine deutliche Zeitsignatur und ist stark von den Pariser Verhältnissen vor Ort geprägt. Angesichts nicht endender Hochschulreformdiskurse besitzt er aber nach wie vor analytisches Potential.

In einem Aufsatz über Kultur und Schulausbildung von 1972 wird die Problematik auch am Beispiel der Schulbildung diskutiert. Auch hier zeigt sich die Konfrontation der Institutionen und Praktiken der Bildung mit ökonomischen und politischen Imperativen. Am Beispiel der Versuche, die Reinheit der französischen Sprache zu garantieren, kritisiert Certeau den Chauvinismus einer Sprachpolitik, dem er wenig später auch in historischen Studien nachgehen wird (vgl. Certeau/Julia/Revel 1975). Demgegenüber plädiert Certeau für ein Französisch im Plural

---

84 „La naissance est indissociable d'une violence".
85 Vgl. zum Folgenden auch Rigby 1991.

(CP 106) und eine Aufwertung der gesprochenen Sprache gegenüber der Schriftsprache. Im Rahmen dieser sehr konkreten Auseinandersetzung mit der französischen Bildungspolitik werden so Interpretationsmuster sichtbar, die seine Arbeit auch in ganz anderen Feldern prägen. So steht das Verhältnis von Mündlichkeit und Schriftlichkeit im Zentrum seiner Erforschung von Reiseberichten und der Genealogie der heterologischen Wissenschaften Anthropologie oder Ethnologie. Und auch wenn er die pädagogische Beziehung zwischen Lehrer und Schüler als kommunikativem Prozess der Erkenntnisproduktion privilegiert gegenüber einem Insistieren auf Form und Inhalt, zeigen sich Analogien zur Kulturtheorie und der Einsicht der Sprechakttheorie in die Produktivität von Sprachpraxis. Ferner sind raumtheoretische Anknüpfungspunkte gegeben, wenn Certeau von der „multilocation de la culture" (CP 121) spricht. Die Schulen sind längst nicht mehr die einzigen Orte der Wissensvermittlung und kulturellen Bildung. Von Fachzeitschriften, privaten und gewerkschaftlichen Bildungsinitiativen bis hin zum Fernsehen gelte es anzuerkennen, das Jugendliche heute nicht mehr allein in Schule und Familie sozialisiert werden. Dies ist zunächst einmal eine gesellschaftliche Tatsache, die aber in ihrer Konsequenz für die Schulbildung ernst genommen werden sollte.

Das Problem der mangelnden Autonomie ethnischer „Minderheiten", der dritten der neuen Marginalismen, beginnt mit ihrer negativen Identitätsstiftung. Der Bretone betont kein Franzose zu sein, der Katalane kein Spanier, der Indio kein Chilene oder Argentinier (CP 125). Aus dieser Position heraus ist es schwer, politische Macht zu mobilisieren und nicht zu einer bloß symbolischen Figur im „Theater" kultureller und sozialer Diversität zu werden. Stattdessen gilt es für alle Minderheiten zu erkennen, dass es sich nicht um ihr partikulares Problem handelt – ‚das geht nur Bretonen an', – sondern um ein globales, nämlich die „Unmöglichkeit in einer Gesellschaft zu leben, die eine Pluralität von Gruppen zulässt" (CP 128). Damit schließt sich der Kreis der von der Zentralisierung beförderten neuen Marginalisierungen. Der Verlust an Autonomie betrifft ebenso die Universitäten und die Gewerkschaften und weist damit auch über Frankreich oder Spanien hinaus. Die Kritik der Zentralisierung ist zweifellos eine genuin französische Problematik, kann aber generell für translokale Imperative aus Staat oder Wirtschaft gelten. In den Begriffen von Jürgen Habermas könnte man vielleicht von einem Gegensatz von „System" und „Lebenswelt" sprechen (Habermas 1981). Auch hier scheint deutlich der Zeitkern der Stellungnahme auf, die bezeichnenderweise zuerst 1972 in der Zeitschrift *Sav Breizh. Cahiers du combat breton* erschien. Certeau geht es trotz eines Dialogs mit der bretonischen Autonomieagenda nicht um eine generelle Unterstützung sogenannter „ethnischer" Minderheiten, der Begriff wird hier selbst problematisiert (CP 133), sondern um die Hoffnung, hier politische Bewegungen von unten in einem größeren Rahmen vereint zu sehen. Eine Bewegung die gerade

5.1 Kultur im Plural

nicht den Rückzug ins Partikulare anstrebt, sondern sich mit anderen Gruppen solidarisch zeigt. So kann auch der Kampf um die jeweilige Landessprache nicht das „strategische" Ziel sein, sondern nur ein „taktisches" Mittel (CP 137), ein Vorgriff auf die zentralen Kategorien in der *Kunst des Handelns*: „Die wahre Sprache der Autonomie ist politisch" (CP 138).

Die Ereignisse von 1968 stellten für Certeau nicht nur eine Erschütterung der traditionellen Strukturen der Gesellschaft dar, sondern auch der des Wissens. So war es der gelehrten Welt nur möglich, die Ereignisse als Folge der Führung durch eine kleine links-intellektuelle Elite zu begreifen und damit lediglich ihre eigenen Wahrnehmungsmuster von sozialem Wandel zu reproduzieren. Um das Problem genauer in den Blick zu bekommen, bezieht sich Certeau auf die freudo-marxistische Soziologie Herbert Marcuses (CP 152–159). Der Gesamtentwurf Marcuses überzeugt Certeau nicht. Seine Suche nach der Überwindung des „eindimensionalen Menschen" führe zu keinen brauchbaren Resultaten, da weder Marx noch Freud angemessen historisiert und mit den aktuellen Verhältnissen verknüpft würden. Die eigentliche Anregung besteht vielmehr in der Überwindung disziplinärer Grenzen, die einen neuen Denkrahmen eröffnen kann, der in der Lage ist, die aktuelle Situation angemessen zu deuten. So ist für Certeau klar: „Es gibt keine strukturelle Erneuerung außer in der Interdisziplinarität, dort, wo Beziehungen greif- und diskutierbar werden, wo Grenzen und signifikante Unterscheidungen eines Systems herausgefordert werden können" (CP 162).[86]

Im April 1972 fand in Arc-et-Senans ein europäisches Kolloquium zum Thema „Prospective du développement culturel" statt, bei dem Certeau als Hauptmoderator und Key-Note-Speaker firmierte. Der Text *La culture dans la sociéte* diente als vorbereitender Report und ein weiterer Text *Le lieu d'où l'on traite de la culture* als Keynote. Nach einem Durchgang durch unterschiedliche Begriffe und Konzepte von Kultur entwirft Certeau ein Tableau unter drei Gesichtspunkten: dem der sozialen Funktion, dem Feld der strategischen Möglichkeiten und einer politischen Analyse (CP 166–167).

Zu den zu behandelnden Problemen und Entwicklungen zählt er u.a. die Genese der Wissensgesellschaft, das sich wandelnde Verhältnis von Arbeit und Privatleben, die Transformation von ‚Volk' zu ‚Öffentlichkeit' in einer Gesellschaft des Spektakels (Debord 1967), die Entfremdung der Bevölkerung von der Arbeit ebenso wie von der Politik, vielfältige Formen der Ökonomisierung, Fragen der Urbanisierung und der sozialen Logik urbaner Räume. In der Konsequenz führen diese

---

86 „Il n'y a de révision structurelle que dans l'interdisciplinaire, là où le rapport peut être saisi et discuté, là où des frontières et des répartitions significatrices d'un système peuvent être contestées."

Entwicklungen zu einer Passivität von Konsumenten, die nicht mehr in der Lage sind, ihre eigene Kultur aktiv zu gestalten. „Kulturpolitik" sei nur ein Tarnbegriff, der verschleiere, was eine depolitisierte Kultur mit einer entkulturalisierten Politik verbinde. Während die populäre Massenkultur zum reinen Konsum depolitisiert wird, bleibt die Politik gleichzeitig inhaltsleer, gerinnt zur bloßen Steuerung vor dem Hintergrund leerer Signifikanten wie Gemeinwohl, Wohlstand etc. Die Schlussfolgerung kann daher nur eine Re-politisierung der Kultur sein, d.h. die Menschen müssen sich ihrer Position innerhalb der Machtverhältnisse klarwerden und diese bewusst artikulieren, um ihre Stimme zurück zu gewinnen (CP 191). In der Keynote über den „Ort, von dem aus man über Kultur spricht", nimmt Certeau eine sehr selbstreflexive Position ein.[87] Er fragt nach seinem persönlichen Ort und seiner Qualifikation, so allgemein über Probleme der Gegenwart zu sprechen, er fragt danach, an wen sich die Konferenz überhaupt adressiert, an die Öffentlichkeit, die Kultusminister oder an die scientific community? Er fragt danach, wie sich über die Zukunft sprechen lässt, wenn einem nur die überkommenen historischen Kategorien des Eigenen zur Verfügung stehen. Und wie kann anders als über eine Kultur im Singular gesprochen werden, da doch evident ist, dass die Kultur der Professoren auf einer solchen Tagung wenig mit der einer Supermarktverkäuferin gemein hat. Schließlich bezieht er Position gegen eine eurozentrische „Schließung" und plädiert für eine globale Perspektivenweitung, ohne die kaum zu konkretisieren sei, was überhaupt eine europäische Kultur sein soll, solange ihren Beobachtern jeder Vergleichsmaßstab fehle (vgl. auch TF 164–166).

La Culture au pluriel steht aus heutiger Perspektive am Beginn einer zweifachen Weitung des Verständnisses von Kultur. Kultur existiert hier als Gegenstandsbereich (Musik, Literatur etc.) ebenso wie als analytisches Instrument (Cultural Studies, Neue Kulturgeschichte etc.); Kultur bezeichnet institutionelle Orte (Museum, Theater, Universität) und eine soziale Praxis (etwa die einer „Gegenkultur"). Certeau steht nun inmitten dieser doppelten Erweiterung. Seine Auftraggeber hatten ihn als Experten für Kultur zu Fragen von Reformen der Kulturpolitik im Sinne des Managements kultureller ‚Gegenstände' und Praktiken eingeladen. Die methodische Art und Weise, wie er diese Herausforderung annimmt, ist jedoch die eines Kulturtheoretikers im Sinne der kulturwissenschaftlichen Wende. Kultur erscheint also in mehrfacher Hinsicht im Plural: als Öffnung des Gegenstandsbereichs über Unterscheidungen wie U- und E-Kultur, Volks- oder Elitenkultur hinaus, aber auch als mehrdimensionales Analyseinstrument und schließlich als Motor gesellschaftlicher Emanzipation. Insofern fungiert *La culture au*

---

[87] Vgl. dazu auch die Trias von „sozialem Ort", „wissenschaftlichen Praktiken" und einem „Schreiben" in SG 71–133.

pluriel als eine Art Einleitung zu einer politischen Anthropologie des Alltags, wie sie Certeau später in der *Kunst des Handelns* entwickelt hat (Giard 1993: VII). Das zusammenfassende Kapitel über *Räume und Praktiken* bietet bereits eine Hinführung zu den Kategorien, welche die *Kunst des Handelns* konstituieren. Kultur erscheint zunächst als etwas „Weiches", welches von den „harten" Faktoren der Ökonomie und Technokratie kolonialisiert wird (CP 205–206). Doch die Kultur ist auch eine „unsichere" und „ozeanische Nacht" von Praktiken, ein kreativer „Schwarm" (CP 211–213). Der Alltag ist voll von kreativen Aneignungen und dem Kampf darum, auch als Subalterne Bedeutung produzieren zu können und zu den kulturell ‚Kreativen' gezählt zu werden (CP 217). Am Beispiel der Praktiken der Lektüre macht Certeau deutlich, dass zwischen Schreiben und Lesen kein qualitativer Unterschied besteht, sondern auch das Lesen neue Bedeutungen schaffen kann (CP 220). Die berauschende Vielfalt der kulturellen Praktiken ‚von unten', dieses „Rumoren eines anderen Lands" (CP 212) zieht ihn gleichsam magisch an. Die „unendlichen Lexika" und „fremden Vokabulare" (CP 212–213) drohen jedoch stets, vom Museum oder der Schrift stillgestellt zu werden. „Kultur im Plural" wird daher zum Aufruf zu einem notwendigen „Kampf" („combat"; CP 213), und so wird schließlich eine „kulturelle Taktik" (CP 222) möglich bzw. notwendig.

5.2 Aneignungen des Alltags

5.2.1 Kunst des Handelns I

Die *Kunst des Handelns* ist inzwischen wohl ohne Zweifel Certeaus bekanntestes Buch.[88] Eine Tatsache, die mitunter dazu führt, dass er allein auf die Autorschaft dieses Werkes reduziert und das komplexe Oeuvre allein mit der *Kunst des Handelns* identifiziert wird. Doch warum der Erfolg gerade dieses Werkes? Es ist bereits früh in mehrere Sprachen übersetzt worden und wichtiger noch, es traf einen bestimmten Punkt der Theoriediskussion der 1980er Jahre. Angesichts der Unhintergehbarkeit der Machtstrukturen bei Foucault, Bourdieu, Baudrillard und der der älteren Frankfurter Schule bot es eine theoretische Alternative, um die *agency* der Akteure auf eine reflexive und eingeschränkte („schwache") Weise wiedereinzuführen.[89] Insofern hat die Publikation Certeau auch das Etikett eines Anti-Fou-

---

88 Vgl. Chartier/Hébrard 1988; Silverstone 1989; Frow 1991; Poster 1992; Proulx 1995; McNay 1996; Chartier 1998; Driscoll 2001.
89 John Frow kritisiert allerdings wiederum ein zu ›polares‹ Modell von Macht bei Certeau, vgl. Frow 1991: 57-58.

cault oder zumindest Foucault-Reformers eingebracht (Frijhoff 1998; Zine 2010: 412–413).[90] Neben dieser für die Rezeption nicht zu unterschätzenden reaktiven Theorieposition bietet das Buch eine Vielzahl von Anknüpfungspunkten für die Cultural Studies, die Medienforschung oder die Urbanistik. Das Buch gilt längst als eines der „Schlüsselwerke der Stadtforschung" (Bernardy/Klimpe 2016). Besonders prominent ist dabei das Kapitel zur Raumtheorie geworden. Eine für ihre Rezeption zentrale Eigenschaft der *Kunst des Handels* ist, dass sie eine der wenigen Certeauschen Schriften darstellt, die fast universell applikable analytische Kategorien bereitstellt. Die empirische Anwendung seiner Begriffe von *Strategie* und *Taktik* und *Raum* und *Ort* ist Legion.[91] Die *Kunst des Handelns* hat somit auf mehreren Ebenen den Status eines ‚Theorie-Klassikers' erlangt.[92]

Als ein großer ‚Theoriewurf' war das Buch ursprünglich nicht geplant. Es stellt vielmehr eines der Ergebnisse einer Forschergruppe zu den kulturellen Praktiken dar, die von 1974 bis 1978 durch die Forschungsabteilung des französischen Kultusministeriums DGRST gefördert wurde (Giard 1990; Dosse 2002: 443–462). Der Forschungsauftrag stand ursprünglich unter dem Projekttitel „Conjoncture, synthèse et prospective" (Giard 1990: IX) und sollte eine konkrete kulturpolitische Zukunftsagenda erarbeiten. Sowohl in Form als auch Inhalt entsprach das Ergebnis jedoch in keiner Weise einem für konkrete kulturpolitische Maßnahmen verwertbaren Projektbericht und stellt bereits so einen Akt der kreativen Subversion dar.

Obwohl er sein Buch dem „anonymen Helden des Alltags" widmet, verwahrt sich Certeau explizit gegenüber einer Rückkehr des Subjekts. Es geht ihm um die Praktiken, nicht um einen „Rückgriff auf das Individuum", d.h. es geht um „Vorgehensweisen und Handlungsmuster und nicht direkt um das Subjekt, das Urheber oder Träger derselben ist" (KH 11f.). Diese Praktiken sind in sich zwar heterogen, folgen jedoch einer je eigenen sozialen Logik, einer Art Kombinatorik unterschiedlicher Handlungsweisen. Im Gegensatz zu manchen historischen und soziologischen Studien der 1970er Jahre zu Volkskultur und Randgruppen sucht Certeau die „Differenz" hingegen nicht bei explizit „gegenkulturellen" Gruppen und Milieus, sondern in der Masse der Normalen, den Konsumenten, denen

---

90 Es ist jedoch darauf hinzuweisen, dass Begriffe wie Strategie und Taktik bereits vor dem Erscheinen von Foucaults *Überwachen und Strafen* von Certeau verwendet wurden; die Antikritik der Macht stellt also keine Auseinandersetzung allein mit Foucault dar, vgl. Giard 1990: XII.

91 Vgl. in Auswahl Dinges 1987; Ruddick 1990; Gayle 2006.

92 So sind einzelne Kapitel international immer wieder in andere Textanthologien aufgenommen worden, z.B. in Deutschland u.a. in der Raumtheorie (Dünne/Günzel 2006), den Cultural Studies (Hörning/Winter 1999) oder der Ästhetik (Barck 1990).

landläufig nur der passive „Status von Beherrschten" zugestanden wird. Indem er auch die Praktiken des Konsums als „Produktion", als „Poiesis" begreift, wird die traditionelle Dichotomie von Produktion und Konsumtion auf den Kopf gestellt. In Analogie zur Sprechakttheorie wird das Alltagshandeln (Kochen, Spazieren, Fernsehen etc.) zu einem performativen Akt der Aneignung einer Sprache, die selbst nicht die eigene ist. Ähnlich dem Verhalten der indigenen Kulturen gegenüber der oktroyierten Kultur und Religion der Eroberer äußert sich in der Art des Umgangs, der Aneignung, eine Form der Widerständigkeit, die nicht mit Ablehnung oder Verwandlung reagiert, sondern mit der performativen Verwendung der herrschenden Kulturökonomie.[93] Das „Netz einer Antidisziplin" als das eigentliche Thema seiner Ausführungen (KH 16) begreift Certeau insofern in direkter Antwort auf Foucaults *Überwachen und Strafen*. Die Vorstellung dieses „Netzes" wirft die Frage der inneren Logik der Handlungsmuster auf. Sind diese Praktiken nicht völlig kontingent und singulär? Hier kommt der Begriff der „Kunstfertigkeit" (manière de faire) ins Spiel, der die innere Rationalität der Praktiken, mit den Worten Certeaus ihre „Formalität", ausmacht. Mit anderen Worten, es geht um die Bildung von bestimmten Typen von Praktiken, eine Art von Schlüsselpraktiken, die auf die paradoxe Marginalität einer Mehrheit verweisen.

5.2.2 Strategien und Taktiken

Im Zentrum steht eine ‚Kunst der Schwachen', die wie eine Art unsichtbarer Guerilla permanente Kämpfe im Kräftefeld der Kultur führt (Füssel 2006). Um diese Kämpfe analytisch auf den Begriff zu bringen, führt Certeau die Begriffe „Strategie" und „Taktik" ein.[94] Unter Rückgriff auf Carl von Clausewitz definiert Certeau „Strategie" als

> „Berechnung von Kräfteverhältnissen, die in dem Augenblick möglich wird, wo ein mit Macht und Willenskraft ausgestattetes Subjekt (ein Eigentümer, ein Unternehmen, eine Stadt, eine wissenschaftliche Institution) von einer ‚Umgebung' abgelöst werden kann. Sie setzt einen Ort voraus, der als etwas *Eigenes* umschrieben werden kann und der somit als Basis für die Organisierung seiner Beziehung zu einer bestimmten Außenwelt (Konkurrenten, Gegner, ein[e] Klientel, Forschungs-,Ziel' oder ‚Gegenstand') dienen kann" (KH 23).

---

93 Insofern weist die Studie gewisse Parallelen zu James C. Scotts *Domination and the Arts of Resistance* auf, vgl. Scott 1990: XIII.

94 Vgl. die Diskussion der Begriffe u.a. bei Buchanan 2000: 86–107, Colebrook 2001, Frijhoff 1998; Zine 2010: 417–422.

Als Taktik bezeichnet er hingegen „ein Kalkül, das nicht mit etwas Eigenem rechnen kann und somit auch nicht mit einer Grenze, die das Andere als eine sichtbare Totalität abtrennt. Die Taktik hat nur den Ort des Anderen" (ebd.). Strategien und Taktiken sind relational, sie bezeichnen Kräfteverhältnisse und können daher in allen Gesellschaften angetroffen werden. Obwohl Certeau eine eindeutige Sympathie für den Taktiker nahelegt, handelt es sich zunächst einmal um eine formale Relation. Verdeutlicht wird die Produktivität der Aneignung anhand der Praxis der Lektüre. Der Leser niste sich in den Texten ein wie in einer Mietwohnung. Ein Verfahren, mit dem Certeau somit auch seine eigene Praxis des Wilderns in den Texten anderer charakterisiert. Aufschlussreich für Certeaus eigenes „taktisches" Verhalten ist folgende Episode aus seinen Brasilienreisen. Als Certeau von einer seiner Reisen die brasilianische Regierung kompromittierende Schriftstücke mitbrachte, die die Anwendung der Folter guthießen, belegte man ihn mit einem mehrjährigen Aufenthaltsverbot. Bei seiner nächsten Reise verwandte er daraufhin nur den ersten Teil seines langen adeligen Namens – de la Barge – und erhielt angeblich ohne Probleme seine Visa (Giard 2009: 25).

Ausgangspunkt der in der *Kunst des Handelns* versammelten Studien ist zunächst die Figur des gemeinen Mannes, wie sie seit dem 16. Jahrhundert in der Literatur in zahlreichen Figuren verkörpert wurde. Von ihr ausgehend werden dann verschiedene Entwürfe moderner Theoretiker diskutiert. Zunächst erfolgt eine Lektüre von Freuds *Unbehagen in der Kultur* (1930). Dem Analytiker diene der gemeine Mann als „Totalisierungs- und Glaubwürdigkeitsprinzip", er bilde im Diskurs das funktionale Äquivalent zu Gott. Er steht für universelle Geltungsprinzipien („das gilt für alle") und privilegiert zunächst denjenigen, der die wahre Lehre oder Technik, in diesem Fall die Psychoanalyse, vertritt. Doch so einfach ist es nicht. Das Andere in Gestalt des Trivialen, Gemeinen dringt in den Diskurs des Analytikers ein, es beeinflusst den Ort, von dem aus er spricht. Die Asymmetrie zwischen dem Theoretiker und seinem Objekt wird aufgehoben durch eine „Überflutung" des Diskurses durch das Alltägliche (KH 41). Damit ist eine grundlegende Grenzziehung zwischen der modernen Wissenschaft und ihrem „Rest", der „Kultur" bezeichnet, deren theoretische Überschreitung Certeaus Projekt ist.

Die Auseinandersetzung mit den Figuren des Experten und des Philosophen führt ihn zur Sprachphilosophie Ludwig Wittgensteins, dem meistzitierten Theoretiker des Werkes. Der Experte bildet für Certeau das Sinnbild einer Gesellschaft, die sich immer weiter spezialisiert und dabei ihren Bezug zur Alltagssprache weitgehend verliert. Der Philosoph als Experte für das Allgemeine sagt mehr als sich sagen lässt. Genau das soll mit Hilfe Wittgensteins aufgebrochen werden. Experten sollen keine Autorität mehr generieren, die sich aus einer Metabetrachtung ergibt, d.h. indem sie sich außerhalb oder über die gesprochene Sprache stellen:

5.2 Aneignungen des Alltags 105

der Experte, indem er eine wissenschaftliche Desinfektion der Sprache vornimmt, der Philosoph, in dem er seiner „metaphysischen Gier" freien Lauf lässt, Prinzipien aufzustellen, die jenseits alltäglicher Erfahrbarkeit liegen. Es geht darum, eine Symmetrie zwischen dem Alltag und seiner wissenschaftlichen Beschreibung herzustellen, die von den Asymmetrien des Experten- und Philosophenwissens befreit ist:

> „Der Philosoph, der sich von der Alltagssprache ‚ergreifen' lässt, hat keinen eigenen Ort mehr, den er sich aneignen könnte. Jede Herrschaftsposition ist ihm genommen. Der analysierende Diskurs und das analysierte ‚Objekt' haben denselben Status: beide werden von der praktischen Tätigkeit, mit der sie befasst sind, organisiert; sie werden von den Regeln determiniert, die sie weder begründet haben noch überschauen; sie sind gleichzeitig auf verschiedene Funktionen verteilt" (KH 50f.).

Während Freud noch den Referenzpunkt des Unbewussten besitzt, ist Wittgenstein ganz auf die Immanenz einer Sprache angewiesen, gegen die er anrennen kann, die aber kein Außen eröffnet. In der Philosophie Wittgensteins erblickt Certeau den Schlüssel zu einer symmetrischen Alltagsgeschichte, die die Machteffekte einer wissenschaftlichen „Kolonialisierung der Lebenswelt" (Habermas 1981) oder einer Diskursivierung (Foucault) möglichst aushebelt.

Am Beispiel Brasiliens taucht Certeau in die konkrete Praxis alltäglicher Widerständigkeit ein. Die Lebenswelt der Bauern von Pernambuco ist von zwei Räumen geprägt: dem sozio-ökonomischen Raum der Ausbeutung und Unterdrückung und dem utopischen Raum der Wunder des Frei Damião. Auch der religiöse Raum ist nicht der eigene Raum der Unterdrückten, er ist ihnen von den Herrschenden aufoktroyiert worden. Entscheidend ist daher der Umgang der indigenen Bevölkerung mit diesem Nicht-Ort, der die Funktion der Religion verändert. Es ist die „Umgangsweise mit aufgezwungenen Systemen" die zum „Widerstand gegen das historische Gesetz eines tatsächlichen Zustandes und gegen seine dogmatischen Legitimationen" führt. „Die Benutzung einer von anderen geschaffenen Ordnung führt zu einer Neuaufteilung des Raumes in dieser Ordnung; sie schafft zumindest einen Spielraum für die Bewegungen von ungleichen Kräften und für utopische Bezugspunkte" (KH 59). Damit ist die zentrale Situation der „taktischen" Aneignung der Verhältnisse benannt. Ein temporäres Agieren in einem vorgegeben Raum, das Landen von „Coups", die Entwicklung von Finten, eine anonyme List, all das sind „Äußerungen" analog der Performanz von Sprechakten.

Eine Analyse der Volkskultur sollte daher nicht danach trachten, ein verborgenes, internes System dieser Äußerungsakte zu (re)-konstruieren, sondern eher einzelne wiederkehrende „Operations-Typen" jener Kulturen zu bestimmen (KH

61). Wie Certeau anhand bestehender Analysen von Sprichwörtern und Mythen aufzeigt, verkennt die strukturale Analyse jener verborgenen Systeme des „wilden Denkens" letztlich dessen Historizität. Es ist der Kontext der Äußerung, der ihr Sinn verleiht, nicht die Einordnung in ein übergeordnetes System. Mehr noch: Der Wille, die Struktur aufzudecken, ist immer auch ein Wille zur Beherrschung dieser Struktur, zu ihrer Reproduktion, Kontrolle und Verpflanzung an einen eigenen Ort: „Daher das Privileg, das diese Studien dem *Diskurs* beilegen; es ist die einzige Sache auf der Welt, die man ganz leicht einfangen, auszeichnen, transportieren und an sicheren Orten behandeln kann, während der Sprechakt nicht von seinen Umständen losgelöst werden kann" (KH 63). Sprichwörter und ähnliche sprachliche Artefakte sind für Certeau „Werkzeuge", die, Wittgenstein folgend, durch ihren historischen Gebrauch gekennzeichnet sind. Wenngleich kein System dahintersteht, so lassen sich jedoch bestimmte Konfigurationen der Aneignung ausmachen. Welche Ausformungen diese „Repertoires von Handlungsmodellen" in durchrationalisierten westlichen Gesellschaften erhalten können, macht Certeau am Beispiel von Spielen und Märchen bzw. Legenden deutlich.[95] Spiele folgen Regeln, ermöglichen jedoch immer wieder neue Spielzüge, ähnlich der Improvisation über eine bestimmte Tonleiter. Auch Märchen transportieren bestimmte taktische Handlungsmuster, verkehren die klassische Rollenverteilung von Siegern und Besiegten (Descourvières 2014). Spiele wie Legenden bieten somit Modelle für praktisches Handeln an, ein Vorgang, der im Übrigen bereits im Strategie- bzw. Kriegsspiel eine eigene kriegswissenschaftliche Tradition hat.

Ein anderes Beispiel taktischen Verhaltens ist das „faire de la perruque": eine Form des in die eigene Tasche Arbeitens, Faulenzens, Stehlens oder Verschwendens am Arbeitsplatz, das einer rein temporären und im Sinn Alf Lüdtkes „eigensinnigen" Logik folgt (Lüdtke 1993). Hier ist nicht systematische Sabotage etwa eines Rüstungsbetriebes gemeint, sondern das scheinbar sinnlose Überziehen der Kaffeepause auf der Toilette, der Klau von Papier etc. Die Frage, die Certeau an dieser Stelle immer noch umtreibt, ist, wie die Beziehung zwischen Alltag und seiner wissenschaftlichen Analyse möglichst herrschaftsfrei und symmetrisch gedacht werden kann. Eine Lösung scheint sich in der Übertragung des populären Modus des „für sich Arbeitens" in die wissenschaftliche Praxis abzuzeichnen. Mit anderen Worten, sich nicht der industrialisierten und rationalisierten wissenschaftlichen Forschungs- und Schreibweise fügen, sondern selbst einen taktischen Umgang mit der Wissenschaft pflegen.

---

95 Auch Humor, Witz und Komik lassen sich unter dieser Perspektive thematisieren, vgl. dazu Lombardo 2010.

5.2 Aneignungen des Alltags

Die Grenze zwischen Arbeit und Freizeit beginnt sich aufzulösen. Die unterschiedlichen Handlungsstile des „auf eigene Rechnung" Arbeitenden und des Hobby-Bastlers sind nicht mehr an eindeutige Orte gebunden, sondern zirkulieren zwischen ihnen. Mit Arbeit und Freizeit löst sich auch die Dichotomie von Produktion und Konsum auf. Verbrauchen ist immer auch ein Gebrauchen und der Gebrauch der Spielraum des Konsumenten, den er innerhalb der herrschenden Ordnung hat. Nicht mehr das konsumierte Produkt steht im Mittelpunkt und auch nicht der soziale Typus des Konsumenten, alt/jung, männlich/weiblich, arbeitslos oder nicht, sondern der Gebrauch als solcher (Poster 1992). Sprachtheoretisch gesprochen tritt die Pragmatik des Sprechens und nicht das System der Sprache in den Fokus. Die Aneignung ist jedoch trotz dieses allgemeinen Verständnisses kein unpolitischer Akt, sondern findet innerhalb von Kräfteverhältnissen statt, die damit nicht aufgehoben werden, aber situative Erschütterungen erfahren. An dieser Stelle kommt die Unterscheidung von Strategien und Taktiken ins Spiel. Sie erlaubt eine „kriegswissenschaftliche" Analyse kultureller Praktiken, die das ereignishafte und kontingente Element ihrer produktiven Widerständigkeit betont. Ähnlich wie auf dem tatsächlichen Schlachtfeld ist es die Position des Schwächeren, der nur noch zu taktischen Zügen in der Lage ist, der keine umfassenden und langfristigen Strategien verfolgen kann. Konstitutiv für dieses ungleiche Kräfteverhältnis ist das Verfügen oder Nicht-Verfügen über einen eigenen Ort, der zu einer Homologie von räumlich-zeitlich und strategisch-taktisch führt. Während der Stratege gleich in dreifacher Hinsicht über eigene Orte verfügt, über den Macht-Ort, den theoretischen Ort und den physischen Ort, ist der Taktiker darauf angewiesen, günstige Gelegenheiten zu nutzen. Der Stratege hat den panoptischen Blick, er kontrolliert das Terrain sowohl konzeptionell wie physisch, eine Optik, die für die partikulare Sicht der Taktiker unerreichbar bleibt.

Strategie und Taktik ist wahrscheinlich das mit Abstand am häufigsten rezipierte Begriffspaar Michel de Certeaus. Von den historischen Aneignungen der Armen im frühneuzeitlichen Bordeaux (Dinges 1987) bis zu den Obdachlosen im Los Angeles der 1980er Jahre (Ruddick 1990), die heuristische Kraft der Figur scheint kaum Grenzen zu kennen. Die Kehrseite des Erfolgs ist eine Reduktion Certeaus auf einen Theoretiker der Alltagssubversion und eine konzeptuelle Festschreibung der Relation strategisch/taktisch im Sinne einer soziologischen Basisdefinition. Gerade die ‚alles erschließenden' Kategorien der Soziologen bildeten jedoch den Ausgangspunkt für Certeaus kritische Revision von Werken Michel Foucaults und Pierre Bourdieus. Der gegenwärtige Status von Strategie und Taktik ist somit ironischerweise ein ähnlicher geworden wie der von Habitus, Diskurs und Disziplinarmacht – Begriffen, an deren Statik und Erklärungsanspruch sich Certeau konzeptionell abgearbeitet hat.

5.2.3 Foucault und Bourdieu

Neben Freud, Wittgenstein und zahlreichen Sprachtheoretikern sind es vor allem vier zeitgenössische Theoretiker, auf die sich Certeau in seiner Analyse der Alltagspraktiken bezieht: Michel Foucault und die Diskursanalyse, Pierre Bourdieu und die Habitustheorie und Marcel Détienne sowie Jean-Pierre Vernant mit ihrer Arbeit über die Listen der Griechen (Détienne/Vernant 1974). Symptomatisch für den Grad der Verdrängung der Taktiken in unserer Gegenwartsgesellschaft sei dabei, dass wir uns ihnen meist über eine zeitliche oder räumliche Distanz nähern, sei es das Ancien Régime bei Foucault, die Kabylei bei Bourdieu oder die griechische Antike bei Vernant und Détienne (KH 112–113). In der Auseinandersetzung mit den genannten Studien macht Certeau noch einmal seine bereits in *Das Schreiben der Geschichte* entwickelte Theorie der wissenschaftlichen Produktionsweise deutlich, die in der Benennung ihres eigenen Ortes die Offenlegung des standortbedingten Erkenntnisinteresses fordert: „Ein Diskurs lässt sich also dann als wissenschaftlich kennzeichnen, wenn er die Bedingungen und Regeln seiner Produktion verdeutlicht, und vor allem die Verhältnisse, unter denen er entstanden ist" (KH 102). Certeau selbst praktiziert in seinem Text eine aneignende Lektüre, welche die zu Grunde legenden Texte verändert.

Michel Foucault hatte in *Überwachen und Strafen*, ausgehend von der historischen Transformation des Justizapparates im langen 18. Jahrhundert, eine Theorie der Disziplinargesellschaft entwickelt (Foucault 1976). Die Disziplin erfasse ausgehend von bestimmten Schlüsselinstitutionen wie Gefängnissen, Kasernen, Schulen oder Krankenhäusern schließlich den ganzen Gesellschaftskörper. Die Dispositive der Macht schienen kaum noch Wege und Schlupflöcher für widerständiges Handeln zu bieten, da ihre Prozeduren bereits soweit inkorporiert waren, dass die Individuen von sich aus an ihrer Verdichtung arbeiteten. Eine düstere Perspektive, die häufig mit der der *Dialektik der Aufklärung* verglichen worden ist, und die sich in der Theorieentwicklung des späten Foucault auch stark relativiert hat. Zu der Zeit, als Certeau die *Kunst des Handelns* schrieb, war die allumfassende „Mikrophysik der Macht" jedoch der Stand der Diskussion.

1981 setzt sich Certeau im Rahmen einer Tagung in Los Angeles zu Ehren Foucaults noch einmal eingehender mit *Überwachen und Strafen* auseinander (TF 141–151). Er sieht darin den Widerstreit zweier Kräfte am Werk, deren Verhältnis sich im Lauf der Geschichte verkehrt: die Ideologie der Aufklärung und ihrer Reformen der Strafpraxis einerseits und die anonymen Techniken der Macht andererseits. Doch seine Analysen weisen über den Rahmen einer historischen Genealogie des modernen Strafsystems hinaus; sie bilden gleichzeitig die Analyse der Funktionsweise von Macht, entwickeln einen relationalen Machtbegriff, der

5.2 Aneignungen des Alltags

nicht länger in Kategorien von Herrschenden und Beherrschten operiert. Schlüssel zum Verständnis der Funktionsweise von Macht sind, darauf hat auch Paul Veyne in seinen Arbeiten zu Foucault immer wieder hingewiesen (Veyne 1978), die Praktiken, mithin das, was Foucault in einem ganzen Wortfeld von „Techniken", „Prozessen", „Regeln", „Verfahren" oder „Wirkungsbedingungen" entwirft. Certeau sieht daher in *Überwachen und Strafen* zwei zentrale Funktionen angelegt: die Kartierung „nicht-sprachlicher Praktiken" sowie die Begründung eines Diskurses über diese Praktiken (TF 142). Die entscheidende historiographische „Operation", die Foucault vornimmt, besteht für Certeau in der Herauslösung einer bestimmten Menge von Praktiken aus der Gesamtmenge historischer Elemente. Wie kam es zur Privilegierung jener spezifischen panoptischen Kategorie von Praktiken? Was geschah mit den anderen „Serien" von „Verfahrensweisen", die nicht hegemonial wurden? In ihnen erkennt Certeau „ein großes Reservoir" (TF 144) möglicher alternativer Entwicklungen und schafft damit ein konzeptionelles Einfallstor für Widerständigkeiten. Der Erfolg der panoptischen Maschinerie gründet hingegen nicht in ihrer höheren Kohärenz, sondern in der historischen Rolle als Mittel zur „Bekämpfung und Kontrolle der heterogenen Praktiken" (TF 145). Dergestalt von einem Kampf bzw. einer „Kolonisierung" auszugehen, bedeutet jedoch auch die „Vampirisierung" der panoptischen Machttechnologien denkbar zu machen.

Was Certeau 1980 in der *Kunst des Handelns* an dem ihn ungemein beeindruckenden Entwurf kritisiert sind vier Punkte. Erstens, warum nimmt Foucault genau diese „Selektion" von Praktiken aus der „Gesamtheit der Prozeduren" vor? (KH 108). Gibt es nicht noch eine Vielzahl von Praktiken, die nicht der Überwachung, der Kontrolle der Körper und den humanwissenschaftlichen Wahrheitsregimes dienen? Certeau geht davon aus, dass es tatsächlich eine „gewaltige Reserve" der anderen, u. a. der Praktiken des Konsums gibt, aus denen lediglich einige herausragen, welche „die normativen Institutionen organisieren", von denen Foucaults Analyse primär handelt. Die enorme Kohärenz der von Foucault beschriebenen Praktiken und die Evidenz ihrer dominanten Funktionsweise in der Geschichte ergäben sich zweitens aus der Perspektive ihres Endprodukts. Doch tatsächlich wäre diese historische Pfadabhängigkeit empirisch erst zu prüfen. Drittens könnte es sein, dass gerade die Institutionalisierung einzelner privilegierter Dispositive sie auch verwundbar mache, und viertens erweise sich bereits dadurch, dass die beschriebenen Prozeduren selbst zu Untersuchungsgegenständen werden können, dass sie die ihnen zugeschriebene Rolle nicht mehr spielen. Mit anderen Worten, gerade die Tatsache, dass ein Buch wie *Überwachen und Strafen* möglich sei, stelle die Geltungsreichweite seiner Ansprüche bereits in Frage.

In seiner späteren Auseinandersetzung 1981 in Los Angeles kann Certeau jedoch die Kritik vor dem Hintergrund seines eigenen Entwurfs in der *Kunst des*

Handelns reformulieren und Foucaults Buch selbst zu einer „Kunst" der Subversion erklären. Er sieht in *Überwachen und Strafen* eine Spannung zwischen der historischen These von der Durchsetzung des panoptischen Systems und seiner, den panoptischen Diskurs untergrabenden Schreibweise. Es ist ein Schreiben von einem Nicht-Ort aus, Foucault wird zu einem „Tänzer", der sich als „Archivar" verkleidet habe (TF 150). Die Kunst des Geschichtenerzählens verknüpft sich mit bestimmten Darstellungsverfahren optischer Tableaus zu einer Praxis der Evidenzerzeugung. Exemplarische Beispiele (repräsentative Tableaus), verknüpft mit Auflistungen bestimmter „Regeln" (analytische Tableaus) und zeitgenössischen Bildquellen (figurative Tableaus), erzeugten eine „Rhetorik der Klarheit" (TF 149), die in Wahrheit selbst eine subversive „List" darstelle.

Mit Pierre Bourdieus *Entwurf einer Theorie der Praxis* behandelt Certeau eine ganz andere disziplinäre Konstellation (Bourdieu 1972).[96] Die Studie markiert den Übergang von der Ethnologie zur Soziologie, ebenso wie von der Analyse der Praktiken zu einer Theorie der Praxis. Was hier zur Debatte steht, ist mithin ein bestimmtes Verhältnis von Theorie und Empirie, das zur Grundlage der Analyse dessen wird, was Bourdieu den „praktischen Sinn" (sens pratique) nennt. In seiner Suche nach der „praktischen Logik" bzw. der „Logik der Praxis" operiert Bourdieu am Kernbereich dessen, was auch Certeau in der *Kunst des Handelns* entwickeln will. Semantisch etwas verwirrend ist, dass auch bei Bourdieu die „Strategien" zentralen analytischen Stellenwert besitzen, allerdings ganz anders definiert werden als die Strategien Certeaus. Strategien kommt in der Lesart Certeaus bei Bourdieu eher die Rolle der Taktiken in seinen eigenen Überlegungen zu. Heirats-Strategien etwa werden als „Coups" oder als „gute Tricks" bezeichnet. Anders als die Taktiken verfügen sie aber (zumindest in der Kabylei) über einen eigenen Ort, das Haus, das Erbe, die Familie etc. Das Strukturprinzip dieser praktischen Strategien erkennt Bourdieu im Prinzip des Habitus. Der Habitus bildet das vermittelnde theoretische Scharnier zwischen Struktur und Praxis. Strukturen führen zur Erlernung und Inkorporierung eines sozialen Habitus, der wiederum als generierendes Prinzip von Praktiken fungiert. Auf diese Weise reproduzieren sich Strukturen und können gleichzeitig auf Wandlungsprozesse reagieren. Ein Modell, das bei Certeau dezidiert auf Ablehnung stößt: „Ein passiver und finsterer Akteur" werde an die „Stelle der listigen Vielfalt der Strategien gesetzt" (KH 125). Der Habitus erhält allerlei negative Etiketten wie „dogmatisch", „Reduzierung auf eine mystische Realität", ein „Fetisch" und macht den Hauptkritikpunkt für Certeau aus. Der Habitus erkläre zu viel, er domestiziere die Heterogenität und Widerständigkeit der Praktiken, indem er sie in ein universelles Modell presse. Bourdieus Schriften

---

96 Zu Certeau und Bourdieu vgl. Schirato/Webb 1999: 86-95; Lippuner 2007.

5.2 Aneignungen des Alltags

sind für Certeau daher „anziehend in ihren Analysen" und „abstoßend durch ihre Theorie" (KH 126). Er bewundert Bourdieu für seine ‚dichte Beschreibung' der Praktiken, aber er misstraut der sich daran anschließenden theoretischen Erklärung. Analog zu den Dispositiven der Macht bei Foucault haben wir es bei Bourdieu mit einer ‚starken' Theorie zu tun, deren Geltungsanspruch so weitreichend ist, dass es etwas Totalisierendes hat. Die damit aufgemachte Kritik ist später vielfach wieder aufgegriffen worden, etwa bei Bernard Lahire in *L'homme pluriel* (Lahire 1998) oder in zahlreichen historischen Arbeiten (Füssel 2011). Inzwischen ist jedoch auch hervorgehoben worden, dass der Habitus als empirisches Werkzeug von Certeau nicht ersetzt werden konnte (Mitchell 2007: 101–102).

Trotz aller offensichtlichen Unterschiede der Arbeiten von Foucault und Bourdieu folgen sie für Certeau einer ähnlichen „Machart" der Theorie der Praktiken. Sie trennen und zerlegen zuerst ihre Gegenstände, um sie dann in einer Bewegung der Umkehrung wieder zusammenzusetzen. Ihr Material wird metonymisch verwandt, die Kabylei ebenso wie das französische Gefängniswesen stehen für mehr als ihre lokale und historische Geschichte. Im Akt der Umkehrung verleihen sie einer Theorie die nötige Evidenz, die aufs Ganze zielt, obwohl ihre Empirie nur Ausschnitte aus einem Meer von Praktiken bietet. Dieses Vorgehen sei nichts Ungewöhnliches, es lasse sich beispielsweise auch bei Freud oder Durkheim beobachten.

Was Certeau immer wieder beschäftigt, ist die Frage der Darstellbarkeit, das Verhältnis von Diskurs und Praxis. Wie kann eine Wissenschaft, die epistemische Geltung gerade aus der Distanz zum Alltag gewinnt, einen angemessenen Diskurs über die Praktiken führen, ohne damit eine Herrschaft der Schrift über das Handeln auszuüben? Eine Lösung dieses Repräsentationsproblems sieht Certeau in der Narrativität. Romanen etwa, die sich zu „Zoos der Alltagspraktiken" (KH 157) entwickelt haben, komme nicht nur ein ästhetischer, sondern auch ein theoretischer Wert zu. Die fiktionale Sprache erlaubt Praktiken zu be-schreiben, wie Certeau auch am Beispiel Foucaults und Bourdieus beobachtet. Foucault ist für ihn geradezu ein Meister darin, exemplarische Geschichten mit analytischen Tableaus zu arrangieren, ohne einen eigenen Diskurs zu besitzen. Er operiere mit Nicht-Orten, d. h. Zitaten einer anderen Sprache, die auch eine Sprache des Anderen ist.

Der erzählerische Umgang mit den Praktiken wird für Certeau in vorbildlicher Weise in der Studie von Détienne und Vernant über die „Metis" der antiken Griechen verkörpert. Détienne erzählt die Praktiken noch einmal, die als Erzählungen bereits Praktiken sind. Es gibt kein Dahinter, keinen verborgenen Sinn hinter den antiken Erzählungen von Listen und Coups. Sie sind Ausdruck einer „praktischen Intelligenz", welche den richtigen Augenblick (kairos) suchen, um ihre List auszuspielen. Die Analyse der Metis wird auch zu einer Theorie des Gedächtnisses und der Gelegenheiten. In den Erzählungen werden „Spielzüge" gespeichert. Diese können aber nur an fremden, nicht-eigenen Orten zum Einsatz kommen, wenn die Gelegenheit es erlaubt.

„Zur gleichen Zeit, wie eine ‚Kunst' des Krieges den Umgang mit dem Raum beeinträchtigte, entwickelte die ‚Kunst' des Erinnerns die Fähigkeit, immer am Ort des Anderen zu sein, ohne ihn zu besitzen, und immer einen Nutzen aus dieser Alteration zu ziehen, ohne dabei vom Weg abzukommen. Diese Kraft ist keine Macht (auch wenn das Erzählen von ihr eine Macht sein kann). Sie könnte eher als Autorität bezeichnet werden: diese aus dem kollektiven oder individuellen Gedächtnis ‚gewonnene' Autorität ‚autorisiert' (ermöglicht) eine Umkehrung, eine Veränderung der Ordnung oder des Ortes, einen Übergang zum Differenten, sie macht aus der Praxis oder aus dem Diskurs eine Metapher" (KH 170f.).

Die Art wie Détienne und Vernant von diesen Listen erzählen, wird für Certeau zum Modell seiner eigenen Erzählungen von den Taktiken. Das Erzählen wird der performativen Singularität und situativen Dynamik des taktischen Handelns besser gerecht als die Ausarbeitung einer Struktur, eines gemeinsamen Prinzips der Praktiken. Hier berühren sich mithin mehrere theoretische Diskussionen, die Ende der 1970er und Anfang der 1980er Jahre geführt wurden. Die Rückkehr des Erzählens („The Revival of Narrative", Stone 1979), die Frage nach Struktur und Handlung bzw. *agency* und eine Krise der Repräsentation, wie sie zunächst in der Ethnologie problematisiert wurde („Writing Culture", Clifford/ Marcus 1986). In dieser Gemengelage versucht Certeau eine eigene Position zu artikulieren.

5.2.4 Raum und Ort

Es ist eine eindrucksvolle Szene, mit der Michel de Certeau seine raumtheoretischen Überlegungen beginnt: Ein Blick auf New York aus der 110. Etage des ehemaligen World Trade Centers. Ein Meer aus Wolkenkratzern und Straßenschluchten, von Parks und Wellenkämmen eröffnet sich dem Betrachter, dessen Auge ein umfassendes Wissen in sich trägt. Diese panoptische Szenerie erfüllt Certeau geradezu mit einer „Erotik des Wissens". Es ist eine voyeuristische Lust, die ihn gleichzeitig skeptisch werden lässt gegenüber der Lesbarkeit der Welt. Ist es wirklich wahr, dass die Distanz die Welt in einen Text verwandelt und es erlaubt, „diesen Text zu lesen" und „ein Sonnenauge oder Blick eines Gottes zu sein"? (KH 180). Tatsächlich wird die Komplexität der Stadt nur scheinbar lesbar gemacht. Der „Turm" erzeugt vielmehr eine „Fiktion", die „Leser schafft, indem

5.2 Aneignungen des Alltags

sie die Komplexität der Stadt lesbar macht und ihre undurchsichtige Mobilität zu einem transparenten Text gerinnen läßt" (KH 181). Es handelt sich um das Trugbild eines privilegierten Ikarus, der sich über die Bewohner und Benutzer der Stadt erhebt, denn diese befinden sich unten, sind unsichtbar. Sie, die Fußgänger, werden von Certeau mit den mystischen *Wandersmännern* des Angelus Silesius (1624-1677), einem bedeutenden mystischen Dichter des Barock, verglichen. Sie erzeugen den städtischen Text, ohne ihn selbst lesen zu können. Die Kreuzungen ihrer Wege schreiben sich in den urbanen Raum ein und verweisen damit auf eine „andere Räumlichkeit", eine „undurchschaubare und blinde Beweglichkeit der bewohnten Stadt" (KH 182). So tritt eine „Fremdheit des Alltäglichen" zu Tage, die sich den panoptischen Blicken der Raumplaner, Kartographen und Stadtsoziologen entzieht. Sie motiviert Certeaus Schreiben.

Damit steht seine Interpretation räumlicher Praktiken zunächst scheinbar quer zu einer urbanistischen Raumforschung, die gerade die mentale Kartierung des städtischen Raums durch seine Bewohner in den Fokus rückt. Es ist jedoch weniger das individuelle „cognitive mapping", das Kevin Lynch bereits 1960 in seiner einflussreichen Studie *The Image of the City* (Lynch 1960) entwickelte, als vielmehr der Universalismus der panoptischen Disziplinarmacht bei Foucault (Foucault 1976) und die vermeintlich substantialistische Vorstellung eines sozialen Raumes bei Bourdieu, die Certeau grundsätzlich in Frage stellt. Seine theoretischen Werkzeuge und Bezugsgrößen sind dabei einerseits die Phänomenologie Maurice Merleau-Pontys und die Lacansche Psychoanalytik, andererseits die Ordinary Language Philosophy und Sprechakttheorie mit ihrer Betonung des Performativen. Der Bezug zu Lacan ist dabei unter anderem durch Ian Buchanan fast ein wenig überbetont worden (Buchanan 1996a; Buchanan 2007), während Bryan Reynolds und Joseph Fitzpatrick zu Recht darauf hingewiesen haben, dass Certeau sich im Wesentlichen an einer bestimmten Phase des Foucaultschen Denkens abarbeite (Reynolds/Fitzpatrick 1999). Nach mehr als vier Jahrzehnten ist heute jedoch sichtbar, dass *Überwachen und Strafen* (Foucault 1976) nur eine bestimmte Stufe des Foucaultschen Denkens darstellte und die Disziplinarmacht in seinem Gesamtwerk keineswegs so ausweglos ist, wie hier von Certeau noch kritisch hinterfragt.

Certeaus Raumtheorie wird durch eine Konstellation dualistischer Begriffspaare konstituiert: Raum und Ort, Strategie und Taktik, Karte und Wegstrecke. Obwohl es zunächst so aussieht, als ob Certeau im Stile des klassischen Strukturalismus nur ein formales Beschreibungsraster für die Praktiken im urbanen Raum entwerfen würde, eignet der Unterscheidung von Raum und Ort ein deutlich normativer Gehalt, sei es als ideologiekritische Reflexion des eigenen Standorts, als Artikulationsweise einer theologischen Verlusterfahrung oder der Verräumlichung der Handlungstheorie. So spielen Raum und Ort nicht nur in seiner Alltagskulturgeschichte der *Kunst des Handelns* eine Rolle, sondern auch in seinen Arbeiten zur Geschichtsschreibung bzw. zur Theorie historiographischer Praktiken und seinen Forschungen zur frühneuzeitlichen Mystik (Crang 2000; Füssel 2013; Zmy 2014). Im Zuge des *spatial turn* sind Certeaus raumtheoretische Überlegungen inzwischen wiederholt diskutiert, kontextualisiert und auch kritisiert worden, so etwa bei Doreen Massey (Massey 2005: 45ff.; Zmy 2014: 34–36) oder Nigel Thrift (Thrift 2008).

Spatial turn
Als spatial turn bezeichnet man die interdisziplinäre Hinwendung zum Raum seit den 1990er Jahren, deren theoretische Grundlagen jedoch wesentlich älter sind. Galt die Kategorie Raum einerseits in Deutschland aufgrund ihrer Ideologisierung in der NS-Zeit lange Zeit als belastet, so war sie andererseits lange Zeit auf die Diskussionen in Fächern wie Geographie, Theaterwissenschaft oder Urbanistik beschränkt. Als das Interesse am Raum jedoch u.a. auch in der Soziologie, der Geschichtswissenschaft oder den Literaturwissenschaften wuchs und eine interdisziplinäre Konjunktur beförderte, sprach man von einem spatial oder topographical turn. Zu den historischen Kontexten der Wiederkehr des Raumes in den Sozial- und Kulturwissenschaften gehören die Erfahrungen neuer Raum-Zeit Verdichtungen nach dem Ende des Ost-West-Konfliktes, Prozesse der Globalisierung, der Erschaffung virtueller Räume durch das Internet sowie die Veränderungen urbaner Räume, die zu einem neuen Bewußtsein für die Wirkmächtigkeit der Kategorie Raum beitrugen.

Zu den Grundeinsichten des *spatial turn* gehört es, den Raum nicht länger als Behälter, container oder Hülse zu denken, sondern als dynamische kulturelle Produktion bzw. Konstruktion. Als einer der zentralen theoretischen Bezugspunkte kann die marxistische Stadtsoziologie von Henri Lefebvre (1901-1991) gelten, der mit der *Produktion des Raumes* (1974) einen der entscheidenden Impulse geliefert hat. In den 1980er und 1990er Jahren waren es dann Vertreter einer postkolonialen politischen Kulturgeographie wie Edward Soja, Edward Said oder Arjun Appadurai, die mit Begriffen wie „imaginary geography" (Said), „global ethnoscapes" (Appadurai) oder „Thirdspace" (Soja 1996) die Diskussion beflügelten und traditionelle westliche Dichotomien wie Zentrum vs. Peripherie dekonstruierten. Mit dem „topographical turn" werden ferner klassische Formen der Raumrepräsentation beispielsweise des Kartographierens bzw. mappings angesprochen, prominent präsent etwa im Aufruf der feministischen Literaturwissenschaftlerin

5.2 Aneignungen des Alltags

> Susan Stanford Friedman im Anschluss an den marxistischen Literaturwissenschaftler Fredric Jameson: „Always spatialise" (Friedman 1998: 130).[97]
> Als wesentliche Theoretiker des Raumes gelten u.a. Soziologen wie Georg Simmel, Pierre Bourdieu und Anthony Giddens, Phänomenologen, Philosophen und Epistemologen wie Martin Heidegger und Gaston Bachelard, Geographen und Stadtforscher wie Edward Soja, David Harvey oder Henri Lefbreve und Historiker wie Fernand Braudel, Michel Foucault, Michel de Certeau oder Karl Schlögl. Wesentliche Diskussionen entspannten sich um die Beziehungen von Raum und Macht oder die Differenzen zwischen physischen und imaginierten Räumen. Das raumtheoretische Vokabular hat schließlich auch die Selbstbeschreibungen der Kulturwissenschaften erfasst, die verstärkt von Landschaften, Feldern, Wenden und vor allem Grenzüberschreitungen sprechen.
>
> *Weiterführende Literatur: Bachmann-Medick 2006; Dünne/ Günzel 2006; Günzel 2010; Rau 2013.*

Das World Trade Center wird zum Symbol des „westlichen Urbanismus". In ihm verkörpert sich die Relation von ‚Tatsache' Stadt und ‚Konzept' Stadt, von Ideal und Wirklichkeit. Eine Spannung, deren Beginn Certeau mit dem 16. Jahrhundert ansetzt. Um den mit der sozialen Praxis nie zur Deckung kommenden idealen Stadt-Raum herzustellen, folgt der urbanistische Diskurs drei Parametern: der Sauberkeit des Raumes (womit nicht nur physische, sondern auch geistige und politische „Verunreinigungen" gemeint sind), Synchronie und Zeitlosigkeit (im Gegensatz zu Tradition und Geschichtlichkeit) sowie der Erschaffung eines anonymen und universellen Subjekts „Stadt". Ähnlich dem Staat kann nun auch die Stadt jenseits der Heterogenität ihrer Subjekte und Parteiungen als steuerbare Einheit aufgefasst werden. Diese Operationen einer kontrollierenden Vernunft der Stadtplanung werden praktisch jedoch aufgebrochen durch das Wuchern der Taktiken im Innern der urbanen Räume. Das Ideal der Transparenz wird von der Unsichtbarkeit der Praktiken konterkariert, die Konstruktion beherrschbarer Räume durch die Ortlosigkeit widerständiger Aneignungen. Es geht um die Umgangsweisen mit dem Raum, die unabhängig von ihrer theoretischen Diskursivierung durch den Stadtbeobachter stattfinden.

---

97 Eine ähnliche Formulierung findet sich auch bei Soja 1996, S. 204. Leider kursieren in der Literatur immer wieder Zitatketten, die die ursprüngliche Formulierung Jamesons „always historicize!" – „Stets historisieren! (Jameson 1988: 7) mit der raumtheoretischen Erweiterung verwechseln bzw. gleichsetzen, vgl. Bachmann-Medick 2006: 284.

Explizit spricht Certeau auch in normativer Sicht von einem „Gegenstück zu Foucaults Analyse der Machtstrukturen", dessen Ziel eine „Theorie der Alltagspraktiken, des Erfahrungsraumes und der *unheimlichen Vertrautheit* mit der Stadt" sein soll (KH 186f.). Was für die Einschätzung der Relation von Disziplinarmacht und Widerständigkeitspotentialen im Werk Foucaults gilt, trifft vielleicht noch deutlicher für das Raumverständnis Foucaults zu. Bereits 1967 hatte Foucault in einem Vortrag *Von anderen Räumen*, der jedoch erst 1984 veröffentlicht wurde (Foucault 1984/2005), mit dem Begriff der „Heterotopie" einen Terminus eingeführt, der sehr wohl subversive Potentiale von Alterität enthält. An jenen realen „Gegenorten" sind utopische Vorstellungen bereits realisiert, werden Orte „zugleich repräsentiert, in Frage gestellt und ins Gegenteil verkehrt" (Foucault 1984/2005: 935). Als Beispiele für solche Heterotopien nennt Foucault u.a. Friedhöfe, Gärten, Theater, Museen, Bibliotheken oder Schiffe. Zu einem großen Teil also Orte, die auch Teile jener Stadträume sind, die Certeau beschreibt. Gemeinsam dürfte beiden Konzepten sein, dass sie eine wesentlich von den Erfahrungen der 1968er Zeit geprägte Abkehr von der Utopie vornehmen. Das Konzept der Utopie stellte sich nunmehr als unproduktiv und zum Teil sogar totalitär dar. Der Unterschied zwischen Certeau und Foucault liegt hier hingegen in der praxeologischen Perspektive auf den Raum. Während Foucault Eigenschaften und Potentiale von Orten benennt, sind es bei Certeau immer die Akteure, die die Räume erst schaffen; die Orte als solche bleiben leblos. Certeaus Raumverständnis ist im Wesentlichen performativ. Räume sind nicht gegeben, sie werden gemacht.

Als Basisoperation des Stadtnutzers versteht Certeau das Gehen: „Der Akt des Gehens ist für das urbane System das, was die Äußerung (der Sprechakt) für die Sprache oder für formulierte Aussagen ist" (KH 189). Als „Raum der Äußerung" ist das Gehen eine Form der Aneignung des städtischen Raumes, der Realisierung eines Ortes und die relationale Bestimmung einer Position. Der Gang ist jedoch ephemer, was die Kartografen des urbanen Raumes immer wieder dazu treibt, Wegstrecken zu verzeichnen und somit lesbar zu machen. Damit produzieren sie fortwährend neue Fiktionen der Lesbarkeit, die das Eigentliche unsichtbar machen. Das bedeutet allerdings nicht, dass das Gehen nicht auch von Regelmäßigkeiten geprägt wäre. Als Praktik ist es auf Wiederholbarkeit angelegt. Im Sinne einer „Rhetorik des Gehens" aktualisiert es bestimmte Möglichkeiten, die ihm die räumliche ‚Sprache' bietet, trifft eine Auswahl und verhält sich zu Geboten und Verboten. Geht man auf der Hauptstraße, nutzt man Schleichwege oder kreuzt man verbotene Orte, wie einen öffentlichen Rasen, stets verleiht der Akt der Äußerung dem räumlichen Handeln eine neue Bedeutung. Eine vielleicht extreme Spielart dieser taktischen Artikulationen im urbanen Raum ist die Sportart *Parkour*, innerhalb der die Akteure die kürzeste Wegstrecke zwischen zwei Punkten

5.2 Aneignungen des Alltags

unter Überwindung aller physischen Hindernisse zu durchqueren versuchen (Füssel 2013).

Die Praxis der in der Bewegung vorgenommenen Bedeutungskonstitution ist jedoch im Grunde nicht repräsentierbar.[98] Das Verzeichnen einer Wegstrecke auf einem Stadtplan ist zum einen nur eine mögliche unter vielen Verbindungen von Punkten, zum anderen kann sie den nur im Akt der Äußerung artikulierbaren Stil des Gehens nicht einfangen. Dieser ist durch die zwei stilistischen Figuren der Synekdoche und des Asyndetons charakterisiert. Während die Synekdoche durch Teile ein Ganzes symbolisiert (ein Schornstein steht etwa für ein Industriegebiet) bestimmt das Asyndeton Bedeutungen durch Auslassungen (z.B. durch Überspringen oder ein Fragment). Das Zusammenspiel dieser Stilfiguren bleibt nicht ohne Folgen für den urbanen Raum:

> „Der von den Praktiken so behandelte und veränderte Raum verwandelt sich in vergrößerte Singularitäten und voneinander getrennte Inseln. Durch diese Aufblähung, Schrumpfung und Zerstückelung, durch diese rhetorische Arbeit bildet sich ein räumliches Satzbild analogischer (nebeneinanderstehender Zitate) und elliptischer Figuren (Lücken, Lapsus und Anspielungen" (KH 195).

Bereits hier wird deutlich, dass Certeaus Distanz zur Lesbarkeit der Stadt nicht eine Abkehr von sprachphilosophischen Modellen bedeutet, sondern im Gegenteil eine Hinwendung zu einer sprechakttheoretisch angeleiteten Praxistheorie.

Neben der Sprache stellt Certeau das Gehen auch in Analogie zum Traum, um von dort eine Figur der Abwesenheit auszumachen, die wieder das mystische Element einführt: „Gehen bedeutet, den Ort zu verfehlen. Es ist der unendliche Prozess, abwesend zu sein und nach einem Eigenen zu suchen. Das Herumirren, das die Stadt vervielfacht und verstärkt, macht daraus eine ungeheure gesellschaftliche Erfahrung des Fehlens eines Ortes" (KH 197). Verweist der Traum auf den Diskurs der Psychoanalyse, so scheint mir vor dem Hintergrund von Certeaus Erfahrungen und dem Kontext seiner Schriften der Bezug zu einer modernen Mystik als Ausweg aus einer Krise der Repräsentation und einer Fragmentierung des christlichen Glaubens und seiner Institutionen noch bestimmender. So kann die Stadt als kontrollierter Ort der Identitätsstiftung nicht nur mit dem Staat, sondern auch mit der Kirche verglichen werden. Konstitutiv für die Identifikation der Bewohner mit ihren Orten sind deren „Eigen"-Namen. Mit ihnen baut der Fußgänger eine besondere Beziehung zu Straßen, Orten und Plätzen auf. Die Namen sind polysemisch und können zu immer neuen Sinneinheiten kombiniert werden, sie

---

98 Vgl. dazu bereits die Kritik von Frow 1991: 58–59.

schaffen „Nicht-Orte an Orten; sie verwandeln sie in Passagen" (KH 199). Jene urbane „Bedeutungs-Geographie" ist Gegenstand unzähliger Aneignungen. Ihre Nicht-Orte und die Bedeutungsaufladung urbaner Plätze wie etwa U-Bahnstationen ist später in verschiedenen Arbeiten, etwa von Marc Augé zum *Ethnologen in der Métro* (Augé 1988) und zur Theorie der *Nicht-Orte* (Augé 2010) weiterentwickelt worden.

Von den Eigennamen geht für Certeau eine „lokale Autorität" aus. Sie bilden Legenden, die sich dem „funktionalistischen Totalitarismus", der „technizistischen Vernunft" und der „finanziellen Rentabilisierung" zur Wehr setzen können (KH 202). Auch diese Praxis des Bezeichnens folgt bestimmten Mustern: dem Glaubhaften, dem Denkwürdigen und dem Ursprünglichen (KH 201). Legenden, Erinnerungen und Träume, die eine „Bewohnbarkeit" der Stadt ermöglichen und neue Sinnpotentiale eröffnen, aber zunehmend auf eine wandernde Bewegung angewiesen sind. Von den Bewohnern der Vorstädte wird laut Certeau immer wieder ausgesagt, dass die Orte, die sie bewohnen, nichts „Besonderes" seien, ihnen zu diesen Orten gerade nichts einfalle. Der Mangel einer eigenen Geschichte zwingt zur rastlosen Bewegung, erst die „Reise" eröffnet neue „Legenden". Die Erinnerung ist nicht länger lokalisierbar – eine deutliche Gegenbewegung zu den offiziellen Erinnerungsorten, wie sie etwa Pierre Nora erforschte –, sondern sie ist auf die taktische Bastelei der Bewohner angewiesen. Für Certeau wird das Gedächtnis geradezu zu einem „Anti-Museum: es ist nicht lokalisierbar" (KH 205). Die in den Orten einer Stadt, eines Viertels eingelagerte Geschichte – ‚hier stand einmal dieses oder jenes Haus' – stellt einen Großteil der Lebensqualität für viele Bewohner dar. Die Unsichtbarkeit dieser verorteten Geschichten macht für Certeau geradezu das „genaue Gegenteil des Panopticons" aus (KH 206). Im Sinne der Psychoanalyse vergleicht Certeau den Umgang mit den Orten mit den Erfahrungen der frühen Kindheit, dem Bewusstwerden einer Nicht-Identität im berühmten Spiegelstadium (Lacan 1973).

Neben der physischen Praxis der Raumdurchquerung interessiert sich Certeau vor allem für die Narrativierung des Raumes. Berichte über den Raum beschreiben diesen nicht nur, sie produzieren gleichzeitig eine Handlungsgeographie, die den Raum organisiert und dabei bestimmten Prinzipien folgt. Um diese Strukturprinzipien räumlicher Narrative zu analysieren, unterscheidet er zunächst zwischen Raum und Ort. Als Orte bezeichnet er „die Ordnung (egal, welcher Art), nach der Elemente in Koexistenzbedingungen aufgeteilt werden. [...] Ein Ort ist also eine momentane Konstellation von festen Punkten" (KH 217–218). Der Raum hingegen ist ein „Geflecht von beweglichen Elementen. Er ist gewissermaßen von der Gesamtheit der Bewegungen erfüllt, die sich in ihm entfalten" (KH 218). In Relation zum Ort ist der Raum „ein Wort, das ausgesprochen wird" (KH 218). Der Raum

5.2 Aneignungen des Alltags

ist die performative, aber flüssige Realisierung einer Präsenz. „Insgesamt" sei der „Raum ein Ort, mit dem man etwas macht" bzw. „... l'espace est un lieu pratiqué" (KH 218).

Mit dieser von der Phänomenologie inspirierten Raumdefinition bewegt sich Certeau nah an vergleichbaren Konzepten von Merleau-Ponty, Henri Lefebvre oder Pierre Bourdieu. Merleau-Ponty unterscheidet einen „geometrischen", Certeaus Konzept von Ort ähnelnden Raum von einem „anthropologischen", der wiederum eher dessen Verständnis von Raum entspricht. In *La Production de l'espace* (Lefebvre 1974) hat Lefebvre eine theoretische Trias von „espace perçu" (dem wahrgenommenen Raum), „espace conçu" (dem begrifflich gefassten und vorgestellten Raum) sowie den „espace vécu" (den gelebten Raum) entworfen. Während der „espace vécu" einen emphatischen Raumbegriff impliziert, der sich allenfalls in der Kunst der Avantgarde realisiert, unterscheidet Pierre Bourdieu ohne derartige Privilegierungen drei Arten von Raum: einen physischen, einen sozialen und einen angeeigneten physischen Raum (Bourdieu 1991). Überein kommen alle diese miteinander in Dialog stehenden Raumtheorien darin, dass Räume geschaffen werden und keine Behälter des Sozialen sind. Steht Certeaus performativer Raumbegriff dem relationalen Denken Bourdieus grundsätzlich nah, so unterscheidet er sich jedoch in der epistemischen Grundhaltung (Lippuner 2007: 276). Auch Bourdieu ist zweifellos klar, dass der soziale Raum eine Konstruktion des Soziologen darstellt, die zwar reflektiert, aber nicht vermieden werden kann. Certeaus Fußgängerperspektive hingegen widersetzt sich grundsätzlich der Konstruktion eines Blicks aus übergeordneter Warte. Der Wanderer Certeau folgt seinen Akteuren auf gleicher Ebene, er steht nicht über ihnen, sondern folgt ihrer chaotischen Kreativität auf einer Mikroebene, die sich der Perspektive des „Voyeur-Gottes" grundsätzlich versagt. Auch in seiner eigenen textuellen Repräsentation geht Certeau andere Wege. Sein an Bildern reicher Stil ist zum Teil nur schwer zugänglich und entzieht sich konsequent eindeutigen und definitiven Aussagen. Das Schreiben über den Raum hat somit selbst taktische Qualitäten, es nutzt bestimmte Theorien, Bilder und empirische Daten, um sich in ihnen einzunisten, sie anzueignen. Das Ergebnis ist nicht eine neue Kartographie des Sozialen, sondern eher eine Pluralität von Wegstrecken, Schleichwegen oder Abkürzungen, die erst in ihrem Durchlaufen zu einer theoretischen Aussage werden.

Orte sind statisch und tot, Räume lebendig und werden durch Bewegung erzeugt. Certeaus Verständnis des Ortes als etwas „Totem" weist deutliche theologische Spuren auf. Wieder ist es das Grab („das leere Grab"), das zum abendländischen Schlüssel-Ort wird. Die Relation von Raum und Ort ist ständig in Bewegung. Motor dieser Dynamik ist die Erzählung, die „unaufhörlich Orte in Räume und Räume in Orte verwandelt" (KH 220). Innerhalb dieses Wechselverhältnisses, das permanent durch Erzählungen geschaffen wird, unterscheidet er zwei grundlegende Muster: die Wegstrecken und die Karten („parcours" und „cartes"). Mit dem „Tun" und dem „Sehen" werden diese zwei unterschiedlichen Arten von Erfahrung organisiert. Die Beschreibung der Wegstrecke wird zu einer „diskursiven Reihe von Handlungen", während die Erzählung der Karte eine „totalisierende Planierung der Beobachtungen" ergibt (KH 222). Die Erzählung der Wegstrecke trifft auf die narrative Struktur frühneuzeitlicher Reiseberichte ebenso wie auf stadtsoziologische Umfragen der Gegenwart zu.[99] Daher verwundert es auch wenig, dass Certeaus Unterscheidung gerade in entsprechenden Forschungen bislang am stärksten rezipiert wurde (Wagner 2005; Füssel 2013). In den Reiseberichten reiht sich Ort an Ort, die Zwischenräume bleiben leer, eine Gesamtschau wird selten erreicht. Die Wegstrecke scheint die historisch ältere zu sein, die Karte verselbständigt sich erst im Verlauf der Frühen Neuzeit. Mit Werken wie Abraham Ortelius *Theatrum Orbis Terrarum* (1570) wurden die als Schauplätze konzipierten Karten langsam zu Kolonisatoren und Bezähmern der Wegstreckenerzählungen. Wieder ist es gewissermaßen der panoptische Blick, der in Gestalt der Karte in Kontrast zur Widerständigkeit der parcours steht. Doch sind die Modelle von Wegstrecke und Karte in der Praxis meist nicht so klar geschieden, vielmehr treten Mischformen beider Erzählweisen auf.

Die Erzählung zieht auch Grenzen zwischen Räumen und eröffnet Handlungsspielräume. Die Grenze wird so zur zentralen Möglichkeitsbedingung von Räumlichkeit. Ähnlich wie in der Subjektkonzeption des Spiegelstadiums muss eine Unterscheidung getroffen werden, die durch Differenz Räume konstituiert, egal ob eine Mauer, ein Zaun oder die immaterielle symbolische Markierung einer Erzählung. Exemplarisch verdeutlicht wird diese Grenzarbeit anhand der Raumerfahrung und Raumaneignung von Eisenbahnzügen und Schiffen. Der Eisenbahnwagon als idealtypische Mikroeinheit der „panoptischen und klassifizierenden Macht" ermöglicht gleichzeitig eine Lösung vom Ort und eine Durchquerung des Raumes. Die „Kerker" des Schiffs und der Bahn heben während der Fahrt Gegensätze auf, die sich nachher wiedereinstellen. Symbole dieser Grenzziehungen sind das Bullauge und die Schiene. Hier knüpft Certeau an Überlegungen an, die er im Rahmen seiner Jules Verne-Lektüre angestellt hat (vgl. Certeau 2005b.). Das Fenster erlaubt ein Sehen, doch trennt es gleichzeitig den Betrachter von seiner Umwelt, die Schiene bietet die Möglichkeit der Durchquerung und fordert auf, weiter zu gehen.

In den Erzählungen der Grenze unterscheidet Certeau wiederum zwischen den „Theatern" der Handlung einerseits und den „Grenzen und Brücken" andererseits.

---

99 Zur ‚Rhetorik' der Karten vgl. Hartnett 1998.

5.2 Aneignungen des Alltags

Während das von der Erzählung geschaffene Theater der eigentlichen Aktion vorausgeht und ihr einen Handlungsraum, ein Spielfeld verschafft, schafft die Grenzziehung ein Paradox: „da sie durch Kontakte geschaffen werden, sind die Differenzpunkte zwischen zwei Körpern auch ihre Berührungspunkte. Verbindendes und Trennendes ist hier eins." (KH 233). Die Grenze ist Trennung und Übergang zugleich, sie wird zu einem „dritten Ort", eine Eigenschaft, die sie mit der Brücke teilt, die ebenfalls verbindet und trennt. Die Erzählungen arbeiten an einem ständigen ‚in Bewegung halten' der Grenzziehungen und einer fortwährenden Überschreitung. Dieses Fortschreiten von Ort zu Ort, die Privilegierung des „Weges" gegenüber dem „Zustand" macht die Erzählungen zu etwas deviantem und kriminellem. Insofern widersteht die Raum-Erzählung der Disziplinarmacht, welche den Subjekten nur noch die Zwangsalternative von „disziplinierter Anpassung" oder Abweichung lässt. Aus dieser Perspektive werden physische wie narrative Aneignungen von Orten und ihre damit einhergehende Transformation in ephemere Räume zu taktischen Verhaltensweisen. Der „lieu pratiqué" hat somit zwei zentrale Artikulationsformen, das konkrete physische Gehen als Produktion des Raumes und die Raumerzählungen seiner Bewohner, die aus den stummen Orten erst Räume mit Bedeutungen machen.

5.2.5 Mündlichkeit und Schriftlichkeit

Die Aufschreibesysteme der Disziplinarmacht kontrollieren auch das gesprochene Wort. Die Stimmen des einfachen Volkes werden zu einem beherrschten Anderen der Schriftdispositive der herrschenden bürgerlichen Schichten. Certeau verfolgt die Genese einer Trennung von Oralität und Schriftlichkeit in der Moderne. Im Gegensatz zu Derrida geht es ihm allerdings nicht um eine dekonstruktive Verkehrung oder Aufhebung der beiden Bereiche und auch nicht um eine dritte Ebene, sondern um die Historisierung einer spezifisch abendländischen Konstellation, aus der die Ökonomie der Schrift als privilegiert hervorging. Als „Schreiben" begreift Certeau „die konkrete Aktivität, die darin besteht, in einem eigenen Raum, auf der Seite, einen Text zu konstruieren, der auf die Außenwelt einwirkt, von der er sich zunächst abgesondert hat" (KH 245). Die leere Seite wird zu einem autonomen Produktionsort, an dem das Subjekt nach bestimmten Regeln einen Text fabriziert, der wiederum eine bestimmte strategische Wirkmächtigkeit ausübt. Im „Laboratorium der Schrift" werden Dinge nicht nur registriert, sondern auch geschaffen. Insofern kann Certeau von einer „Ökonomie", einer „Akkumulation" und einer „Expansion" der Schrift sprechen (KH 247). Idealtyp dieser Bewegung ist für Certeau Daniel Defoes Roman Robinson Crusoe (1719). Am autonomen Ort der

Insel domestiziert das „Herren-Subjekt" die natürliche Welt in Gestalt seines Tagebuchs. Das Aufschreibesystem Tagebuch wird zu einem „Herrschaftsraum über Zeit und Dinge", Robinson zur „Wunschfigur" moderner Pädagogik (KH 249).[100]

Zwei historische Entwicklungen greifen in der europäischen Gesellschaft der Frühen Neuzeit ineinander, die zu einem Primat des Produktionssystems Schrift beitragen. Zum einen verstummt das Wort Gottes, das durch die Heilige Schrift der Bibel sprach, zum anderen verlagert sich damit der Fokus vom Zuhören zum Herstellen. Der Verlust der alten metaphysischen und ständischen Gewissheiten setzt ein Subjekt frei, das seine Herrschaft auf die Produktion einer eigenen Sprache gründet. Hintergrund dieser Überlegungen ist Certeaus Studie über die Sprachpolitik des Abbé Grégoire in der Französischen Revolution, der die gesprochenen Dialekte zugunsten einer reinen französischen Sprache auszumerzen suchte (Certeau/Julia/Revel 1975).[101] Die neue politische Ordnung der Revolution manifestierte sich somit auch in einer neuen sprachlichen Ordnung. Das Gesetz der Schrift schreibt sich buchstäblich in die Körper der Subjekte ein. Von der ethnographischen Einschreibung in den Körper der „Wilden" bis hin zur Maschinerie der Justizapparate, deren letzte Konsequenz die Zerstörung des delinquenten Körpers ist, scheint das Verhältnis der Schrift zu ihrem Anderen durch und durch von Macht geprägt. Die „Textwerdung des Körpers entspricht der Fleischwerdung des Gesetzes" – die gesellschaftlichen Machtmechanismen schreiben sich durch vielfältige Werkzeuge, von der Kleidung bis zur Technik – in die Körper der Subjekte ein (KH 269).

Ihren Höhepunkt findet diese Entwicklung für Certeau im Mythos der „Junggesellenmaschinen" bei Marcel Duchamp (1887-1968) und in der *Strafkolonie* bei Franz Kafka (1883-1924), die einen Automatismus der Produktion entwerfen, in dem sich das Begehren des Subjekts in technischen Paradoxien auflöst (Certeau 1975f; Zmy 2014: 190–196).

Junggesellenmaschinen

Der Begriff der *Junggesellenmaschine* bzw. der *Machine Célibataire* geht auf Marcel Duchamp zurück, der ihn ab 1913 für ein Werk nutzte mit dem Titel: *Die Neuvermählte/Braut von ihren Junggesellen entkleidet, sogar (La*

---

100 Jean-Jacques Rousseau empfahl seinem *Emile* (1762) als erste Lektüre den Robinson von Defoe und der deutsche Pädagoge Joachim Heinrich Campe veröffentlichte 1779/1780 eine einflussreiche freie Übersetzung aus dem Englischen. Seitdem ist die Rezeption der Robinsonade in der Pädagogik des 19. und 20. Jahrhunderts nahezu ungebrochen, scheint sie doch die idealen Bedingungen pädagogischen Handelns zu bieten.

101 Vgl. oben Kap. 3.2.

5.2 Aneignungen des Alltags

Mariée mise à nu par ses célibataires, même). Die Arbeit ist auch unter dem Titel *Großes Glas* bekannt. Es besteht aus einer zweiteiligen Glasplatte, die im oberen Teil die ‚Braut' enthält, im unteren die ‚Junggesellen', die durch ihr Begehren der Braut eine Schokoladenreibe als Symbol der Masturbation in Gang setzen. Michel Carrouge hat den Begriff 1954 auf eine ganze Strömung in Kunst und Kultur von 1850 bis 1925 ausgeweitet und mit Franz Kafkas Erzählung *In der Strafkolonie* in Beziehung gesetzt. Weltweite Aufmerksamkeit hat dann 1975 eine von Harald Szeemann (1933-2005) kuratierte Ausstellung *Junggesellenmaschinen/Les Machines Célibataires* erfahren, die den Visualisierungen des Begriffs nachging. Bei den Junggesellenmaschinen handelt es sich um erotisch aufgeladene technische Apparaturen, die an die Stelle der menschlichen Reproduktion treten:

> „Wir sind mit dem Mythos der Junggesellenmaschinen in der Zeit von Freud, der Maschinen, der Horrorfiguren, der Entdeckung der vierten Dimension, des Atheismus, des militanten Junggesellentums beider Geschlechter mit dem Verzicht auf Prokreation. In alle Erfindungen der Zeit wird eine sexuelle und erotische Konnotation hereingelesen, und die technischen Innovationen werden als Metaphern eines kurzgeschlossenen Kreislaufs verwendet" (Szeemann 1975/1999).

In den Junggesellenmaschinen verknüpfen sich gesellschaftliche, sexuelle und religiöse Fragen. Zu dem gleichnamigen deutsch-französischen Ausstellungskatalog Szeemanns mit Texten von u.a. Jean-François Lyotard, Michel Serres und Bazon Brock hat Certeau den Beitrag *Sterbekünste. Anti-Mystisches Schreiben* beigesteuert (Certeau 1975f). Die Figuren der Junggesellenmaschinen haben in den 1970er Jahren die poststrukturalistische Theorie stark inspiriert (u.a. die „Wunschmaschine" bei Gilles Deleuze und Felix Guattari) und wirken gegenwärtig in Diskussionen um virtuelle Welten des Cyber-Space weiter.

Literatur: Carrouges 1954; Clair/Szeemann 1975/1999

Junggesellenmaschinen sind für Certeau „Mythen der Einschließung in die Operationen einer Schrift, die sich unendlich in Gang setzt und immer nur sich selbst begegnet" (KH 270). Die Junggesellenmaschine wird von Certeau in Bezug zu zwei großen Bewegungen gesetzt, der frühneuzeitlichen Mystik einerseits und der Etablierung eines modernen Schriftregimes andererseits, für das emblematisch Defoes' Geschichte des Robinson Crusoe steht. Mit der Junggesellenmaschine würden die

„Hauptbestandteile der erobernden Schrift von Defoe [...] bloßgestellt: die leere Seite ist nur eine Glasscheibe, wo die Vorstellung von dem angezogen wird, was sie ausschloß; der in sich abgeschlossene, geschriebene Text verliert den Bezugsrahmen, der ihn autorisierte; die expansive ‚Nützlichkeit' verwandelt sich in die ‚unfruchtbare Nutzlosigkeit' des Junggesellen Don Juan oder der ‚Witwe', mit einer rein symbolischen Nachkommenschaft, ohne Frau und ohne Natur, ohne Anderes" (KH 274).

Mit den Junggesellenmaschinen habe sich „ein noch nie dagewesns Scheinwesen in Bewegung gesetzt", das Certeau als „anti-mystisch" bezeichnet (Certeau 1975f: 142–143). Während der mystische Diskurs einen „modus loquendi", d.h. des sich Ausdrückens im Sinne des Sprechens einer Sprache bezeichne, der „aus einer Gesamtheit von Operationen am und im gemeinsamen Text" resultiere, ist die Junggesellenmaschine „nicht mehr ein *modus loquendi*, sondern ein *modus scribendi*. Eine Schreib-Maschine" (Certeau 1975f: 145; 147). „Die Maschine hört auf eine entstellte Wahrheit zu berichten, deren Zeugin sie wäre. Sie ist nur Selbstzweck. Ein Spiel. Eine Fabel: *ohne Macht*" (Certeau 1975f: 151–152). Während die Mystik eine „innere Wahrnehmung ausserhalb des Ichs" voraussetzt, das

„bedeutet die Erwähnung des Anderen im Text", hält die Junggesellenmaschine „den anderen von sich fern. [...] Ihr Motor ist das Andere, das mit großer Präzision Verdängte – also in erster Linie der Leser. [...] Deshalb ist dieser Diskurs antimagisch, a-religiös, nicht-symbolisch: er spielt nicht mit der Möglichkeit der Worte, die Dinge in Gang zu bringen; er verbindet nicht, er trennt" (Certeau 1975f: 155–156).

Und als solcher kann der Diskurs der Junggesellenmaschine zum Symbol einer technokratischen Schrift-Rationalität werden, einer Rationalität, der sich die ‚Alltags-Mystiker' von heute durch performative Sprechakte und Praktiken widersetzen.

Von dieser futuristischen Denkfigur kehrt Certeau wieder zurück zur Stimme. Denn eine zentrale Szene in Robinsons Geschichte verweist auf die Brüchigkeit des Systems der Schrift. Als Robinson eines Tages am Strand einen menschlichen Fußabdruck entdeckt, gerät er in tiefste Verunsicherung. Er wird von der Spur eines Anderen, einem Nicht-Ort heimgesucht, den er als „wild" identifiziert. Als dann Freitag auftaucht, wird dieser vor die Wahl gestellt, entweder den Schrei des Wilden zu äußern oder Robinsons Anweisungen zu folgen und damit körperlich „zur Stimme seines Herrn" zu werden. Der Fuß im Sand versinnbildlicht für Certeau das Zitat der Stimme, das in zwei Varianten auftreten kann, als „Wissenschaft von der Fabel" und als „Wiederkehr und Wendung von Stimmen" (KH 280).[102]

---

102 Vgl. bereits auch die Robinson-Interpretation im Schlusswort von *L'absent de l'histoire* in TF 175–177.

5.2 Aneignungen des Alltags

Die Stimme als das Andere der Schrift sucht das „Haus der Sprache" heim wie ein Fremder: „Gesprochen wird außerhalb der Orte, an denen die Aussagesysteme produziert werden" (KH 283). Über einen eigenen Ort verfügen hingegen die „Heterologien" oder „Wissenschaften vom Anderen" wie die Geschichte, die Psychoanalyse oder die Ethnologie, deren Gemeinsamkeit in der Absicht bestehe, „die Stimme zu schreiben" (KH 285). Da alle diese Wissenschaften davon ausgehen, dass das, „was spricht", nicht weiß, was es eigentlich sagt, privilegieren sie ihre asymmetrische, erklärende Funktion als „Übersetzer" des Anderen. Die gesprochenen „Fabeln" werden transkribiert und gespeichert und unterliegen fortan der forschenden Kontrolle. Redewendungen wie „etwas zum Sprechen bringen" verweisen auf den zugrundeliegenden Verlust bzw. die Unerreichbarkeit der Stimme, die als motivierender Motor der skripturalen Produktion fungiert. „Sich nicht am Ort der Präsenz" zu befinden, wird zur Bedingung der Möglichkeit von Schrift (KH 288). Von den „Fabeln" als Gegenständen der Heterologie unterscheidet Certeau die „Körpergeräusche", als undisziplinierte „Körperzitate", Spuren einer geradezu ‚erotischen' Präsenz. Nach den Klängen wendet sich Certeau erneut dem Lesen als einer Praktik des „Wilderns" zu und eröffnet damit eine neue Facette des Massenkonsums.

Im Bereich der Medienrezeption wird die Problematik einer kulturkritischen Sicht auf den Verbraucher besonders deutlich. Certeau kennzeichnet die Position, von der er sich abgrenzt, wie folgt: „Den Massen bleibt nur noch die Freiheit, die Ration an Trugbildern abzugrasen, die das System jedem einzelnen zuteilt" (KH 294). Es sei hingegen keineswegs davon auszugehen, dass der Konsument von den ihm vorgesetzten Produkten so bruchlos geformt und assimiliert würde. Das Bild des passiven Konsumenten geht für Certeau zurück bis auf die Bildungsprogramme der Aufklärung, die noch einem Glauben an die bildende Kraft des Buches folgten. Das Buch hat sich längst auf die Gesellschaft als Text ausgedehnt und die Vorstellung des passiven Lesers mit ihm. Das Lesen ist wie der Konsum jedoch ein schöpferischer und kreativer Akt der Aneignung, es verändert die Bedeutungen der Texte, „der Text bekommt seine Bedeutung nur durch die Leser; er verändert sich mit ihnen, er wird nach Wahrnehmungscodes gegliedert, die ihm selber nicht geläufig sind" (KH 301f.). Der damit eingenommene Perspektivenwechsel, die Aufhebung der Dichotomie von Produktion und Konsum ist dabei nicht auf traditionelle Formen der Rezeptionsforschung, seien sie quantitativer oder qualitativer Natur, zu reduzieren. In den Blick rücken vielmehr die „schweigsamen, überschreitenden, ironischen oder poetischen" Aktivitäten von Lesern, die sich den Zumutungen der Dispositive von Schule und Kulturindustrie widersetzen, und damit eine „Politisierung" ihrer Aneignungen. Der Leser wird zu einem Reisenden ohne eigenen Ort: „sein Ort ist nicht *hier* oder *dort*, der eine oder andere, sondern weder der eine noch der andere, innen und außen zugleich" (KH 307). „Lesen heisst Wildern" (KH 293) ist die Formel dieser taktischen, spielerischen und flüchtigen Praktiken der Aneignung, die dem düsteren Bild der totalen Herrschaft einer skripturalen Ökonomie eine andere Perspektive entgegensetzen.

Das letzte Kapitel der *Kunst des Handels* ist der Frage des Glaubens und der Glaubwürdigkeit gewidmet (vgl. Bradley 2004: 72f.; Ward 2007; Ward 2010;). Unter Glauben versteht Certeau nicht einen Inhalt, ein Dogma oder dergleichen, sondern „das Setzen der Subjekte auf eine Behauptung und den *Akt* des Aussagens, wenn sie für wahr gehalten wird" (KH 316). Doch die Energie des Glaubens ist knapp geworden. Dieser in die Krise geratene Glaube speiste sich aus religiösen wie politischen Quellen. Gleichzeitig konstatiert Certeau historisch eine Übertragung von der politischen auf die religiöse Macht in der Spätantike und im Verlauf der Frühen Neuzeit wieder zurück in den Bereich des Politischen. Eine Übertragung von Autorität, die nicht ohne Folgen für das Christentum blieb, das „letztendlich dem Vertrauen in das Religiöse, das es vom Politischen losgelöst hat, Abbruch getan hat, als es das antike System, das heißt die religiöse Glaubwürdigkeit des Politischen zerstörte. Es hat zur Abwertung dessen beigetragen, was es sich angeeignet hat, um autonom zu werden" (KH 322f.). Warum diese Transformationen auch die politischen Kämpfe der Gegenwart bestimmen, wird klar, wenn Certeau die kritische Rolle der Kirche mit der der Linken parallelisiert: „Es gibt gegenüber der etablierten Ordnung *funktionell* einen Zusammenhang zwischen den Kirchen, die eine *jenseitige Welt* verteidigen und den linken Parteien, die seit dem 19. Jahrhundert eine andere *Zukunft* anstreben" (KH 324f.). Dabei sind es jedoch nicht die bekannten soziologischen Homologien, die ihn interessieren, sondern die Praxis des Glaubenmachens und der Glaubwürdigkeit. Beides gründet in der Fähigkeit *„im Namen eines Realen zu sprechen"*, die einst der Kirche und der Linken zu Eigen war, heute aber in den Dispositive der Massenmedien wirkt (KH 327). Die damit aufgerufene Denkfigur erinnert an Peter Sloterdijks *Kritik der zynischen Vernunft* (Sloterdijk 1983). Man weiß, dass es sich bei der Flut von Informationen und medialen Bildern oft um Simulakra handelt, doch man schenkt ihnen trotzdem Glauben. Der Kult des Realen, die Evidenz von Umfragewerten und Statistiken schließt bereits seine Skeptiker mit ein. Die Konsequenz ist, dass der christliche Glaube nicht mehr geglaubt werden kann, er ist nicht mehr glaubhaft. Oder mit den Worten Ian Buchanans: es ist ebenso wahrscheinlich, an das Mirakel einer neuen Spülmaschine zu glauben wie an Gott (Buchanan 2000: 95).

Wie tief die funktionalistische Technokratie in die existenziellen Situationen der Menschen einwirkt, verdeutlicht Certeau am Beispiel des Sterbens. Der Sterbende wird zu einem „outcast" in einer Gesellschaft, die ganz auf Produktion ausgerichtet ist. Der Tod verweist auf eine Leerstelle, die von der Gesellschaft marginalisiert und isoliert wird; er wird in „Räume aus vergangenen Zeiten" abgeschoben (KH 338), in die Religion und ferne Traditionen.

Die „Unbestimmtheiten" des Alltags drücken sich abschließend in Raum und Zeit aus. Immer noch geht es um den Widerstreit zwischen einer funktionalistischen Technokratie und den unzähmbaren Praktiken der Stadtbewohner. Auf der Ebene der Topographie widersetzt sich die Geschichtlichkeit des Raumes seiner vollständigen planerischen Kontrolle; beliebteste Maßnahme bleibt daher das Tabula-rasa-Prinzip, wie es etwa Haussmann im 19. Jahrhundert mit den Pariser Boulevards durchgesetzt hat. Die Orte der Stadt, Stadtteile, Häuserblöcke, Plätze sind übereinandergeschichtet. Der „Ort ist ein Palimpsest" (KH 355). Ähnlich wie Freud es am Beispiel Roms dargestellt hat, werden an einem Ort unterschiedliche Epochen sichtbar. Diese Schichtung der Orte bildet eine Art Reservoir der Widersetzlichkeit gegenüber der panoptischen Macht der Technokraten. Ähnliches gilt auch für das Einbrechen der Zeit: das Unvorhergesehene, die Gelegenheit, der Unfall – sie widerstehen der Programmierung der Zeit, der planenden Vernunft und der Fiktion der Kontinuität.

5.3 Kunst des Handelns II: Wohnen und Kochen

Der zweite Band von *L'invention du quotidien* ist eine Gemeinschaftsarbeit mit Luce Giard und Pierre Mayol (1945-2007). Certeau eröffnet den Band mit einer kurzen „entrée", tritt dann aber fast ganz gegenüber den Fallstudien der beiden anderen zurück. Der Sinn des zweiten Bandes bestehe darin, nach der allgemeinen Theorie des Handelns und der Praktiken ganz konkrete soziale Praktiken im lokalen Kontext zu verfolgen und zu rekonstruieren, wie sie sich in den „Raum eines Gedächtnisses" („l'espace d'une mémoire") einschreiben (IQ II 11).

Mayol widmet sich in sieben Kapiteln den Praktiken des Wohnens, d.h. konkret der Lebenswelt des Stadtviertels Croix-Rousse in Lyon, den dortigen Nachbarschaftsverhältnissen, dem Straßenhandel oder dem Einkaufen am Wochenende im Supermarkt oder auf dem Markt.[103] Die Praktiken im lange Zeit als Arbeiterviertel geltenden *quartier* von Croix-Rousse werden in den Kategorien des ersten Bandes als taktisches Handeln gefasst, das sich nur im Raum des anderen abspielen kann (IQ II 24). Es geht um Verpflichtungen und um Anerkennung, um Eigentum

---

103 Mayol ist als einziger der drei Autoren später dem Themenfeld der Alltagskultur treu geblieben und hat vor allem über zeitgenössische Jugendkulturen gearbeitet, vgl. den Nachruf von Eslin 2007 sowie Mayols Würdigung Certeaus als „histoiren de la culture ordinaire" in Mayol 2002.

ebenso wie um Sexualität. Mayol folgt der Geschichte einer einzelnen Familie des Viertels über drei Generationen. Anders als Certeau bemüht er Interviewsequenzen und durchaus auch statistisches Material etwa zur Jugendarbeitslosigkeit für seine Analysen (IQ II 77–84). Auch den Räumen und Orten gilt besondere Aufmerksamkeit. So werden neben detaillierten Karten des Viertels auch die Zimmeraufteilungen innerhalb von Wohnungen analysiert. Das Viertel wird ähnlich der Familie oder der Schule zu einem Ort des Erlernens von Alltagsleben (IQ II 162).

Es folgt ein gemeinsam von Giard und Certeau verfasstes „Zwischenspiel" über die „Geister in der Stadt". Diesmal sind es nicht primär die Bewohner, sondern die Häuser, die zu Akteuren werden, indem sie das Handeln der Stadtplaner zugleich begrenzen und ermöglichen. Der Geist der alten Bebauung, der sich immer noch der Modernisierung entzieht oder widersetzt, wird exorziert, indem man Orte oder Häuser zu „nationalem Kulturerbe" erklärt, eine Bewegung, die an den Abbé Grégoire und seine musealisierende Bändigung des Patois erinnert. Doch im Geist der *Kunst des Handelns* lassen nicht alle ,wilden', ,ungezähmten' Häuser das so einfach mit sich machen. Als „Heterodoxien der Vergangenheit" (IQ II 196) sichern sie die Multiplizität und Diversität der Stadt. Nur eine Macht ist stärker als die der Musealisierung: die des Marktes. Damit beschreiben Certeau und Giard Prozesse, die wir heute unter anderem als Gentrifizierung bezeichnen: die räumliche Auswechslung ganzer Bevölkerungsgruppen im Zeichen ökonomischer Ungleichheiten. Eine Chance für eine demokratisierende urbane Ästhetik liegt jedoch in den Praktiken und Narrativen der Stadtbewohner. In den Gesten und Handlungen bestehe das wahre Archiv einer Stadt, also den tausenderlei Arten, wie Jugendliche Graffitis produzieren, Wirte ihre Kneipen führen oder sich Menschen Straßen und Plätze aneignen. Zu diesen „wortlosen" Handlungen des Sich-Kleidens, Gehens oder Wohnens gesellen sich die unsichtbaren Narrative der Stadt. Mythische Texte, die nicht frei sind von totalisierender Vereinnahmung, sei es durch totalitäre Regimes oder die durch Werbung, Fernsehen, Internet etc. ,beschriebene' Stadt der Kulturindustrie. Damit sind keine konkreten Texte gemeint, sondern Erinnerungen, Legenden und Erzählungen urbaner Räume, etwa das Pariser Quartier Latin als Raum der Intellektuellen, der studentischen Freiheit etc. Nach den Makroräumen der Stadt wendet sich Certeau den Mikroräumen des privaten Wohnraums zu. Im Rahmen einer kurzen Phänomenologie des privaten Wohnraums, seiner soziologischen wie seiner imaginären Strukturen tritt schließlich die Küche als zentrale Bühne der familiären Interaktion wie der ,Ernährung' in den Blick (IQ II 205–210).

5.3 Kunst des Handelns II: Wohnen und Kochen

So geht Luce Giard in weiteren fünf Kapiteln auf die Praktiken des Kochens am Beispiel des *peuple feminin des cuisines* ein.[104] Hauptgrundlage ihrer Untersuchung waren zwölf ausgewählte Interviews von Frauen ohne akademischen Bildungshintergrund aus der Mittelschicht und unteren Mittelschicht (IQ II 226). Gefragt wurde u.a. nach Einkaufspraktiken, Menüplänen, Rezepten, Vorbereitungsweisen, Zutaten und der Rolle des Mannes im Haus wie in der Küche. Das „faire la cuisine" erweist sich als idealer empirischer Testfall für die Geschichte von vergeschlechtlichten Praktiken.[105] Es verbindet u.a. bestimmte Räume (Küche, Markt), Rollen (Mutter, Ehefrau), materielle Kulturen (Zutaten, Werkzeuge) und Wissensbestände (Rezepte, Familientraditionen) mit der kreativen Reproduktion von Praktiken. Ein Gericht folgt dem gleichen Rezept wird aber wieder neu zubereitet, vielleicht begleitet von Improvisation oder Mangel.

Certeau und Giard beschließen den Band mit einem gemeinsamen theoretischen Ausblick. Das Mündliche, das Operative und das Gewöhnliche werden als die organisatorischen Schwerpunkte von Kultur markiert, die jeweils sie kolonisierenden Tendenzen ausgesetzt sind: die Mündlichkeit durch ein System der Schriftlichkeit, das Operative der Praktiker durch die Reduktion auf passive Konsumenten und das gewöhnliche, alltägliche Leben durch die Hegemonie der Massenmedien (IQ II 353). Es spricht ein deutlicher Optimismus hinsichtlich der Möglichkeiten von face-to-face Kommunikation auf Marktplätzen, Cafés oder Zeitungsständen aus diesen Zeilen, deren Verfassern weder die virtuelle Kommunikation des World Wide Web noch die der mobilen Telephonie oder der Smartphones bekannt war. Insofern zeigen sich hier sowohl die Historizität jener Alltagsgeschichten besonders deutlich als auch mögliche Wege der Übertragung auf mittlerweile gewandelte kommunikative Infrastrukturen. Wie eine solche Aktualisierung aussehen könnte, zeigen bereits die Bemerkungen zu den neuen Möglichkeiten von Video- und Hifi-Recording oder von Bürgerradio und Piratensendern (IQ II 357–359). Das Gewöhnliche bzw. Alltägliche schließlich verweist darauf, dass die Erforschung von Alltagskultur eine „science pratique du singulier" ist (IQ II 360), indem sie ganz im Gegensatz zur landläufigen, auf das Allgemeine zielenden wissenschaftlichen Rationalität eine schier unendliche Pluralität von Aneignungen sichtbar macht. Eine solche „praktische Wissenschaft des Singulären", im Sinne einer Alltags- und Mikrogeschichte globaler bzw. struktureller Vergesellschaftungszusammenhänge aus der Nähe hat insofern nichts von ihrer Aktualität verloren (Highmore 2006).

---

104 Auch hier handelt es sich um Wiederverwertungen bereits publizierter Texte, vgl. Giard 1994b: XII-XIII.

105 Die Gender-Dimension wurde in die Forschungsgruppe Certeaus von Luce Giard eingebracht, vgl. Giard 1990: XXII.

5.4 Die Alltäglichkeit der Kommunikation

Wenn Certeau in *L'invention du quotidien I* eine „evokative Sprache" entfaltet, um „das Alltägliche anzusprechen", stellt der gemeinsam mit Luce Giard für das französische Kultusministerium verfasste und erstmals 1983 publizierte Text *L'Ordinaire de la communication* (PP 165–224) umgekehrt eine Untersuchung der „Alltäglichkeit der Sprache" dar (Geldof 2007: 143–147, hier 144).[106] Kommunikation ist für Certeau und Giard der zentrale „Mythos" einer zwischen „Zirkulation" und „Atomisierung" aufgespaltenen modernen Gesellschaft (PP 165). So stellt die Kommunikation letztlich ein Paradox dar: Während einerseits die medial unterstützte Zirkulation von Menschen, Dingen, Ideen und Informationen nie geahnte Dimensionen erreicht, kommt es gleichzeitig zu einer Auflösung traditionaler, kleinräumiger sozialer Beziehungen in Familie, Nachbarschaft oder Freundeskreis. Als ein kulturelles Symptom der Beschädigung sozialer Beziehungen sehen Certeau und Giard etwa den Psychoanalyse-Boom der 1970er und 1980er Jahre. Kommunikation wird auf mehreren Ebenen adressiert: als Mythos, als Politik und als Ökonomie. Was dem Mittelalter die „Erlösung" und der Zeit der Aufklärung die „Bildung" gewesen sei, stelle heute die Kommunikation dar. Kommunikation verkörpere ein a priori, ein Paradigma und ein Narrativ zugleich (PP 167). Die Sprache dieses modernen Mythos sei die Urbanisierung, durch welche die Städte zu dem symbolischen Ort der Kommunikationsverdichtung geworden seien. Politisch war und ist Kommunikation als Herrschaftstechnik, als Zirkulation zwischen Zentrum und Peripherie, Kontrollorgan von Staat und Verwaltung. Ökonomisch ist sie im Kommunikationsmedium Geld und einer Verabsolutierung marktförmiger Austauschprozesse, die alle anderen „Ökonomien" marginalisiert.

Kommunikation ist für Certeau und Giard ferner weder durch ihre Inhalte noch durch ihre Medien bestimmt, sondern durch die Weisen ihres Gebrauchs. Die sich anschließende Rede von „sozialen Netzwerken" („réseaux sociaux") als Grundbedingung von Kommunikation (PP 171) ist für heutige Leser zunächst missverständlich, denkt man doch unwillkürlich an virtuelle Kommunikationsplattformen wie Facebook. Gemeint sind hier jedoch soziale Interaktionen unter Anwesenden sowie Figuren und Orte der Vermittlung, wie Kioske, Schulen, Waschsalons, Türsteher oder Pfarrer. Damit wird die Rolle der mündlichen Rede aufgewertet und die einer Herrschaft des technologischen Apparats radikal in Frage gestellt.

---

106 Der Druck von 1983 ist selten, der Text wurde leicht gekürzt wiederaufgenommen in der Neuausgabe von *La Prise de Parole* (1994). Zur Editionsgeschichte vgl. Giard 1994a: 24. Die gekürzten Passagen finden sich in der Neuauflage von *L'Invention du quotidien II* (1994) wiederabgedruckt IQ II 189–204; 353–361.

5.4 Die Alltäglichkeit der Kommunikation

Telefon, Rundfunk und später das Mobiltelefon haben die Mündlichkeit nicht verdrängt, sondern mit einer ganz neuen Dynamik ausgestattet. Medien – egal ob Schrift, Stimme oder Technik – diktieren nicht länger den Charakter der Kommunikation, sondern ihre Gebrauchsweisen. Kommunikation ist überlebensnotwendig und kann von den technischen Möglichkeiten tendenziell nur profitieren. Ganz ähnlich wie in der *Kunst des Handelns* liegt hier ein Potential zur Subversion von Machtverhältnissen. Die freie Zirkulation des Sprechens wird als Saat der Revolte gegen totalitäre Strukturen begriffen: „Das Zirkulieren der Rede enthält den Keim für die Umkehrung der eingeschliffenen Gewaltverhältnisse" (PP 175).[107]

In der Analyse von Kommunikationsprozessen der „populären Kultur" setzen Certeau und Giard drei Prioritäten: Mündlichkeit, Operativität und Alltäglichkeit (oral, opératoire, ordinaire) (PP 177). Um die Funktionsweisen von Mündlichkeit zu analysieren, sei ein ‚update' der klassischen Rhetorik erforderlich. Rhetorik werde geradezu zu einem Schlüssel zum Verständnis alltäglicher Kommunikation. Der operative Aspekt meint die Praktiken im Alltag, auf denen der Hauptfokus der Analyse liegt. Sie machen die Alltagskultur zu einer „praktischen Wissenschaft des Singulären" („science pratique du singulier") (PP 181; Highmore 2006), da es immer um den konkreten Akt des Gebrauchs im Hier und Jetzt geht. Die Analyse dieser mündlichen Alltagskommunikation kann jedoch nicht auf die „andere Hälfte", in Gestalt der Schrift, wissenschaftlicher Diskurse und hegemonialer, „legitimierter" Medien verzichten. Beide sollten nicht als zwei distinkte Welten, sondern vielmehr in ihren Wechselwirkungen analysiert werden.

Unter dem Begriff „Netzwerke" behandeln Certeau und Giard lokal, ethnisch-familiär und über den Arbeitsplatz hergestellte Kommunikationsprozesse. Der Fokus auf das Lokale ist stark von den Versuchen einer Überwindung des französischen Zentralismus geprägt, der Blick auf die ethnisch-familiär integrierten Netze von den Erfahrungen der postkolonialen (französischen) Einwanderungsgesellschaft und der Bezug zur Arbeitswelt vom Strukturwandel des Erwerbslebens, in dem neue Kommunikationstechnologien (Telefon, E-Mail) eine immer größere Rolle spielen. Aspekte, die von ungebrochener Aktualität sind, ebenso wie die Hoffnungen auf die analytischen Möglichkeiten einer „visuellen Anthropologie" (PP 194), die sich der neuen Medien als Heuristik bedient. Allerdings zeigt der Text auch deutlich, wie Luce Giard im Vorwort zur Neuauflage von 1994 schreibt, dass ihnen 1983 die Zukunft noch offen und gesellschaftlicher Wandel gestaltbar erschien, sich diese Hoffnungen aber später nur höchst partiell einlösen ließen. Dass die Immigranten, als Grenzgänger zwischen Welten und Kulturen, besondere Chancen im Bereich neuer Medien und Technologie haben würden, zählt ebenso

---

107 „La circulation de la parole porte en germe le renversement des pouvoirs établis".

zu diesen Hoffnungen wie eine neue Würdigung von Arbeit. Vergegenwärtigt man sich, dass die digitale Netzwerkgesellschaft, das Internet und die mobile Telefonie 1983 noch in den Kinderschuhen steckten, erweist sich hier ähnlich wie bei der zeitnahen Betrachtung der 1968er Ereignisse der analytische Weitblick Certeaus auf aktuell ablaufende Wandlungsprozesse ebenso wie auf kommende Chancen oder Probleme.

Zentrale Agenten der Kommunikation sind die später in der postkolonialen Theorie so bedeutsamen Vermittler, broker, „go-betweens", mit den Worten von Certeau und Giard die „anonymen Helden der Kommunikation" (PP 197). Das kann eine mobile Krankenschwester ebenso sein, wie ein erfahrener „Gastarbeiter" oder ein weitgereister Rentner als „Wortführer" einer Gruppe (Geldof 2007: 147). Diese Vermittler verbinden altes und neues Wissen, verorten und relativieren Informationen und unterscheiden das Wahrscheinliche, das Glaubhafte und das Gewisse. Certeau und Giard liefern damit jedoch nicht nur eine kleine Soziologie des kulturellen Vermittlers, sondern geben dem ursprünglichen Kontext einer Auftragsarbeit des Kultusministeriums entsprechend auch ganz konkrete Vorschläge dafür, wie die Regierung diese Akteure unterstützen könnte. Das reicht von der Einrichtung von allgemein zugänglichen Informationsdatenbanken und Dokumentationszentren bis hin zu Annoncen, Werbespots und Informationskampagnen. Die Vermittler sind mit medialen „shiftern" und Praktiken der Zirkulation verknüpft. Als „shifter" werden im Anschluss an den Linguisten Roman Jakobson Medien wie das Fernsehen, das Radio oder Frauenzeitschriften verstanden (PP 202–204). Aber auch Praktikerzeitschriften für Hobby-Astronomen, -Gärtner oder -Köche werden als „Instrumente der Wissenszirkulation" gewürdigt. Als Praktiken der Zirkulation werden das Zeitunglesen, das ‚Zappen' zwischen Fernsehprogrammen, „do it yourself"-Seminare oder das gemeinsame ‚hacken' in Computerclubs ebenso begriffen wie die Publikationstätigkeit von Amateurschriftsteller(innen), poetry slams und offene Jamsessions von Amateurmusikern (PP 206–210). Ein rezentes Beispiel wären etwa sogenannte „Wissenschaftsläden", in denen die Zugangsgrenzen zu naturwissenschaftlicher Wissensproduktion im Sinne einer „citizen science" aufgehoben werden sollen.

Nicht minder wichtig, um die soziale Logik der Alltagskommunikation zu verstehen, ist die Produktion von Erinnerung. Lebensgeschichten werden in der modernen Mediengesellschaft nicht mehr allein über Schriftmedien wie Tagebücher oder Autobiographien erzählt, sondern auch über Fotos oder Videos vom ersten Schultag oder der Hochzeit. Das Tonbandgerät und später der Camcorder eröffnen Zugriffe auf das Gedächtnis des Alltags von „Menschen ohne Geschichte" (PP 214–215). Private Filmaufnahmen können so zur Grundlage einer „visuellen Anthropologie" werden.

5.4 Die Alltäglichkeit der Kommunikation

Der Immigrant wird schließlich zur zentralen symbolischen Figur der modernen Kommunikation bzw. der Kommunikation unter den Bedingungen der Moderne. Er trägt die sichtbaren Zeichen der Differenz, hat sich bereits zwangsweise dem Wandel gestellt, seine angestammten lokalen Räume und Bindungen verlassen müssen und sich neue Sprachen, Praktiken und Lebensstile angeeignet (PP 216). Von ungebrochener Aktualität ist der Immigrant als „Testfall" für den Zustand unserer Gesellschaften: „Er ist auch derjenige, der unsere Gesellschaft auf den Prüfstand stellt, denn es ist die Fähigkeit, das zu unterstützen, was ihre Normen und Traditionen nicht respektiert, welche über die Toleranz und den offenen Geist einer Gesellschaft urteilen lässt, und damit über die wirkliche Qualität ihrer Politik der Kommunikation." (PP 217).[108]

Nicht eine Zwangsassimilation sollte das Ziel sein, sondern den Einwanderern die Freiräume zu lassen, ihre eigenen Wege zwischen ihrer Herkunftskultur und der Kultur zu gehen, in die sie hineinplatziert worden sind. Es geht um die gemeinsame Erfindung einer „Kultur im Plural („*La Culture au pluriel*"), einer Pluralität verflochtener Wege. Um diese hybride Kultur erfolgreich zu etablieren, gelte es – auch dies sehr aktuell – keine moralisierenden Lehrstunden zu geben, sondern das medial repräsentierte Image der Fremden zu verändern, nicht allein Kriminalität und schulisches Versagen, sondern vielmehr die Leistungen und Potentiale einer kulturellen Vielstimmigkeit und Diversität zu betonen.

Was aber soll die Regierung tun? Lokales Handeln und Initiativen von unten stärken! Vor allem soll sie – so die Empfehlung – in Zusammenarbeit mit den intermediären, vermittelnden Kräften, nicht an ihnen vorbei, eine neue dezentrierte kommunikative Kultur etablieren helfen. Konkretisiert wird dies in einem Sechs-Punkte-Programm von Reformvorschlägen: 1. Die Unterstützung von Minderheiten und regionalen Kulturen in ihrer medialen Kommunikation und Repräsentation. 2. Der Ausbau von Netzwerken kultureller Vermittler und die Verbesserung ihrer Infrastrukturen. 3. Die Förderung mündlicher Kommunikation sowohl in öffentlichen Events als auch bei der Archivierung von Tondokumenten 4. Experimentelle Workshops auf lokaler Ebene, zur Unterstützung beispielsweise unabhängiger Lokalradiosender und Publikationsprojekte. 5. Die Erforschung vernachlässigter Felder der Wissensproduktion (Hobby-Praktiker) oder der Wirkung von Massenmedien (Formierung von Gruppenidentitäten). 6. Die Einrichtung eines unabhängigen Rates für Kultur und Kommunikation als Beratungs- und Kontrollinstanz von Kulturpolitik (PP 222–224). Ein Katalog, der – zweifellos der

---

108 „Il est aussi celui qui met à l'épreuve notre société, car c'est à sa capacité de supporter ce qui ne respecte pas ses normes et ses traditions que se jugent la tolérance et l'ouverture d'esprit d'une société, la qualité réelle de sa politique de communication."

Gattungslogik der „Reformschrift" geschuldet – dem Certeau-Leser mit erstaunlicher Konkretion begegnet und gleichzeitig zwischen Pragmatismus und Utopie schwankt. Er ist ebenso Ausdruck einer zeitspezifischen Hoffnung auf die Gestaltbarkeit von Kulturpolitik, wie auf die Potentiale einer lokalen, alltäglichen und nicht obrigkeitlich gesteuerten Selbstorganisation der Menschen.

In gewisser Weise erinnert dies, vor einem ganz anderen Theoriehintergrund, wiederum an die fast zeitgleich von Jürgen Habermas entwickelte *Theorie des kommunikativen Handelns* (1981) und ihrem Gegensatz von „System" und „Lebenswelt" (Habermas 1981). Im Vergleich zur *Kunst des Handelns* fällt jedoch auf, dass sich einerseits „Technostruktur" und individuelle Taktiken nicht mehr so sehr als distinkte Sphären gegenüberstehen, vielmehr komplexe Konstellationen bilden, andererseits nicht das Handeln Einzelner im Fokus steht, sondern die Sozialität der Kommunikationsprozesse (Geldof 2007: 147). Vieles von den Punkten Certeaus und Giards hat sich tatsächlich eingestellt oder wurde durch den rasanten technologischen Wandel im hegelschen Sinn ‚aufgehoben', also auf anderer Ebene mitgenommen und transformiert. Der technologische Wandel der Kommunikation hat jedoch auch neue Probleme gebracht und der tolerante Umgang mit Einwanderern und Flüchtlingen stellt nach wie vor eine gesellschaftliche Herausforderung dar. Certeau und Giard haben hier Denkanstöße geliefert, die eine Relektüre lohnen.

5.5 Die Schule der Diversität

Die Frage der Einwanderung und der Umgang mit Migration und Flüchtlingen beschäftigte Certeau wenige Jahre später erneut, als er von der OECD den Auftrag bekam, ein Papier für eine im Januar 1985 stattfindende Konferenz über „Bildungspolitik und soziale Minderheiten" zu schreiben. Ein Text, der ein Jahr später vollständig unter dem Titel *Économies ethniques* in der Zeitschrift *Annales* erschien (PP 225–271).[109] Die Auseinandersetzung mit dem Thema bedarf für Certeau zunächst einer Reflexion des konzeptionellen Apparates, mit dem man ethnischen Pluralismus beschreiben und thematisieren kann. Certeau geht es also zunächst um die epistemischen bzw. ideologischen Rahmungen der „Problematik" ethnischer Minderheiten, Problematik hier im Sinne Louis Althussers verstanden als die „theoretischen Produktionsbedingungen" eines Phänomens.

Certeau nimmt eine historische Perspektive ein, fragt, wie Ethnizität zu einem Objekt der Wissenschaft gemacht und dabei in Relation zur Frage der Nationalis-

---

109 Zur Editionsgeschichte des Textes vgl. Giard 1994a: 24–25. Zum Kontext von Raum und Migration bei Certeau vgl. Andermatt-Conley 2012: 37–46.

5.5 Die Schule der Diversität

men gestellt wurde. Migration ist zu einem strukturellen Faktor geworden und keine vorübergehende historische Episode; zu klären ist nun, welche neuen Formen der „Zugehörigkeit" in der Erfahrung der Einwanderer virulent und welche bildungspolitischen Maßnahmen sinnvoll sind. So würden Schulen als zentrale Orte der interethnischen Kommunikation nicht von Diversität beherrscht, bevor die interethnische Zusammenkunft als solche nicht zur „Schule der Diversität" für die Gesellschaft geworden sei (PP 231). Zu den rahmenden Begriffen aus unterschiedlichen politischen Traditionen im Register des politischen Zentralismus zählen u.a. „Nation", „Heimat", „Identität", im Rahmen des Liberalismus „Rechtsgleichheit" und „soziale Bedürfnisse". Ein ahistorischer „Universalismus" steht einem politisch-juridischen „Internationalismus" gegenüber, Begriffe wie „Differenz", „soziales Imaginäres" oder „Subkultur" entstammen wiederum eher der Kulturanthropologie.

Besondere Aufmerksamkeit widmet Certeau der Gegenüberstellung von Kultur und Ökonomie als sich scheinbar wechselseitig ausschließende Analysekategorien von Minderheiten (PP 235–238). Sind es Armut, Arbeitslosigkeit und Wirtschaftsverhalten, die den Status einer Minderheit determinieren oder historische Traditionen, Religion, Sprache, Habitus und kulturelle Praktiken? Der Gegensatz wird noch durch den zwischen „historisch" und „ethnologisch" ergänzt; die historische Selbstbezogenheit einer Gesellschaft bevorzugt eher die ökonomische Erklärung von Unterschieden, die ethnologische eher eine kulturelle. Tiefer zu Grunde liegt dem Gegensatz von historisch-ökonomisch und ethnologisch-kulturell noch der von individuellen und kollektiven Rechten (PP 238–241). In der westlichen Gesellschaft sei es zu einer Delegitimation der Kollektive und einer Fixierung auf individuelle Rechte gekommen, die nun in Konflikt stehe mit der Geltung von Kollektiven wie Familie, Stamm, Haus etc., die als historisch überwunden bzw. „primitiv" gewertet werden. Alle Kategorisierungen zwingen bei näherer Betrachtung zu einem Überdenken eines westlich geprägten Kategorienapparates.

Anpassung und Übernahme fremder kultureller Codes verändern sowohl die Gemeinschaft der migrierenden Minderheit wie die der Gastgesellschaft. Daher kann im Grunde nicht von einer Adaptation der Migranten an ihre aufnehmende Gesellschaft gesprochen werden. Ein „hybrider Monismus" versucht die gesellschaftliche Situation jedoch dennoch, wenn nötig mit Gewalt, zu vereinheitlichen. Der Prozess der „Anpassung" ist in sich ein politischer, konfliktgeladener. Wird dies ignoriert, regiert die Ideologie. Eines der größten Hindernisse einer ‚echten' Hybridisierung ist die Ineinssetzung von Staat und Nation bzw. Staatsbürgerschaft mit Nationalität, und das gerade in einem Moment, in dem die ökonomische Rationalität nationalstaatliche Grenzen tendenziell aufzulösen beginnt. Auch innerhalb einzelner ethnischer Gruppen sowie zwischen unterschiedlichen ethnischen

Gruppen untereinander in einem „fremden" Land gibt es Differenzen. Certeau fragt daher, ob etwa Bretonen und Algerier denselben Kampf führen. Lautet die Antwort ja, sollte das eine separierende Einschließung in die Kategorie „Fremde" – räumlich wie sprachlich – überwinden. Hier kommt Certeau wieder auf die gesprochene Sprache zurück. Eine Gruppe praktiziert ihre Sprache auf je eigene Weise, jenseits territorial-räumlicher Ankunfts- oder Herkunftsräume.

Diese performative Kraft gilt jedoch für alle Praktiken, nicht nur für sprachliche. Auch Recht, Heiratsverhalten und Familie, Erbe, Kriminalität und Gesetz, Medizin und Küche, Körperpflege oder die Organisation von Zeit und Raum gehören zu jenem „Labyrinth der Taktiken", in dem Menschen unterschiedliche Gepflogenheiten praktizieren. Daraus speist sich jenes kritische Beäugen eines ‚die machen das aber anders als wir' seitens der Angehörigen der Gastgebergesellschaft. Die Konfrontation mit diesen kulturellen Praktiken in ständiger Bewegung wird zu einer „Schule der Diversität", einer „Initiation" in bestimmte soziale „Ökonomien". „Ethnische Ökonomien" sind damit so etwas wie unterschiedliche Regimes der Zirkulation von Praktiken, die immer auch in Termini des eigenen „Besitzes" verhandelt werden. Für die Schule im wörtlichen, pädagogischen Sinne zieht Certeau die Konsequenz einer dreifachen Aufklärungsarbeit: die Offenlegung der Verfahrensschritte und ‚Stile' der Wissensproduktion und -distribution, ein Explizitmachen der Konflikte, die der eigenen Wissenskultur, die sich als homogen und überzeitlich präsentiert, zu Grunde liegen und schließlich ein Erlernen sozialer Praktiken der Lebensführung, die es, analog zur Übersetzung im Bereich der Sprache, den Einwanderern ermöglicht, sich in der Gesellschaft zurechtzufinden (PP 269–271). Ob diese sehr abstrakten Überlegungen bei OECD-Vertretern 1985 zu praktischen Schulreformen geführt haben, scheint fraglich. Deutlich wird jedoch, dass Certeau hier einen konsequent praxeologischen Weg empfiehlt, der sich nicht an Curricula, Inhalten und Noten orientiert, sondern an kulturellen Praktiken, die oftmals „implizites Wissen" („tacit knowledge" im Sinne Michael Polanyis) voraussetzen und reproduzieren und ohne deren Kenntnis keine „Schule der Diversität" entstehen kann.

Eine historische Anthropologie des Religiösen 6

6.1 Der Diskurs der Mystik: Die mystische Fabel I

Am deutlichsten artikuliert sich die Denkfigur der produktiven Abwesenheit in Certeaus Beschäftigung mit der *Mystischen Fabel* (MF). Damit wird ein religiöser Diskurs des 16. und 17. Jahrhunderts bezeichnet, dessen Protagonisten wie Teresa von Ávila, Johannes vom Kreuz, Jean-Joseph Surin und Jean de Labadie am Projekt einer spirituellen Erneuerung arbeiteten, das zum Zeitpunkt seiner institutionellen Verdichtung bereits selbst wieder Geschichte war. Voraussetzung, sich diesem Diskurs überhaupt analytisch nähern zu können, ist die Anerkennung des Bruches, dessen frühe Zeugen die Mystiker selbst waren. Erst dieses „Exil" ermöglicht Certeau selbst ein Schreiben, das von Sehnsucht und Sympathie ebenso getragen wird, wie von der Einsicht in die unüberwindliche Differenz: „Ein Mangel drängt zum Schreiben. Und dieses Schreiben aus Mangel vollzieht sich, unaufhörlich, auf Reisen in einem Land, dem ich so fern bin" (MF 7).

Der erste Band der *Mystischen Fabel* erschien 1982, der zweite von Luce Giard aus dem Nachlass herausgegeben 2013.[110] Beide Bände versammeln in der für Certeau typischen Weise bereits anderweitig publizierte Artikel. Eine exakte Definition von Mystik enthalten sie ebenso wenig wie der einschlägige Lexikon-

---

[110] Vgl. dazu u.a. Libéra/Nef 1983; Petitdemange 1983; Champion 1984; Vidal 1984; Lion 1987; Brammer 1992; Arens 1998: Deguy 1999; Petitdemange 1999; Trémolières 2000; Sheldrake 2001; Bogner 2002: 121–183; Teuber 2005; Destrempes 2005; Destrempes 2006; Kohli Reichenbach 2012; Cuchet 2014; Goujon 2015; Finkelde 2016 ; Maxim 2016.

artikel Certeaus aus der *Encyclopedia Universalis* von 1985.[111] Seinen analytischen Zugang zum Schreiben der Mystiker kennzeichnet er als eine „Quadratur" aus vier diskursiven Praktiken, der einer „neuen Erotik", einer „psychoanalytischen Theorie", der „Historiographie" und der „Fabel", d.h. dem Mündlichen und Fiktiven (MF 11). Der Diskurs der Mystik des 13.-17. Jahrhunderts trete parallel zu einem (höfischen) Liebesdiskurs auf. Beide thematisieren das Verlangen nach einem abwesenden Anderen. Die Kehrseite einer „Entmythifizierung des Religiösen" scheint eine „Mythifizierung der Liebe" zu sein (MF 12). Das Verlangen der Mystiker nach der Einheit mit dem Abwesenden macht sie zu Vordenkern neuer Formen der Kommunikation, ja zu Begründern einer „Erfahrungswissenschaft", die mit den mittelalterlichen Kommunikationsstrategien bricht (MF 16). Die Frage nach dem Subjekt, dem Körper und der Gesprächsführung sowie die Reflexion über Präsenz und Absenz sind Ausdruck einer ebenso fragilen wie fragmentarischen Konstellation der Mystik, aus der heraus sich epistemische Denkrahmen moderner Disziplinen wie der der Psychologie entwickeln konnten, zweifellos ohne dabei einen direkten kausalen Zusammenhang zu unterstellen, sondern eher im Sinne struktureller Homologien. Doch Certeau ist zu sehr Historiker, als dass er sich ganz dem strukturalistischen Spiel der Ähnlichkeiten hingeben würde, es gilt vielmehr „die Differenz der Vergangenheit gegen die Verführungskraft partieller Ähnlichkeiten zu wahren" (MF 19). Auch die Historiographie als Trauerarbeit und Repräsentation eines stets Abwesenden weist gewisse Homologien zur Mystik auf. Doch warnt Certeau vor einer „optischen Täuschung", welche die grundlegenden Differenzen, die in den jeweiligen Relationen mit der Zeit und dem Umgang mit der Abwesenheit bestehen, verkennen lässt.

Mit Guillaume Cuchet kann man zunächst drei Hauptthesen des zweibändigen Werkes festhalten: 1. Die hier thematisierte Mystik hat eine Geschichte. Sie hat einen Anfang und ein Ende (vom 13. bis 17. Jh.), sie ist historisierbar und kein überzeitliches Phänomen. 2. Die Mystik ist stets an den Rändern der religiösen Institutionen verortet. Ihre Protagonisten sind Außenseiter bzw. Fremde in ihren institutionellen Kontexten. 3. Die Mystikerinnen und Mystiker sind Vertreter der Moderne, sie verbinden das *Glaubbare* des Mittelalters mit dem *Denkbaren* der Aufklärung. Doch tun sie dies nicht als Programmatiker, sondern indem sie die untergründigen, langsamen Veränderungsprozesse an die Oberfläche der Gesellschaft bringen und grundlegende Fragen des menschlichen Daseins artikulieren (Cuchet 2014: 408–412). Alle drei Thesen lassen sich, auch darauf weist Cuchet hin, mit Recht hinterfragen. Ist es wirklich gerechtfertigt, die Mystik am Ende des 17. Jahrhundert aufhören zu lassen, wo sich doch noch so viele Artikulationen in

---

111 Vgl. den Wiederabdruck des Artikels in *Le lieu de l'autre* LA 323–341.

6.1 Der Diskurs der Mystik: Die mystische Fabel I

späteren Jahrhunderten finden lassen? Waren die Mystiker wirklich immer Außenseiter der Institution oder wurden sie nicht selbst zu Autoritäten oder als solche von der Orthodoxie instrumentalisiert? Ist die Interpretation der Modernität und der Deutung einer Krise am Beginn der Moderne nicht auch eine Rückprojektion der Krise des Glaubens aus der Mitte des 20. Jahrhunderts auf das 17. Jahrhundert? Und würde man heute nicht noch viel stärker als Certeau es tat, aus geschlechtergeschichtlicher Perspektive zwischen den Erfahrungen und Handlungsspielräumen männlicher und weiblicher Akteure differenzieren?[112] All das sind berechtigte Nachfragen, die auf die Historizität eines Werkes verweisen, dessen Grundgehalt selbst in der radikalen Historisierung gesehen werden kann (Cuchet 2014: 416). Darin liegt meines Erachtens auch die ungebrochene Aktualität des Werkes, das als ein Werkzeugkasten der Historisierungsarbeit selbst nie stillgestellt werden kann, sondern zur Fortschreibung aufruft.

Im Begriff der „Fabel" problematisiert Certeau das Verhältnis von Oralität und Schriftlichkeit.[113] Seine Geschichte der Mystik gleicht einem Reisebericht, der durch seine Methoden, d.h. den Blick der Geschichtswissenschaft oder der Psychoanalyse, einige „Objekte" aus einer „unbegreiflichen Realität" isoliert und beschreibt (MF 26), sich jedoch gleichzeitig der Fragilität seiner Erzählung bewusst ist. An die Stelle eines rankeanischen ‚wie die Mystik eigentlich gewesen ist' tritt eine Metahistoriographie, die stets ihre eigenen Regeln im Zugang zu einer abwesenden Wirklichkeit reflektiert. Die Geschichte der mystischen Fabel zu schreiben, zieht gewissermaßen die empirische Summe aus Certeaus geschichtstheoretischen Überlegungen im *Schreiben der Geschichte* (SG).

Certeaus Lesart der Mystik ist eine praxeologische. Mystik ist für ihn eine „Handlungs- und Verfahrensweise", im Grunde ein Akt der Aneignung, der zur Abgrenzung eines eigenen Ortes führt. Es gibt für die Mystiker keine „feste Bezugsgröße" mehr im Sinne eines „dahinter". Aus dieser Perspektive treten sowohl die diskursiven Praktiken, die „Ausdrucksweisen" als auch das die Praktiken organisierende Regelwerk, die „Maximen" in den Blick (MF 28). Sein Umgang mit dem Sprachhandeln der Mystiker ist sowohl von Wittgensteins Sprachphilosophie, wie seinen eigenen, zum Teil ebenfalls darauf aufbauenden Überlegungen aus der *Kunst des Handelns* geleitet. Der Gang und das Umherwandern des *Cherubinischen Wandersmannes* ähneln den Spuren und Schleichwegen im modernen urbanen Raum. Die Umnutzungen der Mystiker werden von Certeau in einem

---

112 Vgl. allerdings gerade die „Gendersensibilität" Certeaus hervorhebend Kohli/Reichenbach 2012: 204–206.
113 Vgl. zur Genealogie der Verwendung des Begriffs „fable" bei Certeau Cuchet 2014: 406–408.

Zeitalter genereller Umbrüche situiert. Nach den für das 16. Jahrhundert charakteristischen Brüchen am Beginn der Frühen Neuzeit, einer sozialen Distanzierung von Stadtklerus und Landbevölkerung, die (Wieder-)Entdeckung der neuen Welt und der Reformation, konstatiert er auch für das nicht minder krisengeschüttelte 17. Jahrhundert zwei fundamentale Entwicklungen. Einen Übergang von einem ‚häretischen' zu einem ‚schismatischen' Modus des religiösen Konfliktes sowie eine Zentrierung auf den absolutistischen Staat:

> „Das Schisma tritt an die Stelle der Häresie, die unmöglich geworden ist. ‚Häresie' liegt vor, wenn eine mehrheitliche Position die Macht hat, in ihrem eigenen Diskurs eine dissidente Formation zu benennen und als marginal auszuschließen. Auch der Gruppe, die sich abspaltet oder ausgestoßen wird, dient immer noch eine Autonomie als Referenzrahmen. Das ‚Schisma' hingegen setzt zwei Positionen voraus, von denen keine der anderen das Gesetz ihrer Gründe oder ihrer Stärke aufzwingen kann." (MF 36).

An die Stelle der Häresie tritt nun eine religiöse Orthodoxie, die sich von einer „politischen Orthodoxie absetzt" (MF 39).

Eine soziale wie religiöse Verortung der Mystiker zeigt einige kulturelle Muster auf. Viele von ihnen entstammten einem verarmten oder deklassierten Adel, andere den *Conversos* und Opfern eines frühmodernen Rassismus, der Ideologie einer *limpieza de sangre*. Eine Form der erzwungenen Hybridisierung, die sich offenbar kulturell als besonders produktiv erwies. „Eine Ebbe scheint die Strände freizulegen, auf denen die Mystik auftritt" (MF 43) schreibt Certeau und verweist damit auf die fundamentalen sozialen wie konfessionellen Verwerfungen des 17. Jahrhunderts. Aus diesem „struggle for stability" (Rabb 1975) ging einerseits jene „Stabilisierungsmoderne" (Kittsteiner 2010) hervor, die vor allem die Institutionen des frühmodernen Territorialstaates stärkte, andererseits jedoch auch eine Vielzahl von Sekten, Erleuchteten, Mystikern, Theosophen und vielfältig religiös devianten Personen hervorbrachte, die zum intellektuellen Milieu einer neuen Episteme der Alterität werden sollten. Insofern operiert Certeaus sozialgeschichtliche Erdung des Mystik-Diskurses mit der bereits aus seiner Kultursoziologie bekannten Figur der „Kunst der Schwachen", der mannigfaltigen Produktivität, die aus dem Mangel eines eigenen Ortes entspringt.

Anstatt einer ausführlichen Vorgeschichte der Mystik des 16. Jahrhunderts beginnt Certeau seine Geschichte mit zwei fragmentarischen Erzählungen aus dem 4. und dem 6. Jahrhundert sowie einer eingehenden Interpretation von Hieronymus Boschs Gemälde *Der Garten der Lüste* (1503-1515) (Zmy 2014: 104–112). Die spätantiken Fragmente behandeln die Geschichte religiöser Narren, die Certeau als charakteristische Motive ausmacht. Alle drei Konstellationen sind durch bestimmte Örtlichkeiten gekennzeichnet, das Kloster, den Marktplatz und den Garten. Im 4. Jahrhundert lebte eine Närrin als Küchenhilfe in einem Kloster von vierhundert Frauen, in der Geschichte aus dem 6. Jahrhundert ein Narr Namens Markus, spärlich bekleideter Putzmann eines Badehauses, inmitten der Öffentlichkeit des Marktplatzes. Beide Narren sind in Wahrheit Weise, die gerade in der Menge unerkannt hinter der Maske ihrer Narrheit agieren können, bis sie jeweils von anerkannten männlichen Autoritäten des religiösen, dem heiligen Piterum in der ersten und dem Abbas Daniel in der zweiten Geschichte gefunden bzw. entdeckt werden. Die Folge ist eine Flucht der Närrin und der Tod des Narren. Certeau unternimmt eine dichte, strukturalistische Lektüre der beiden Geschichten, die zu Symptomen einer mystischen Narrheit werden, die gleichzeitig in der Welt und doch von ihr entfernt ist.

Es handelt sich um eine karnevaleske Verkehrung der Verhältnisse, wie sie auch die Malerei Boschs kennzeichnet. „Die Ästhetik des Gartens besteht nicht darin, die neuen Lichter eines Verstehens zu entzünden, sondern sie zu löschen." (MF 115). Boschs Malerei zu dechiffrieren erweist sich als unmöglich: Das Gemälde „stellt sich nicht nur in einer Differenz zu jedem Sinn dar, es *produziert* seine Differenz, indem es *glauben macht, es verberge* Sinn" (MF 84). Alle Interpretationen scheitern letztlich an der Sinngebung, und gerade darin liegt für Certeau die Aussage Boschs. Seine Malerei wird zu einer Art Metareflexion über die Unmöglichkeit, weiter Sinn zu produzieren und wird damit zu einem Emblem der Erfahrung des Verlustes, die für das Schreiben der Mystiker konstitutiv ist. Es gibt weder etwas in dem Bild zu lesen noch hinter ihm, im Sinne einer verborgenen, zu entschlüsselnden Wahrheit. Es ist vielmehr so, dass das Bild den Betrachter anschaut.

Mystik
Das Wort Mystik leitet sich vom griech. Myein (= schweigen, verschließen) her und bezeichnet religionsgeschichtlich ein in den meisten Religionen vorkommendes Phänomen. Als solches ist es schwer zu definieren, da die wesentlichen Merkmale stets vom Kontext des jeweiligen religiösen Systems und seines Gottesverständnisses abhängen. Innerhalb der christlichen Mystik lassen sich stark vereinfacht zwei Richtungen unterschieden. Die eine steht für das visionär-ekstatische Erfahren eines unmittelbaren Eins-seins mit Gott in Form der „unio mystica" (Pseudo-Dionysius Areopagita), die andere für eine reflexive Kommunikation der ‚Gottesschau'. Als bedeutende Vertreter der zweiten Strömung gelten Pseudo-Dionysius Areopagita, Meister Eckhart (1260-1328) oder Nikolaus von Kues (1401-1464). Für die Entwicklung der nachreformatorischen Mystik waren zunächst die, der ersten Strömung zuzurechnenden, spanischen Reformer des Karmeliterordens

wie Teresa von Ávila und Johannes vom Kreuz bedeutsam. Im nachtridentinischen Katholizismus prägten Männer wie François de Sales (1567-1622) oder François Fénelon (1651–1715) die Suche nach Kontemplation und der Vereinigung mit Gott. Unter der Bezeichnung Quietismus hat die von Fénelon und anderen im Frankreich des 17. Jahrhunderts propagierte Passivität der Seele bei der Vereinigung mit Gott im Gebet wie im Leben heftige Kritik und Zensur erfahren. Mit dem Quietismus verbindet sich auf protestantischer Seite der Pietismus, der ebenfalls für eine Erneuerung der Mystik steht. Ausgehend von Theosophen wie Jakob Böhme (1575-1624) reicht das Spektrum in Deutschland bis zu Johannes Scheffler (1624-1677), der vom Luthertum zum Katholizismus konvertierte und unter dem Pseudonym Angelus Silesius zahlreiche mystische Gedichte publizierte. Da die Mystik unabhängig von vermittelnden Instanzen wie Christus, den Sakramenten oder Offenbarungsereignissen ist und damit eine institutionenunabhängige individuelle Frömmigkeit befördert, war sie häufig der Anfeindung als Häresie ausgesetzt. Ihre institutionelle Ungebundenheit trägt gleichzeitig zu einem besonderen ökumenischen Potential bei, das die Grenzen zwischen Religionen, Konfessionen und säkularen Sinnsystemen zu überschreiten ermöglicht.

Weiterführende Literatur: Gerlitz/Louth/Rosenau/Albert 1994, McGinn 1993-2008.

Certeau bezeichnet die Mystik als „Wissenschaft" bzw. eigene „Disziplin". Eine vergleichsweise kurzlebige Wissenschaft, im 17. Jahrhundert jedoch keineswegs die einzige prekäre, man denke etwa an die Alchemie, die Astrologie oder die Zeremonialwissenschaft. Gerade diese „ephemere Existenz" bezeichnet Certeau als den eigentlichen Gegenstand seiner Untersuchung. Nachdem der Ort des mystischen Sprechens ausgemacht wurde, rekonstruiert er die Formationsphase jener Wissenschaft vom Anderen als Projekt einer Topik. Im Mittelpunkt des mystischen Interesses steht die sprachliche Schaffung eines Körpers bzw. die Suche nach dem fehlenden Körper Christi:

„Das Christentum baut nämlich auf *dem Verlust eines Körpers* auf – auf dem Verlust des Körpers Jesu, zu dem noch der Verlust des „Körpers" von Israel, einer „Nation" und ihrer Genealogie, hinzukommt. In der Tat: ein Gründungsverschwinden. [...] In der christlichen Tradition ruft ein uranfänglicher Mangel an Körper unaufhörlich Institutionen und Diskurse hervor, die die Wirkungen und Substitute dieser Abwesenheit sind: kirchliche Körper, doktrinelle Körper usw." (MF 127).

6.1 Der Diskurs der Mystik: Die mystische Fabel I

Mystik wird so gesehen zu einer Körperwissenschaft. Ihre Genese und ihren Geltungsverlust rekonstruiert Certeau in einem im Gegensatz zu den vorhergegangenen dichten Einzellektüren eher synthetischen Kapitel, das eine theologische, eine sozialgeschichtliche und eine begriffsgeschichtliche Ebene enthält. In der theologischen Argumentation knüpft er an die Arbeiten seines Lehrers Henri de Lubac an und skizziert eine Entwicklung von einer ternären zu einer binären Körperstruktur. Der historische, der sakramentale und der kirchliche Leib Christi bilden Relationen aus, die sich von einer Leitunterscheidung zwischen historischem und sakramentalem hin zur Unterscheidung von sakramentalem und kirchlichem Körper entwickelt. Flankiert wird diese theologische Entwicklung von historischen Vorgängen in der Kirche selbst. Diese sieht sich einem Widerstreit von Autorität und Pluralisierung ausgesetzt, der einerseits zur Dissoziation von Klerus und Basis führt, andererseits zum Auftreten einer Vielzahl von Reformgemeinschaften. Diese werden entweder erfolgreich integriert oder radikal verfolgt: „‚Mystisch‘ wird, was sich von der Institution loslöst" (MF 135).

Der weite begriffsgeschichtliche Bogen, den Certeau spannt, reicht vom Hochmittelalter bis in das 17. Jahrhundert und verfolgt den Bedeutungswandel von „mystisch" sowie dessen Substantivierung in Form einer Wissenschaft, der Mystik. Von einer autorisierenden Verwissenschaftlichung, in deren Zusammenhang etwa die Protagonisten der „neuen Wissenschaft" als „doctores" angesprochen werden, führt der Weg zum Vorwurf des „Sprachmissbrauchs" und der Neuerungssucht. Im Gegensatz zu vielen anderen disziplinären Ausdifferenzierungen, etwa der Trennung des Chemikers vom chemischen Philosophen, der Chemie von der Alchemie überlebt die Mystik den Moment ihrer Autonomisierung nicht: „Sie verschwindet schon im Entstehen" (MF 122).

Die Mystik ist für Certeau wesentlich eine Praktik der Sprache, eine „Sprechweise". Die Mystiker arbeiten sich an der bestehenden Grammatik ab und verändern die herrschenden Sinnstrukturen durch einzelne Sprechakte (ähnlich dem Unterschied von *langue* und *parole* in der Linguistik). Insofern kann Certeau die Mystik geradezu als „das trojanische Pferd der Rhetorik in der Stadt der theologischen Wissenschaft" (MF 186) qualifizieren. Ein erster Riss in der Einheit der Sprache jener Stadt der Theologie tritt mit der zunehmenden Emanzipation der Volkssprachen ein, die von den Mystikern zum Teil alternativ, zum Teil ergänzend genutzt werden. Hier drückt sich eine besondere historische Sensibilität gegenüber der Volkssprache aus, wie sie bereits einige Jahre zuvor in der Studie zur Sprachpolitik des Abbé Grégoire entwickelt worden war (vgl. Certeau/Julia/Revel 1975). Auch Übersetzungen erscheinen in zunehmendem Maß und heben sprachliche Grenzen zugunsten eines „spirituellen Pidgins" auf (MF 193). Certeaus Lektüre des mystischen Diskurses wird dabei nicht nur zum Knotenpunkt seiner eigenen theoretischen Überlegungen, sondern steht auch auf dem Höhepunkt der interdisziplinären Wirkung des „linguistic turn". Die extreme Fokussierung der Mystiker auf die Aneignung der Sprache korreliert in geradezu idealer Weise mit den Entwicklungen des Poststrukturalismus der 1970er und 1980er Jahre. Übersetzung, Hybridisierung, Metaphorik, Sprech-Akt werden zu Schlüsselbegriffen nicht nur der *Mystischen Fabel*, sondern auch der Theoriebildung.

Als eine Art Werkzeugkasten der mystischen Sprache stellt Certeau in einer weiteren dichten Lektüre den 1618 erschienenen Kommentar des Karmeliters Diego de Jesús (1570-1621) zu den *Obras espirituales* des Johannes vom Kreuz vor (MF 212–247). An Diegos Schrift werden so zentrale Sprach-Praktiken im Sinne von „Manieren" des Sprechens sichtbar, die für die Sprachaneignung der Mystiker charakteristisch sind: Der Gebrauch von Oxymora („schweigende Musik"), die Abweichung von der richtigen Grammatik im Stil einer „Barbarisierung der Sprache", die Verwendung von „unähnlichen Ausdrücken" (dissimilitudes) oder das „opak-machen" von Zeichen, als ein In-Anführungszeichen-Setzen, welches das Zeichen selbst zur Sache macht („Tod" oder „Garten" wie die Mystiker es verstehen). All diese sprachlichen Operationen dienen letztlich der Aufhebung der traditionellen Relationen von Signifikaten und Signifikanten. Die mystische Subjektbildung vollzieht sich gerade aus der paradoxen Negation eigener Subjektivität, das Subjekt will nicht und ist „lediglich der Garant des reinen Signifikanten ‚Gott'" (MF 289). Es ist der performative Gebrauch der „mystischen Phrasen", der ihren Sinn generiert, nicht eine festgelegte inhärente Bedeutung oder die externe Autorität des Sprechers. „Wer spricht, und von wo aus?" wird zur zentralen Frage der Mystiker und Mystikerinnen (MF 290). Doch die Antwort fällt anders aus als traditionell üblich. Das „Ich" allein begründet den Diskurs: „Der Aussageakt (bzw. sein Subjekt) wird zur Referenz der Aussageinhalte." (MF 291).

Certeau expliziert diese sprachlichen Praktiken wiederum anhand der eingehenden Lektüre zweier mystischer Texte: dem unveröffentlichten Vorwort zu Jean-Joseph Surins *Science expérimentale* (1663) und Teresa von Ávilas *Moradas* (1577). Während Surins Beispiel zeigt, wie sich das mystische Ich an den Platz des Anderen setzt, verweist Teresas Text auf die Notwendigkeit einer virtuellen „Wohnung" (morada), verstanden als ein „Raum des Ausdrucks, der dem entspricht, den die Welt für das Sagen Gottes darstellte" (MF 306; Frohlich 2008; Höfer 2008; Zmy 2014: 149–152; Royannais 2015).

Auf diese Art agieren die Mystiker in gewisser Weise homolog zu den ‚Wilderern' und ‚Taktikern' der modernen Städte oder den poststrukturalen Sprechakttheoretikern. Sie nisten sich in überkommene Sinnstrukturen ein und bewirken deren situative Transformation, ohne dabei jedoch ein neues, eigenes Sinngebäude zu errichten. Der mystische Sprachgebrauch ist permanente Bewegung, ohne

6.1 Der Diskurs der Mystik: Die mystische Fabel I

die Möglichkeit anzukommen. So laute die „Ur-Formel des Spirituellen", dass es „nichts ist als der Entschluss zum Aufbruch" (MF 289). Der *Cherubinische Wandersmann* des Angelus Silesius verkörpert dieses rastlose Fortschreiten (Silesius 1984). Die spirituellen Wilderer sind latent deviant, und so stellt Certeau den letzten der vier Teile der *Mystischen Fabel* unter die Überschrift „Gestalten des Wilden". Der Mystiker wird zum Wilden in dem Sinne, dass die Figur des Wilden den herrschenden „Werten der Arbeit", der „verschrifteten Ökonomie" und den Regeln der „territorialen und sozialen Einteilung" eine Art Gegenbild entgegensetzt: „Er ist ohne Produktivität, ohne Bildung, ohne Ort und ohne ‚Status'" (MF 330). Als solcher gehört der Wilde, ebenso wie die Mystiker, zu den Besiegten; einem Verlierer im Prozess der Modernisierung und Rationalisierung, der lediglich eine sehnsüchtige Erinnerung an eine andere Welt transportiert.

Welche unterschiedlichen historischen Ausprägungen die Figur des ‚wilden' Mystikers erfahren konnte, macht Certeau exemplarisch an einem Brief von Jean-Joseph Surin aus dem Jahr 1630 deutlich. Certeau hatte Surin lange Jahre akribischer Forschungsarbeit gewidmet, aus der ja unter anderem bereits die Studie zu den Besessenen von Loudun (PL) hervorgegangen war, und so bildete Surin so etwas wie einen ständigen geistigen Begleiter seiner Arbeiten. Dem Brief von 1630, den Certeau im Rahmen seiner Bearbeitung der Surin-Korrespondenz in den 1960er Jahren ediert hatte (Certeau 1966a), widmet er nun eine Art philologischer Detektivgeschichte oder, wie er selber sagte, eine „Mentalitätsgeschichte" im „Kellergeschoss eines kritischen Apparates" (MF 334). Wenn Certeau auf mehr als 30 Seiten akribisch den Spuren von Handschriften und seltenen Drucken folgt, wirkt dies angesichts des Abstraktionsniveaus seiner übrigen Lektüren fast wie ein Bruch. Es zeigt jedoch, mit welcher Selbstverständlichkeit und Begeisterung er den weit verstreuten Spuren seiner Helden folgte. Surins Bericht vom Zusammentreffen mit einem einfachen Mann während einer Kutschfahrt, der den gebildeten Ordensmann durch seine ‚natürliche' Religiosität und Weltsicht tief beeindruckte, wird zum Emblem für eine ganze Reihe von Figuren, zu denen der Arme, der Bettler, der Bauer oder der Idiot zählen werden: diese sind einerseits Ausdruck einer Expertenkritik – nur die Stimme des einfachen Volkes spricht die Wahrheit – andererseits Ausdruck sozialer Machtverhältnisse. „Die Religion steht hier auf der Seite der Armen" schreibt Certeau, und man ist nicht mehr sicher, ob er sich damit zur Theologie der Befreiung in Lateinamerika oder zu den Geschichten der Mystiker des 17. Jahrhunderts äußert (MF 389). Die Rollen, in denen die Mystiker Alterität artikulieren, sind die von Außenseitern. Dass der Widerspruch immer wieder aus dem Inneren der Institutionen erwuchs, zeigt Certeau an den ‚jungen Wilden' des Ordens im Frankreich der 1620 und 1630er Jahre. Sie bringen eine „Differenz" in die Institution ein, sind jedoch nicht in der Lage, ihre Reformen tatsächlich zu implementieren. Der Jesuitenorden hat diese Bewegung selbst in seinem internen Strukturreformprogramm hervorgebracht, wie Certeau am System der internen Umfragen nach „Defiziten", der Umstrukturierung der Gründungsgeschichte, dem Wandel im Führungsstil der Ordensgeneräle und schließlich einer regelrechten „Jagd auf die außergewöhnlichen Frömmigkeitsformen" zeigt. Möglicherweise schwingt auch hier unbewusst eine Auseinandersetzung mit den eigenen Reformerfahrungen im Zuge des 2. Vatikanischen Konzils mit.

Der letzte ‚wilde' Wanderer, den Certeau behandelt, ist Jean de Labadie (1610-1674) (Gallagher 2000: 108–111). Seine Stationen und Berufungen sind ebenso vielfältig wie abenteuerlich. Er durchläuft nacheinander eine jesuitische, jansenistische, calvinistische, pietistische, chiliastische bzw. millenaristische und schließlich „labbadistische" Etappe (MF 442). 1625 im Alter von 15 Jahren in den Jesuitenorden eingetreten, führten ihn seine Reisen und Konversionen u.a. nach Paris, Orange, Genf, die Niederlande, Dänemark und schließlich Altona, wo er 1674 in der Gemeinschaft seiner „Brüder" verstarb, die einige Jahre später nach Amerika migrierten. Labadie trifft mit Surin und vielen anderen spirituellen Erneuerern zusammen, steht gewissermaßen immer im Mittelpunkt der mystischen ‚Szene' jener Jahre, schafft es jedoch stets, nach kurzer Zeit seine soziale Umwelt zu polarisieren und sich mit den herrschenden Institutionen zu überwerfen.

Es ist einerseits beeindruckend, wie plastisch Certeau die Bewegung der Mystiker in ihre zeitgenössischen historischen Kontexte einordnet und mit den unterschiedlichen Diskursen der Verhaltensethik, der politischen Philosophie und der sich zunehmend differenzierenden Wissenschaften verknüpft. Andererseits fällt auf, dass er den Selbstbeschreibungen der Mystiker, was ihre eigene Zeitdiagnose angeht, weitgehend folgt, ja diese zum Teil noch intensiviert. Dadurch ergibt sich eine extrem dichotomische Struktur von einem ganzheitlichen und intakten Mittelalter und einer zersplitterten und in permanenter Umwälzung sich befindenden Frühen Neuzeit. Auch wenn Certeau die entscheidenden Brüche bereits im 13. und 14. Jahrhundert ansetzt, ergibt sich aus der mystischen Defizitwahrnehmung eines „nicht mehr" einerseits das Bild eines ‚vorher', das statischer und runder erscheint als es insgesamt war, sowie andererseits eine Teilung der Vormoderne, die von neueren Forschungen durchaus stärker als Einheit wahrgenommen wird. Es ist daher wichtig, dass Certeau selbst darauf verweist, dass es ein bestimmtes soziales wie kulturelles Milieu war, welches die Weltwahrnehmung der Mystiker prägte. Certeau ist jedoch mehr als ein historischer Anwalt sozialer Grenzgänger der Frühen Neuzeit. Er eignet sich den mystischen Diskurs auch zur Bewältigung der Herausforderungen seiner eigenen Gegenwart an. Gerade aus theologischer Perspektive sind seine Schlüsse wohl von ungebrochener Aktualität. Aus wissenschaftshistorischer Sicht werden die Homologien zwischen Mystik und poststrukturaler Sprachtheorie im zeitlichen Abstand besonders deutlich. Der *linguistic turn* hat einer Vielzahl weiterer *Wenden* den Weg bereitet, und manche Geister streiten sich, ob Dekonstruktion und Diskursanalyse eher eine strenge Methode bezeichnen oder einen Gestus des Denkens und Forschens. Eine eigene Wissenschaft hat sich daraus bislang nicht entwickelt.

6.2 Der Inhalt einer neuen Wissenschaft: Die mystische Fabel II

La Fable Mystique blieb als Gesamtwerk zu Lebzeiten von Michel de Certeau unvollendet. Luce Giard hat 2013 aus dem Nachlass den zweiten Band herausgegeben (FM II), die Idee für einen dritten Band kam kurz vor Certeaus Tod auf.[114] Seine diversen Manuskripte, Notizen, Exzerpte, Konzeptpapiere etc., mit denen er den zweiten Band von *La Fable Mystique* vorbereitete, erwiesen sich jedoch als unedierbar und dies, wie Luce Giard betont, nicht nur rein praktisch und inhaltlich, sondern auch aus Respekt vor der skrupulösen und umsichtigen Art und Weise wie Certeau seine Texte verfasste, publizierte, korrigierte, überarbeitete und erneut publizierte. Giard versuchte daher zunächst, auf der Grundlage eines handschriftlichen „resumés" des ersten Bandes vom August 1984, das einen Ausblick auf den Folgeband enthielt, einen solchen auf der Grundlage bereits dazu publizierter Texte Certeaus zu erstellen. Dieser umfasste insgesamt etwa die Hälfte des Umfangs des geplanten zweiten Bandes. Es ging Certeau für Band zwei vor allen um die Inhalte jener Wissenschaft der Mystik, angefangen von Nikolaus von Kues bis hin zu Fénelon und Pascal. Nach den Grundlagen sollten die Techniken und Methoden der Mystiker folgen, dann eine Art „Ökonomie des Subjekts" und schließlich die Diaspora und Auflösung jener Wissenschaft im Zuge der politischen und wissenschaftlichen Figurationen der Moderne (Giard 2013: 12–13). Letztlich orientierte sich Giard an mündlichen Anweisungen Certeaus bezogen auf bereits publiziertes Material. Ähnlich wie bereits im ersten Band geht Certeau in den meisten Kapiteln von der genauen Lektüre eines einzelnen Textes aus. Im Vordergrund stehen im zweiten Band vor allem Nikolaus von Kues, Johannes vom Kreuz, Jean Joseph Surin, Pascal und Angelus Silesius.

Der einleitende Text *Historicités mystiques* kann als eine Art methodische Vorüberlegung gelesen werden. Die Beschäftigung mit der Mystik des 16. und 17. Jahrhunderts sei von zwei möglichen Zugängen geprägt: der Einbettung der Mystikerinnen und Mystiker in den historischen Kontext ihrer jeweiligen Ge-

---

114 Vgl. dazu Julia 2015; Goujon 2015.

sellschaften, und umgekehrt, der Anerkennung der überraschenden Alterität der Überlieferung, die auch unsere eigene historiographische Praxis zu verändern vermag. So verstanden ist das Erkenntnisinteresse, die Historizität der Mystik herauszuarbeiten, unweigerlich daran geknüpft, sich der Produktivität der Alterität ganz bewusst auszusetzen. So sprechen die Mystiker von der Mystik als einer Wissenschaft (science), meinen damit aber etwas Anderes als der ‚wissenschaftliche' Historiker der 1980er Jahre und verweisen so auf die Ambiguität und Historizität eines jeweiligen Verständnisses von Wissenschaft. Die Arbeit an der Historisierung erfordert zunächst eine besondere Sensibilität gegenüber der Geworden- und Gemachtheit der Überlieferung. Die Archive bieten keine objektiven Einblicke in Überlieferungen, sondern Erzeugnisse einer bewussten Verfolgung und Ausgrenzung derjenigen Akteure, die man zur Mystik zählte und so entsprechende Diskurse mit erschufen. Ihre Entstehung aus Konflikten und Krisen resultiert in einer ganz spezifischen Sprache, etwa der der Rechtfertigung. Noch größere Probleme bereiten die zahllosen körperlichen Absonderlichkeiten der Mystiker, die bereits zeitgenössisch pathologisiert wurden und nur schwer mit heutigen medizinischen Termini analysiert werden können. Und auch die Publikationen der Mystikerinnen und Mystiker selbst sind in ihrer Selektion und publizistischen Eigenlogik zu betrachten. Wer publizierte warum, wer erlaubte es, wie und unter welchen Bedingungen wurden die Texte produziert? Doch das Material formt den Forschungsprozess nicht allein, auch der analytisch-begriffliche Rahmen prägt den Gegenstand und jede Auseinandersetzung mit ihm. Im Falle der Mystik ist es ihre Funktion als ein „Nicht-Ort der Philosophie" (FM II 29–38). Als ‚Gegengift des Positivismus' wird die Mystik für Philosophen und Soziologen des 20. Jahrhunderts zu einer Projektionsfläche von Hoffnungen und Vorstellungen jenseits des Rationalismus der modernen Wissenschaften. Ein Umgang, der ein weiteres Hindernis für die konsequente Historisierung darstellt, da die Mystik auf diese Weise zu einem a- bzw. überhistorischen Phänomen gemacht wird. Mit der Ent-historisierung geht auch eine Ent-soziologisierung und Ent-politisierung einher. Obwohl die Mystik reich an „sozialen Formen" war, von der Lehrer-Schüler Beziehung bis zum Kommunikationsnetzwerk existiert kaum eine Soziologie der Mystik. Der dominante Modus ist der der Individualisierung, sei es psychologisierend oder im Modus der traditionellen Ideengeschichte. Der Durchgang durch die lange interdisziplinäre Forschungsgeschichte der Mystik führt letztlich zu einer praxeologischen Heuristik, in der die Mystik vor allem als „manière de faire" betrachtet wird, die über keinen eigenen Ort verfügt: „La mystique n'a pas de propre: c'est un exercice de l'autre par rapport à un site donné; elle se caractérise par un ensemble d'‚opérations' spécifiques dans un champ qui n'est pas le sien – par une manière de procéder ou de dire" (FM II 50).

6.2 Der Inhalt einer neuen Wissenschaft: Die mystische Fabel II

Einen Schlüsseltext des zweiten Bandes bildet die Lektüre von Nikolaus von Kues' Abhandlung *De icona* bzw. *De visione Dei sive De icona* aus dem Jahr 1453 (vgl. Zmy 2014: 112–120; Sfez 2015).[115] Die zentralen Fragen des Textes lauten „Was heißt sehen? Wie kann aus einer ‚Sehweise' eine neue Welt entstehen?" (Certeau 1984b: 326). Certeau unterscheidet zwei Arten des Sehens, die von „Beobachtung" und „Intuition" geprägt sind. Die Betrachtung eines einzelnen Details, bspw. eines Löffels, eröffnet einen Diskurs bzw. eine Reflexion. Im anderen Fall, der Intuition, handelt es sich eher um ein „geistiges Sehen" (Certeau 1984b: 327). Beide Sehweisen überschneiden sich fortwährend und eröffnen „Spiegel" einer „erfinderischen Einbildungskraft" (Certeau 1984b: 331), die der systematischen Überlegung einen Schritt vorausgeht. Ziel ist eine „mathematische Operation", die aus der visuellen Erfahrung eine mystische Gotteserkenntnis macht (Certeau 1984b: 339). Wie der göttliche Blick funktioniert, macht Nikolaus von Kues beispielhaft an einem Werk Rogier van der Weydens (1400-1464), dem *Gericht des Trajan* von etwa 1450, klar. Das mutmaßliche Selbstporträt des Künstlers schaut den Betrachter aus jeder Perspektive an, obwohl es sich selbst nicht bewegt. Um den Mönchen im Kloster Tegernsee, den Adressaten von *De icona*, dies praktisch in einer Art Selbstexperiment zu vermitteln, weist von Kues sie im Vorwort an, sich in einem Halbkreis aufzustellen und eine von ihm geschickte Bildtafel zu betrachten. Auf diese Weise macht jeder einzelne Mönch die Erfahrung des allsehenden Blickes. Die damit erarbeitete „Geometrie des Blicks" gibt in drei Schritten eine Topologie frei (Certeau 1984b: 338–340). Auf die „Gleichzeitigkeit der Erstarrung" folgen die „Verzerrung des Raumes" in der Bewegung und schließlich der Übergang vom „Sehen zum Glauben". Alle Mönche machen simultan die ‚erstaunliche' Erfahrung, dass jeder vom Bild angeschaut wird. Der Blick folgt den Betrachtern auf dem Fuße: „Der Blick ist weder ein Gegenstand noch ein Bild, noch ein Begriff. Er ‚fehlt an seinem Platz' (J. Lacan): er ist überall und nirgends. Er schafft ‚einen' Weg, indem er allen anderen ihre Bedeutung nimmt" (Certeau 1984b: 345). Indem die Mönche miteinander über ihre gemeinsame visuelle Erfahrung sprechen, entsteht eine diskursive und damit soziale Sphäre, deren Möglichkeitsbedingung der Glaube ist. Man kann dem anderen nur glauben, dass er die gleiche Erfahrung macht, sehen kann man es nicht: „Der Glaube ist also der endlos wiederholbare Augenblick, durch den sich das Verrückte des Blickes, dieses Geheimnis, das für sich behalten wird, in Sprache und Geschichte verwandelt" (Certeau 1984b: 353). Das Experiment der Praxis ist ge-

---

115 Der vollständige Text war bislang unveröffentlicht, jedoch als redigiertes Manuskript im Nachlass vorhanden. In deutscher Sprache existiert eine Übersetzung des 1984 in der Zeitschrift *Traverses* veröffentlichten Teils vgl. Certeau 1984b.

glückt, doch nun müssen die folgenden Kapitel den Akt des Glaubens mit Inhalt füllen. Nachdem *wie* folgt das *was* des Glaubens. Sehen bekommt die zweifache Bedeutung, von ‚dieselbe Sache an verschiedenen Orten wahrnehmen' und ‚den Akt der Verbindung des Singulären mit der Totalität zu bezeichnen' (FM II 96). Nikolaus von Kues operiert mit dem Wechselspiel der Erscheinung einer sichtbaren Figur und der Wahrheit der Aussage (énoncé), dem Sichtbaren und dem Sagbaren. Keine Seite ist der anderen gegenüber privilegiert, erst in der Relation ereignet sich die mystische Theologie. Ihr Diskurs wird von einem Blick organisiert, der das „Wahre" und das „Anschauliche" miteinander verschränkt. Am Ende seiner Lektüre von *De icona* bezieht Certeau das Werk auf die Biographie des Kusaners und dessen rastlose Mobilität zwischen unterschiedlichen Orten und Ämtern, die ihm selbst eine gewisse Ortlosigkeit verleihen, welche sich auch im Stil seiner Schriften spiegelt, etwa wenn das sprechende Ich andauernd zwischen verschiedenen Rollen und Figuren wechselt. Die Analyse von *De icona* ist ein typisches Beispiel für die strukturalistische Lektürepraxis Certeaus. Immer wieder bemüht er Schaubilder und Diagramme, um Text- und Sinnstrukturen zu visualisieren. Gleichzeitig entwickelt er aus der Lektüre zentrale Figuren seiner eigenen Theologie. Glauben als praktischer performativer Akt, das Wechselspiel von Diskursen und Praktiken, die intellektuelle Wanderschaft und die Beziehung zum Anderen markieren deutliche Strukturelemente in der Certeauschen Lesart der kusanischen Theologie.

Mit dem Karmeliter Johannes vom Kreuz (1542-1591) und dessen *Cántico espiritual* sowie den *Dichos* nimmt Certeau eine der zentralen Gestalten der spanischen Mystik in den Blick. Er fragt dabei nach der Relation zwischen den Dichtungen (canciones) und den historisch-theologischen Erklärungen (declaraciones). Beide stehen für Certeau in einer dialogischen Struktur zueinander. Der Text ist in gewisser Weise charakteristisch für Certeaus semiotische Lektüren mystischer Texte, die meist auf die Herausarbeitung formaler Strukturmuster hinauslaufen. So auch bei den *Dichos*, einer Sammlung von mystischen Aphorismen, die Certeau in einem als Vorwort zu einer Neuausgabe verfassten Text auf ihre Dialogizität, Fragmentarität und Melodiösität hin analysiert. Dialogizität meint die Frage, an wen richtet sich Johannes und von wo aus, die Fragmentarität äußert sich in der Anordnung der Aphorismen und dem Spiel mit den Wiederholungen von Worten, Themen, und die Melodiösität meint ihren besonderen Klang, der einen eigenen Sinn jenseits der Sprache zu entfalten in der Lage ist (FM II 149–162). Wie Johannes vom Kreuz von späteren Mystikern gelesen wurde, untersucht Certeau in einer Fallstudie zur Aneignung von Johannes Texten durch Jean-Joseph Surin. In dieser Studie, einem Text, der bereits aus dem Jahr 1970 stammt, bezieht Certeau den Begriff der Aneignung (appropriation) interessanterweise aus der Hermeneutik

6.2 Der Inhalt einer neuen Wissenschaft: Die mystische Fabel II 151

Hans- Georg Gadamers (1900-2002) (FM II 164).[116] Die Betonung der Aneignung einer Sprache der Anderen, der Vorgänger, geht soweit, dass Certeau feststellt, dass eine „individuelle Erfahrung" der Mystiker eine Illusion darstellt und sich das „Ich" ihrer Erfahrung immer des „wir" einer Sprache bedient (FM II 167). Besonders beeinflusst wurde Surins Lesart von Johannes durch die Übersetzung René Gaultiers von 1621, der die Texte des spanischen Karmeliters mit räumlichen Begriffen, wie Horizonten, Wüsten, Ozeanen etc. ausschmückte. Gerade aber heute vergessene „mediokre" Gelehrte wie Gaultier waren es, die für Certeau die entscheidenden Brüche vorbereitet und zu einer gemeinsamen Erfahrung beigetragen haben. Surin nutzt die spanischen Mystiker als Autoritäten, um seine eigene – nicht unangefochtene – Position zu behaupten. Diese Autorität speist sich aus Erfahrung, die Certeau mit der von Reisenden vergleicht, die veraltete Karten und Reiseberichte aus eigener Anschauung heraus korrigieren (FM II 175).

Ein Wandel der Autorisierungsstrategien geht auch mit dem Wandel der Geschichte des Lesens und des Buchgebrauchs einher.[117] In einem kurzen Text über „la lecture absolue" skizziert Certeau den Wandel von einer mittelalterlichen *lectio divina* zu einer frühneuzeitlichen *lettione spirituale*, von einer Hermeneutik verborgener Bedeutungen zu einer performativen Lesepraxis, die dem Buch eine neue Rolle und eine neue „Natur" verleiht. Das Buch wurde zu einer Bühne für die Mystiker, die sich von den traditionellen Institutionen des Glaubens abwandten bzw. nicht verstanden fühlten. Certeau unterscheidet vier Figuren, die den neuen Gebrauch des Buches ausmachen. Zunächst handelt es sich um einen Beginn. Das Buch wird zum Medium einer Grenzziehung zwischen einer undifferenzierten Lehre und einem Ort des Anderen. Es ist in dieser Funktion mehr Monument als Dokument (FM II 207). Einen zweiten Moment der Lektüre beschreibt Certeau als einen „Garten der Affekte" (FM II 207). Das Buch eröffnet dem Leser neue Gefühle, Sichtweisen und Erfahrungen und wird damit zu einer Art Passage und zu einer Metapher des Subjekts (FM II 210). Als dritte Figur führt Certeau die „Fabrikation eines sprechenden Körpers" ein. Das Buch hat körperliche Effekte auf den Leser, es wird „gefressen", „verdaut" und verändert die Körperlichkeit des aneignenden Lesers. Schließlich kommt es zu einer Unterbrechung (Interruption), mit der das Buch gleichsam verschwindet. Es muss verschwinden, um dem Leser nicht zu viel abzuverlangen. Anders gesagt wird das Buch zu einem Haus, das wieder verlassen werden muss, es kann nicht zu einer vollständigen Identifikation mit

---

116 Er erschien zuerst in der *Revue d'ascétique et de mystique* und wurde 1973 in *L'absent de l'histoire* nachgedruckt vgl. AH 41–70.

117 Vgl. zum Einfluss auf die Geschichte des Lesens und des Buches Boulestreau 1987; Chartier/Hébrard 1988; Chartier 1992.

dem Text kommen, dem Leser müssen eigene (Aus-)wege bleiben. Doch was sind die Konsequenzen dieser Figuren des Lesens? Die entscheidende Frage lautete nun nicht mehr, *was* die göttlichen Botschaften aussagen, sondern vielmehr, ob es überhaupt noch ein *Sagen* (dire) gibt? (FM II 215). Die Herausforderung hat sich von einer Erhellung der *Bedeutung* zu einer Suche nach einer *Stimme* verschoben. Insofern ist dies auch nicht die Geburtsstunde eines modernen, individualisierten Lesers, der sich als „Meister" des Buches als eines „Instruments" frei bedienen kann, sondern die Artikulation einer unabgeschlossenenen Suchbewegung. Der Text wird zum „Grab einer Stimme" (FM II 215–217).

Einige Begriffe und Motive wiederholen sich immer wieder und die Leserinnen und Leser der *Mystischen Fabel* müssen sich bewusstwerden, dass die Texte Interventionen in ganz unterschiedlichen Diskursfeldern über einen längeren Zeitraum hinweg darstellten. Auch das Kapitel über die „Récits de passions" trägt solche Spuren. Es stammt aus dem Bulletin einer Forschungsgruppe zur „Semiolinguistik" und verbindet semiotisch-diskursanalytische Methoden mit einer Art historischer Anthropologie der Körper der Mystikerinnen und Mystiker. Der Körper wird auch hier als eine Art Theaterbühne, als ein diskursiver Schauplatz des Leidens begriffen. Als Gegenstand des mystischen Diskurses werden einzelne Körperteile beschrieben und besungen und damit zu Metonymien eines in seiner Ganzheit abwesenden Körpers. Die Art, wie Aussagen „exzessiv" modalisiert werden, wird von Certeau im Sinne einer „modalen Logik" formalisiert und typisiert. Auf diese Weise werden die Fragmentierungen des Subjekts sichtbar, das keinen lokalisierbaren Aussageort mehr hat und in paradoxen Aussagen operiert („fröhlicher Schiffbruch"). Diese Brüche, Fragmentierungen und Auflösungen von Aktanten ebenso wie intendierten Handlungsfolgen führen wieder zu dem inzwischen bekannten Ergebnis eines rein performativen mystischen Diskurses. Jene „bruits énonciatifs" werden zu lärmenden Effekten eines Exzesses des Sagens gegenüber dem Gesagten (FM II 229).

Noch einmal wendet sich Certeau im zweiten Band Surin und seiner *Experimentalwissenschaft* („*Science expérimentale*") von 1663 zu. In der Studie, die ursprünglich im Rahmen eines Sammelbandes zu Reiseberichten erschien, analysiert Certeau den Text Surins als eine Reise ins eigene Innere. Explizit spricht Certeau den Text als verräumlichten Ausdruck einer Heterologie an, als Diskurs über das Andere bzw. vom Anderen (FM II 236). Ähnlich den anderen Reiseberichten der Zeit konstituiert der Text, in dem sich Surin mit seiner langen Phase der „Geisteskrankheit" und der daraus erfolgten Inhaftierung auseinandersetzt, eine räumliche Grenzziehung zwischen einem *hier* und einem *dort*. Mit dieser korrespondiert in struktureller Homologie die Unterscheidung von Ich-Erzähler und ihm, dem Helden der Geschichte. Analog verfügt der Erzähler über Vernunft,

6.2 Der Inhalt einer neuen Wissenschaft: Die mystische Fabel II 153

seine Krankheit liegt in der Vergangenheit, er beurteilt Konflikte und verfügt nicht länger über das experimentelle Wissen. Sein Held hingegen ist verrückt in einer Gegenwärtigkeit, ist aktiver Teilnehmer an Konflikten und mit dem experimentellen Wissen ausgestattet (FM II 240). Im Kern geht es um die Frage, dass Surin denkt, „er will", was „Gott will". Doch wie kann er das, wenn der Glaube die beiden Willen trennt? Wie kann er tatsächlich „wissen", was Gott will? Um aus dieser Unentschiedenheit herauszukommen, gilt es zu entdecken, dass es „glaubhaft ist zu glauben" ebenso wie es „möglich ist fähig dazu zu sein" (*„croyable de croire* et *possible de pouvoir"*) (FM II 243). Die „andere Welt", in die Surin reist, ist die seines eigenen Körpers. In einer Sprache, die nun bereits deutlich von der *Kunst des Handelns* geprägt ist, analysiert Certeau das Außergewöhnliche des Alltäglichen, die „tactilité" des Körpers und den „non-lieu" einer Produktion des Körpers durch die Schrift des Reiseberichts ins Innere. Zwischen „Reise und Gefängnis" – so der ursprüngliche Titel des Artikels" – wird eine mystische „Erfahrungswissenschaft" des Jenseitigen („choses de l'au-delà") als „Heterologie" sichtbar. Die Rede von der „Wissenschaft" (science) wird von Certeau dabei bewusst genutzt, um einerseits im Sinne der Quellensprache die Historizität des Wissenschaftsbegriffs herauszustreichen, andererseits aber auch seine eigene „Wissenschaft vom Anderen" zu konstituieren, die sich mit der Surin-Lektüre nun bereits eines gefestigten analytischen ‚Werkzeugkastens' bedienen kann.

Auch die Untersuchung über die „Sprache der Engel" folgt einem semiotischen Zugang. Begleitet die Reflexion über Engel die ganze abendländische Kulturgeschichte, so weisen insbesondere das 16. und 17. Jahrhundert ein besonders breites Korpus von theologischer und philosophischer Literatur über die Engel auf, darunter Überlegungen über ihre Anzahl, ihre Funktion und ihre Sprache (Roling 2008). Ausgehend vom Wort des „Angelisierens" (angelizare) bei Nikolaus von Kues arbeitet Certeau drei Charakteristika der Kommunikation der Engel heraus. Sie überschreiten erstens Hierarchien, ihre Worte zirkulieren kreuz und quer unter den Menschen und Dingen, zweitens agieren sie als „Doubles", etwa in Gestalt des Schutzengels, und drittens ist ihr Sprechen performativ in dem Sinn, dass es aussagt, dass das Sprechen existiert (FM II 263). Engel werden zu Zeichen der Artikulation, sie selbst können nicht angesprochen werden, sie repräsentieren eine reine Form der sich selbst bestätigenden Aussage.

In der Phänomenologie der Engel der ‚westlichen' Welt unterscheidet Certeau in der historischen Entwicklung vom Hochmittelalter bis zur Renaissance zwei Gegensatzpaare in Hinsicht auf ihre Zeitlichkeit und in Bezug auf die Medialität ihrer Interventionen. In Bezug auf die Zeit eröffnet sich eine Tendenz vom okkasionellen Auftreten hin zur Permanenz, während in der medialen Ausdrucksform der schreibende Engel irgendwann den rein mündlich kommunizierenden ergänzt.

Für die Kommunikationsgeschichte der Engel bzw. deren Reflexion im Nachdenken und Schreiben der Zeitgenossen bleibt das nicht ohne Folgen. Ähnlich einem Foto ist der schreibende Engel visueller Ausdruck einer Abwesenheit. Doch es geht nicht nur um Typologien, sondern um Praktiken; Certeau spricht hier von Figuren im Sinne des Tanzes. Teresa von Ávila, Jakob Boehme und Angelus Silesius dienen ihm als Beispiele für das Denken einer Überschreitung (dépassement) (FM II 273–280). Am Ende kommt Certeau zu Rilke und Walter Benjamins Engel der Geschichte. In seiner Abwesenheit wird der Engel zu einem stärkeren Zeichen als es seine Manifestationen jemals sein konnten (FM II 282). Damit wird er zu einem Symbol der Geschichte. Er zieht sich zurück, wird zum Zeichen des Verlustes. Der Engel steht an der Grenze zwischen Vergangenheit und Zukunft, doch ist er nicht nur eine Figur der Melancholie, sondern auch der produktiven Abwesenheit, die Historizität erst als solche begreif- und sichtbar werden lässt.

Zu den zahlreichen Praktiken der Kommunikation, die in der *Mystischen Fabel* analysiert werden, zählt prominent auch die der Übersetzung, speziell die der Bibelübersetzung. Die von den Institutionen verstellte Wahrheit wieder ans Licht zu bringen war schon die Intention der Reformatoren, allen voran Luthers. Doch anstatt des erwünschten Ergebnisses eines klaren und reinen Textes zeitigte das Zeitalter der Konfessionalisierung ein Paradox. Der Text der Bibel erwies sich, je genauer man ihn philologisch erforschte, als genauso korrumpiert wie die Institutionen der alten Kirche (FM II 288). Vor diesem Hintergrund widmet sich Certeau zwei Übersetzern des 17. Jahrhunderts: Louis-Isaac Lemaistre de Sacy (1613-1684) und Richard Simon (1638-1712). Die epistemologischen Rahmenbedingungen dieser Fälle waren das Fehlen einer zeitgenössischen Theorie des biblischen Textes als Text, die Annahme der Schule von Port Royal, dass Übersetzbarkeit grundsätzlich durch eine allgemeine Theorie der Sprache gewährleistet ist, und eine Rhetorik, die die figurative Rede allein als Medium der Überzeugungskraft ohne Veränderung der ‚Grundidee' begreift. Während Le Maistre de Sacy das „Buch-Subjekt" Gott zu übersetzen sucht, ist für Simon das „Buch-Objekt" der Text, den es zu übersetzen gilt. Die Vorgehensweisen der beiden Autoren verhalten sich invers zueinander. Hat bei Sacy der Text Vorrang vor der Praxis des Übersetzens, so rangiert bei Simon die Praxis vor dem Text. Sacy wird durch eine „Mission" institutionell zur Übersetzung autorisiert, während es am Ende des 17. Jahrhunderts bei Simon bereits zu einer funktionalen Aufteilung zwischen der für die Glaubenswahrheiten zuständigen kirchlichen Autorität und der für die Textwahrheit zuständigen philologischen Gelehrsamkeit gekommen ist. Sacy hat größte Schwierigkeiten mit den mehrdeutigen, dunklen und schwer zu rekonstruierenden Passagen der Bibel und versucht dies, durch einen Apparat mit anderen Varianten (etwa griechischen und römischen Übersetzungen) auszugleichen. Insofern steht hier der ‚wahre' Text im

6.2 Der Inhalt einer neuen Wissenschaft: Die mystische Fabel II   155

Vordergrund. Für Simon hat sich die Praxis der Textwissenschaft schon so weit autonomisiert, dass er eher bereit ist, Mehrdeutigkeiten zuzulassen, auch wenn ihm das ähnlich suspekt ist wie Sacy. Er vertraut dem philologischen Apparat: „Die Repräsentation des Verschwundenen wird ersetzt durch die Repräsentation der gelehrten Produktion, die an ihre Stelle tritt" (FM II 307).[118] So scheint es nur konsequent, wenn Simon sich danach von der Übersetzung ab- und der gelehrten Kritik zuwandte. Wenngleich man nicht vergessen sollte, dass sein Eintreten für die „apostolische Tradition" auch eine Waffe der Kritik im Konfessionskampf darstellte, indem sie das sola-scriptura-Prinzip abwertete und die Überlieferung innerhalb der katholischen Kirche aufwertete. In Certeaus struktualer Analyse steht jedoch eher der historische Wandel einer Praxeologie der Übersetzung im Vordergrund.

Ein besonderes Beispiel des close-reading eines Textes legt Certeau mit der strukturalen Lektüre des Fragmentes eines Briefes von Blaise Pascal an die dreiundzwanzigjährige Charlotte de Roannez im Zeitraum 1656/57 vor. Die junge Adelige konvertierte 1656 in der Kirche von Port-Royal und trat 1657 als Novizin in die Abtei von Port-Royal ein. In der Zwischenzeit suchte sie Rat bei Pascal, einem guten Freund ihres älteren Bruders, des Duc de Roannez. Pascal versuchte nun mit einiger rhetorischer Finesse, sie zum Eintritt in die Abtei zu bewegen, ohne gleichzeitig dem geistigen Vorsteher von Port-Royal, dem Abbé Singlin oder ihrer Familie vorzugreifen. Das gut eine Druckseite lange Fragment wird von Certeau in Anlehnung an Émile Benveniste linguistisch-diskursanalytisch in seine Einzelteile zerlegt und haarklein seziert. Ziel dieser Übung ist es, die „ruses de l'argumentation", die taktischen Listen der sprachlichen Argumentation herauszuarbeiten (FM II 322ff.). Es gelingt ihm, detailliert zu zeigen, wie Pascal sophistisch das schwächere Argument in das stärkere verwandelt, doch stellt er sich am Schluss selbst die Frage, ob sein diskursanalytischer Ansatz nicht ebenso viel wieder verborgen habe, wie er sichtbar gemacht hat. Dies ähnelt einem Diktum Pascals über die unterschiedliche Wahrnehmung einer Stadt und einer Landschaft aus der Ferne und aus der Nähe: Aus der Distanz sieht man eine Stadt und eine Landschaft, aus der Nähe hingegen Häuser und Bäume bis zum einzelnen Entenbein. Um das Fragment wieder zu einem Text zu machen, bedarf es eines ähnlichen Prozesses der Distanzierung.

Zu den einschlägigen Phänomenen für die Performativität wie die Performanz religiöser Rede zählt auch die Glossolalie, der das letzte Kapitel des zweiten Bandes der *Mystischen Fabel* gewidmet ist. Als Glossolalie, bzw. Zungenrede von

---

118 „À la représentation du disparu se substitue celle de la production érudite qui le remplace."

griech. Glōssa für Zunge und laléō für Sprechen, bezeichnet man ein unverständliches Sprechen oder Sprechen in anderen Sprachen. Diese „bruits d'autre" (FM II 339) sehen aus bzw. klingen wie eine Sprache, sind aber keine; sie ähneln vielmehr einer Sprachfassade. Certeau nennt das eine sprachliche bzw. stimmliche Utopie, die Glossolalie ist für die mündliche Kommunikation was der u-topos für den sozialen Raum ist, ein Nicht-Ort, der weder die eine noch die andere Sprache umfasst (FM II 341). In ihrer Performanz ähnelt die Glossolalie dem Weinen und Lachen bzw. dem Vergießen von Tränen. Eine der größten Herausforderungen in ihrer Analyse besteht für Certeau darin, sich einer hermeneutischen Versuchung zu widersetzen, die hinter dem Akt *des Sagens* immer ein *etwas* Sagen, einen zu dechiffrierenden Inhalt vermutet, wie er exemplarisch am psychoanalytischen Werk des Schweizer Pastors Oskar Pfister und der Linguistik Ferdinand Saussures zeigt. Das kindliche Quasi-sprechen, mit seinen Wiederholungssequenzen wird zur Produktion eines Raumes des Sprechens (FM II 356), der noch nicht oder nicht mehr den Regeln der ‚normalen' Sprache folgt und damit eine gewisse Autonomie der Artikulation reklamiert. Genau dieser Bruch mit der Konvention, der Beginn von etwas Neuem, das Medium einer nicht normierten Artikulation zu sein, macht die Glossolalie zu einem der mystischen Sprache extrem affinen Phänomen. Anders gesagt eröffnet der Blick auf die Strukturen und Praktiken der Zungenrede Zugänge zum Verständnis der performativen Sprache der Mystiker, etwa dem „el que habla", „dem das spricht" bei Johannes vom Kreuz (FM II 341).

Der Begriff Glossolalie (vgl. das deutsche Wort „lallen") oder „Zungenrede" nimmt Bezug auf Apg 2, deren Verfasser wiederum Bezug nimmt auf Joël 3f. In Joël 3,4 taucht übrigens zum ersten Mal die Metapher des ‚soleil noir' auf, welche der Verfasser der Apostelgeschichte in Kap. 2,20 zitiert. Glossolalie ist eine „Sprache" jenseits aller lexikalisch-grammatologisch erfassbaren Sprachen, die paradoxerweise eben deshalb von allen Völkern verstanden werden kann, vergleichbar der „Sprache" der Musik, leicht verwechselbar mit dem „Lallen" eines Kindes oder von Betrunkenen (Apg 2,11.15), eine auf den ersten Augenblick deviante, delirierende Sprache. Sie kennzeichnet biblisch den Hiatus, die leere weiße Seite, den „Umbruch" zwischen der Realität des Todes, der radikalen Abwesenheit des Anderen, jenes „Preisgegebenen, der aus dem Weg geschafft wurde" (Apg 2,23) und dem Aufbruch „bis ans Äußerste (eschaton) der Erde (Apg. 1,8), bis ans Ende der Welt. „Hörend aber wurden sie ins Herz gestochen" (Apg 2,37): Aus dem unaussprechlichen Schrecken wird sprachlose Begeisterung (Apg 1,8; 2,4.17) und Freimut (Apg 2,29; aus Häresie soll Parresie werden, aus Ketzerei Freiheit der Rede. Heute würden wir vielleicht sagen: im Grundgesetz verankerte Pressefreiheit, von jeder Re-pression befreites Sprechen.

Zur Aktualität von Michel de Certeau. Perspektiven 7

„Denken aber heißt weitergehen" (TF 107)

Im Sinne eines perspektivischen Ausblickes wird die Frage nach der Aktualität Michel de Certeaus abschließend auf drei Ebenen erörtert. Zunächst werden theoretische Anschlüsse aufgezeigt, die in einer inzwischen immer umfangreicheren Forschungsliteratur bereits diskutiert worden sind, zweitens werden drei Problemfelder vorgestellt, zu denen die Arbeiten Certeaus nach Ansicht der Forschung einen nachhaltigen Beitrag geleistet haben. Drittens wird die Frage nach einem Beitrag zur Historisierung der Moderne diskutiert. Im certeauschen Verständnis eines Einführungstextes wird dies nicht als ‚Schließung' betrachtet, die sein Werk auf bestimmte Axiome, Beobachtungen und Begriffe kondensiert und stillstellt, sondern eher als das Skizzieren von Problemhorizonten und als Beitrag zur Kartierung komplexer Forschungsfelder.

7.1 Anschlüsse

Ein beträchtlicher Anteil der Forschungsliteratur zu Michel de Certeau setzt ihn vergleichend oder kontrastierend in Bezug zu anderen Denkern (seltener Denkerinnen), die man dem Poststrukturalismus, der Postmoderne oder dem weiten Feld der Kulturtheorie zurechnen kann. Das hat einerseits produktive Effekte, wenn unterschiedliche Zugänge miteinander verschränkt werden oder miteinander abgeglichen werden, kann andererseits aber auch zu einer Art Selbstläufer der Theorieproduktion werden, der kaum noch empirische Bezüge aufweist.

Innerhalb der Epistemologie der Geschichtsschreibung ist Certeau zunächst immer wieder zwischen Michel Foucault und Paul Veyne, später dann zwischen Paul Ricoeur und Jacques Rancière situiert worden (Delacroix et al. 2002a: 19). In der Alten Geschichte ist der Einfluss Certeaus etwa bei François Hartog (Hartog 1987/2005) sichtbar, in der Geschichte der Frühen Neuzeit vor allem bei Roger Chartier (Chartier 1998) oder Arlette Farge (Dosse 2002: 262–284; Farge 1989). Der am bislang wohl intensivsten diskutierte intellektuelle Vergleich ist jedoch ohne Zweifel der mit Michel Foucault (Bernardy/Bocken 2012). So etwa disziplinär im Hinblick auf Philosophie und Literaturwissenschaften (Marks 1999; Colebrook 1997; Indermuhle 2007), auf Theologie (Hoff 1999; Bauer 2003) und auf Geschichtswissenschaft (Frijhoff 1998; Füssel 2012; Giard 2014) oder konzeptionell beispielsweise im Bereich der Raumtheorie (Reynolds/Fitzpatrick 1999). Beide Denker verbinden Begriffsentwicklungen wie Heterologie (Certeau) vs. Heterotopie (Foucault), die aus ähnlichen Erfahrungen, etwa dem Scheitern der Utopie in der 68er Bewegung erwachsen sind. Weitere Verbindungen bestehen in der Reflexion von historischen „Brüchen", der Rolle von Diskursen und Praktiken für die Konstitution sozialer Wirklichkeit und der Frage nach der Analytik der Macht.

Zu den diversen Denkern, an denen sich Certeau wie im Fall Foucault selbst abgearbeitet hat, zählen auch Jacques Lacan (Litmanovich 2000) und Pierre Bourdieu. So hat man die Kultursoziologie Bourdieus inzwischen mehrfach in Bezug zu Certeau gesetzt. Zunächst erfolgte dies mit einer Rekapitulierung der Kritik am Habitus-Konzept, später auch mit Blick auf Kategorien wie den sozialen Raum oder die Praktiken (Niro 2002; Lippuner 2007). Im Diskurs der Raumtheorie und eng damit verwandt der Urbanistik und Stadtsoziologie sind vor allem Bezüge zu Henri Lefebvre herausgearbeitet worden (Sheringham 2000; Trebitsch 2002; Cortés Ramírez 2012). Ebenfalls vor allem mit Blick auf den Raum und die Stadt sind wechselseitige Ergänzungen und Synthesen mit Friedrich Engels, Walter Benjamin und Fredric Jameson versucht worden (Buchanan 2007; Meagher 2007). Unter den nordamerikanischen Kontakten ist neben Jameson gewiss Stephen Greenblatt und der *new historicism* hervorzuheben (Pieters 1997), der vor allem von Certeaus Thematisierung von Alterität, Narrativität und der Analyse von Machtverhältnissen profitiert hat.

Im Bereich der Philosophie sind Bezüge zu Jacques Derrida (De Vries 1992; Serra Pagès 2011) und Paul Ricoeur hergestellt worden (Dosse 2006). Ricoeur, dessen Werk in Fragen einer Ethik der Geschichte oder des historischen Erzählens viele Gemeinsamkeiten aufweist, hat sich selbst erst recht spät explizit zum Werk Certeaus geäußert (Ricoeur 2000: 211; 257; 310–314). Er bezieht sich vor allem auf die analytische Trias in *Die historiographische Operation* aus dem *Schreiben der Geschichte* und Certeaus Auseinandersetzung mit Foucault. Neben expliziten Theorievergleichen stehen auch Relektüren anderer Autoren aus einer Certeau verpflichteten Optik. So hatte Certeau 1982 in einem Sonderheft zu Merleau-Ponty von *Esprit* mit dem Artikel *La folie de la vision* über *Das Sichtbare und das*

7.1 Anschlüsse

Unsichtbare (Merleau-Ponty 1964, dt. 1994) ausführlich einen von dessen letzten Texten gewürdigt, was offenbar dazu angeregt hat, aus Sicht der Philosophie Bezüge zur Phänomenologie herzustellen, so etwa zu Husserl (Zielinski 1997) oder Merleau-Ponty (Petitdemange 2004). Mit Bezug auf die Kategorie der „Schwäche" hat man Certeau mit Lyotard und Baudrillard zusammen diskutiert (Genosko 1992). Aber auch Bezüge zu klassischen Denkern wie Hegel oder zum Spinozismus wurden inzwischen wiederholt hergestellt (Petitdemange 2004: 384–385).

Anschlüsse erfolgen jedoch nicht nur an andere Theoretiker und Poststrukturalisten, sondern auch für bestimmte Forschungszweige und Themenfelder, wie etwa die Gender Studies (McNay 1996), die Pädagogik (Séradin 2016), die Museologie (Boon 2011), die Musikwissenschaft (Seibt 2010), die Geschichte des Tourismus (Vidal 2010), die Geschichte der Säkularisierung (mit Bezug auf Hans Blumenberg bei Mazzini 2008) oder den lateinamerikanischen Postkolonialismus (etwa mit Bezug auf Tzvetan Todorov bei Adorno 1991). Besonderen Stellenwert haben dabei zweifellos die Anschlüsse in der zeitgenössischen Theologie (Alibert/Sagadou/Petit 2016).

Den Bezugnahmen der Theorie-Kombinatorik scheinen offenbar keine Grenzen gesetzt zu sein. Eine Tatsache, die man als Beliebigkeit in der Selbstfortschreibung des Theoriediskurses deuten könnte, aber auch als Ausweis der hohen Anschlussfähigkeit und der enormen thematischen Breite von Certeaus Oeuvre. Eine problematische Nebenwirkung ist jedoch mitunter die Reduktion eines Oeuvres auf einen bestimmten Begriff oder eine Position, ähnlich einer Schachfigur. Anschlüsse an Certeaus Arbeiten erfolgten jedoch nicht nur auf theoretischer Ebene, sondern auch in empirischen Forschungsarbeiten und Programmen. So hat etwa Marc Augé seinen Entwurf einer „Anthropologie der Gegenwart" in *Pour une anthropologie des mondes contemporains* (Augé 1994) mit deutlichem Rekurs auf Kategorien Certeaus formuliert (Marques 2010: 4–5). Nicht nur Kategorien wie Pluralität, Alterität und Identität stehen im Mittelpunkt, sondern auch eine Reflexion der anthropologischen Schreibpraxis in Anlehnung an Certeaus Metahistoriographie im *Schreiben der Geschichte*. Unter den empirischen Anschlüssen dominieren eindeutig Bezugnahmen auf die *Kunst des Handelns*. So finden sich hier Beiträge u.a. aus der Geschichtswissenschaft, der Literaturwissenschaft, der Urbanistik und der Medienforschung. Das Spektrum der empirischen Fruchtbarmachung von Strategie und Taktik reicht von Themen wie Obdachlosen in Los Angeles (Ruddick 1990), der japanischen Frauengeschichtsschreibung der Nachkriegszeit (Gayle 2006) über die Archäologie der Figur des Dandys (Hörner 2008: 57–61) bis hin zur Analyse der Märchen von Wilhelm Hauff (1802-1827) (Descourvières 2014). Bislang kaum empirisch umgesetzt wurden die Konzepte aus dem *Schreiben der Geschichte*, was umso mehr verwundert, als die Trias von Orten, Praktiken und Schreibweisen sich gut eignen würde, historiographiegeschichtlich fruchtbar gemacht zu werden. So verstärkt bislang die empirische Anwendung certeauscher Begrifflichkeiten nochmals den Eindruck, er sei einzig und allein der Verfasser der *Kunst des Handelns*.

7.2 Denken an Grenzen: Drei Erbschaften

Die zahlreichen von Michel de Certeau bearbeiteten Themenfelder und sein theoretischer Eklektizismus können leicht den Eindruck der Unübersichtlichkeit, wenn nicht gar einer gewissen Beliebigkeit erwecken. Aus der Lektüre des Oeuvres wie den diversen Versuchen der vergangenen drei Jahrzehnte, Grundlinien seines Werkes herauszuarbeiten, ist jedoch klargeworden, dass dem bei weitem nicht so ist. Zweifellos handelt es sich nicht um ein strenges Theorieprogramm, wie etwa die Systemtheorie Niklas Luhmanns; dafür ist die Arbeitsweise insgesamt zu sehr die eines empirisch arbeitenden Historikers und eines kritischen Zeitbeobachters. Mit der Sozial-Anthropologie der Religion bzw. des Glaubens, der Epistemologie des Historischen[119] und der Theorie des Handelns und der Aneignung sind drei zentrale thematische „Erbschaften" Certeaus benannt worden, die von uneingeschränkter Aktualität sind (Maigret 2000). Sie können ergänzt werden durch weitere Erbschaften auf kategorialer bzw. heuristischer Ebene: Alterität, Grenze und Praxeologie.

Wiederholt ist Certeau als Denker des Anderen thematisiert worden (Certeau 1986; Ahearne 1995; Füssel 2001). Ein Blick in das Inhaltsverzeichnis des Blackwell-Readers zu Michel de Certeau zeigt fünf Kapitel zu „Anderen Zeiten", „Anderen Städten", „Anderen Menschen", „Anderen Sprachen" und „Anderen Glauben" (Ward 2000) und die letzte von Luce Giard aus dem Nachlass herausgegebene Aufsatzsammlung trägt den Titel *Le lieu de l'autre*. Doch was ist das Andere? Es scheint alles bezeichnen zu können. Das Andere ist nicht allein das Göttliche, Metaphysische, Unbegreifbare, es kann auch ganz handfest in den französischen Dialekten wie dem Patois oder dem Mann auf der Straße erscheinen. Das Andere ist für Certeau eine rein relationale Kategorie, die eine spezifisch strukturalistische Heuristik mit einer christlich grundierten Ethik verbindet. In der Weise, wie es relationiert und narrativiert wird, weckt das Andere in der Regel Sympathien beim Leser, zur unterdrückten Sprache der Eingeborenen, zur Performativität des Mündlichen gegenüber den Regimes der Schrift etc. Obwohl es eigentlich triadi-

---

119 Nicht zu verwechseln mit einer Historischen Epistemologie wie sie Hans-Jörg Rheinberger entworfen hat vgl. Rheinberger 2007.

7.2 Denken an Grenzen: Drei Erbschaften 161

sche Figuren sind, denn erst das forschende Subjekt konstruiert ein wir und ein sie, ein ich und ein anderes, bleibt die Alterität doch meist eine klassisch zweistellige Figur, eine Tatsache, die von poststrukturalistischen Certeau-Lesern auch bereits mehrfach kritisiert wurde (Frow 1991; Morris 1992: 13; Morris 2004: 679; Massey 2005). Mit Ben Highmore kann man allerdings darauf hinweisen, dass er binäre Begriffe gerade dazu einsetzt, die Strukturen des binären Denkens zu überwinden (Highmore 2002: 154; Buchanan 2000: 86).[120]

Mit der Fokussierung auf die Heterologie als Wissenschaft der Alteritäten ist Certeau jedoch automatisch mit Grenzziehungen und Grenzüberschreitungen konfrontiert (Geldof 2007). Egal, ob die Geschichtsschreibung zwischen Fakten und Fiktionen unterscheidet, die Ethnographie zwischen Wilden und Zivilisierten, die Kirche zwischen Gläubigen und Ungläubigen, Orthodoxie und Heterodoxie, die Industrie- und Mediengesellschaft zwischen Konsum und Produktion etc. – überall finden sich Grenzziehungen, die von Certeau immer wieder hinterfragt, dekonstruiert und aufgebrochen werden. Darin liegt vielleicht das poststrukturalistische Element, es bei der Beobachtung von Grenzen und Differenzen nicht zu belassen, sondern sie in Bewegung zu bringen. Seine eigene Forschertätigkeit hat dies deutlich zum Ausdruck gebracht. Rastlos und ortlos hat sich Certeau zwischen den Disziplinen und Paradigmen bewegt. Im Fazit seiner Certeau-Biographie betrachtet etwa François Dosse ihn als eine „Figur der Melancholie", deren Faszination für das Andere sie zu einem rastlosen „Marsch" antreibt, der keinen eigenen Ort mehr kennt (Dosse 2002: 627–638). Eine Bewegung, die es allerdings selbst zu historisieren gilt, will man nicht vorschnell in eine naive Interdisziplinaritäts-Ideologie verfallen. Certeau hat selbst deutlich gemacht, dass seine Interdisziplinarität als Wille zur Überschreitung von Grenzen nur auf der Grundlage einer gefestigten disziplinären Identität, in seinem Fall der des Historikers, überhaupt Sinn ergibt (Certeau 1983a: 6–7). Zu historisieren bedeutet in dem Fall jedoch sowohl die biographischen Hintergründe seiner alles andere als gradlinigen wissenschaftlichen Laufbahn mitzudenken, als auch die Theoriekultur der 1960er bis 1980er Jahre (Felsch 2015). Theorie besaß einen anderen Stellenwert und wurde selbst zu einer Art Konsumgut. Trotz einer Abnutzung des Kulturbegriffs kann man wohl von einer eigenen Theoriekultur sprechen, die von bestimmten materiellen Bedingungen (Paperbacks), Institutionen (Zeitschriften, Tagungen etc.) und Denkstilen (Schulen, Autoritäten, Suche nach Innovation) geprägt war. Michel de Certeau war Teil dieser kulturellen Strömung und partizipierte an vielen ihrer Referenzprojekte, wie etwa 1975 der Ausstellung bzw. dem Katalog zu den *Junggesellenmaschi-*

---

120 Vgl. auch die Reflexionen zum Strukturbegriff in TF 153–168.

nen (Certeau 1975f). Schon rein historiographie- und theoriegeschichtlich ist eine Auseinandersetzung mit der Vielfalt seines Werkes jenseits der *Kunst des Handelns* eine lohnenswerte Aufgabe, da sie zu einer Historisierung von Phänomenen wie der Interdisziplinarität beitragen kann.

Als ein dritter Strang des heuristischen Baukastens Certeaus ist die inzwischen als Praxeologie bzw. Praxistheorie kanonisierte Hinwendung zu den Praktiken zu nennen (Füssel 2015). Certeau kann mit seiner kreativen Lesart der Praxiskonzepte sowohl von Wittgenstein als auch von Foucault und Bourdieu als einer der Vorreiter der Praxeologie gelten. Mit der *Kunst des Handelns* ist er zu einer festen Referenz in der Analyse kultureller Praktiken geworden (Reckwitz 2003: 283), doch geht der praxeologische Zugang weit darüber hinaus. Bereits in seiner Metahistoriographie im *Schreiben der Geschichte* kommt den Praktiken ein zentraler Stellenwert zu, man kann geradezu von einer praxeologischen Historiographiegeschichte bzw. Wissenssoziologie des historischen Feldes sprechen (Zine 2010: 408–412). Certeau, der gleichzeitig einen methodischen Schwerpunkt in linguistischen und diskursanalytischen Verfahren besaß, hat Diskurse und Praktiken, Sprache und Handeln, „le dire et le faire" dabei nie als sich wechselseitig ausschließende Antipoden aufgefasst, sondern als zwei unterschiedliche, aber nicht zu trennende Ebenen des Sozialen. Im Grunde erweist sich Certeau auch als ein Denker der Performativität; ein Aspekt, der in der Forschung offenbar bislang wenig explizit diskutiert wurde, was umso mehr verwundert, da das produktive Potential des „doing things with words" (J.L. Austin) von Certeau immer wieder heuristisch genutzt wurde. Nicht nur, wo es am offensichtlichsten ist, in der *Kunst des Handelns*, sondern auch in der Analyse der Sprache der Mystik, der Metahistoriographie und der Theologie der Gegenwart spielt die Figur des Herstellens im Akt des Aussagens bzw. die Konstitution von Bedeutung *in actu* eine zentrale Rolle.

7.3 Eine „andere" Geschichte der Moderne?

Die zentrale Frage, die sich Michel de Certeau Zeit seines Lebens immer wieder stellte, war die: Wie kann ich in der heutigen Gesellschaft noch Christ sein? Das heißt, wie kann ein Christentum unter den Bedingungen der Moderne existieren? Die spezifische Herausforderung ergibt sich aus dem Bruch mit der Tradition, dem sozialen Körper einer Kirche und einer spezifischen Frömmigkeitskultur im Zeichen von Pluralisierung, Fragmentierung und Dechristianisierung. Daniel Bogner hat diesen Bruch als die für Certeaus Werk grundlegende Deutung einer „Krise der Repräsentation" gelesen und mit Certeau gefolgert „Will der Religiöse religiös bleiben, muß er politisch werden" (Bogner 2002: 339). Um zu dieser Schlussfolge-

7.3 Eine „andere" Geschichte der Moderne?

rung zu gelangen, war jedoch eine Rekonstruktion der Bedingung der Möglichkeit bzw. Unmöglichkeit des Glaubens unter den Bedingungen der Moderne notwendig (Royannais 2003). Die damit aufgeworfene Frage nach einer anderen Geschichte der Moderne setzt noch einen etwas anderen Schwerpunkt als eine „Analyse der Moderne" (Maigret 2000, Geldof 2007). Ich folge Maigret in der Annahme, dass Certeau keine eigene Theorie der Moderne entwickelt hat, sondern vielmehr methodische Werkzeuge und ‚Projekte', um eine solche zu entwickeln.

Mit der Geschichte wird die zentrale Herausforderung der Historisierung bzw. eines Denkens der Historizität diskutiert. Die Fähigkeit zur Historisierung scheint mir eines der, wenn nicht *das* Schlüsselinstrument auf dem Weg zu einer Deutung der Moderne zu sein. Damit ist auch das angesprochen, was aktuell oft im Anschluss an Foucault als eine „Geschichte der Gegenwart" thematisiert wird.[121] So geht es einerseits um die Präsenz des Vergangenen im Gegenwärtigen, andererseits um die Deutung der Gegenwärtigkeit in Relation zum Vergangenen. Beide Operationen sollen dabei nicht im wissenschaftlichen Elfenbeinturm vollzogen werden, sondern als kritische Interventionen in den gegenwärtigen Diskursen. Von einer solchen Interventionspraxis legen die zahlreichen Artikel und Interviews Michel de Certeaus reiches Zeugnis ab.[122]

Ist seine Diagnose der Moderne schließlich nihilistisch, sich in das Schicksal fügend, dass sich nur kleine Taktiken, aber keine großen Veränderungen vollziehen können, oder vielmehr von einer transzendenten Hoffnung auf Erlösung geprägt? So fragt Graham Ward und antwortet mit einer unaufhebbaren Ambivalenz: „And in the end the mystery remains. For Certeau himself remains other than himself, because he is now what he has written and excessive to all the ways we try to catalogue him" (Ward 2000: 12). Eine angemessene theoriegeschichtliche Kontextualisierung seines Werkes muss sich damit letztlich der Unverortbarkeit jenes intellektuellen Grenzgängers stellen, der mit den am Schluss von *Die mystische Fabel* zitierten Worten René Chars auch sein eigenes Denken charakterisierte: „In der Dichtung wohnt man nur an dem Ort, den man verlässt, man schafft nur das Werk, von dem man sich löst, man gewinnt die Dauer nur, indem man die Zeit zerstört" (MF 488).

---

121 Vgl. seit 2011 etwa die bei University of Illinois Press erscheinende Zeitschrift „History of the Present" oder eine Züricher Internetplattform unter http://geschichtedergegenwart.ch (zuletzt abgerufen am 24.08.2016).

122 Das von Luce Giard erstellte Schriftenverzeichnis listet insgesamt 35 gedruckte Interviews auf (Giard 1988b).

Literaturverzeichnis

Siglenverzeichnis

AH	L'Absent de l'histoire (1973a)
CP	La Culture au Pluriel (1974a/1993)
E	L'Etranger ou l'union dans la différence (1969a)
FM II	La Fable Mystique II (2013)
GS	Glaubensschwachheit (1987b/2009)
IQ II	L'Invention du Quotidien. Bd.2 Habiter, Cuisiner (1994b)
KH	Kunst des Handelns (1980a/1988)
LA	Le lieu de l'autre (2005a)
MF	Mystische Fabel (1982)
MPF	Bienheureux Pierre Favre, Mémorial (1960)
PL	La Possession de Loudun (1970a)
PP	La Prise de Parole (1968/zit. nach 1994a)
SG	Das Schreiben der Geschichte (1975b)
TF	Theoretische Fiktionen (1987a)

Werke von Michel de Certeau

Die Schriften Michel de Certeaus sind von Luce Giard in einer umfassenden Bibliographie zusammengestellt worden: Luce Giard: Bibliographie complète de Michel de Certeau, in: dies. (Hg.): La voyage mystique, Michel de Certeau, Paris 1988, S. 191–243 und in: Recherches de Sciences Religieuses 76/3 (1988), S. 405–457. Von den Aufsätzen werden im Folgenden vor allem solche aufgeführt, die nicht in einer der Aufsatzsammlungen Certeaus erneut publiziert wurden. Es werden immer die Ausgaben letzter Hand zitiert.

1954 „Pierre Favre. 'Le progrès de l'homme spirituel'. In: Christus 1 /4. S. 89–104.
1956 „L'expérience religieuse, ‚connaissance vécue' dans l'Eglise. (Note). In: Pax 19/99. S. 1–17.
1957 „Les pélerins d'Emmaüs". In: Christus 4/13, S. 56–63.
1958 „Die Erfahrung von Heil bei Peter Faber". In: Geist & Leben: Zeitschrift für christliche Spiritualität 87 (2014), 3, S. 236–251.
1960 Bienheureux Pierre Favre, Mémorial, traduit et commenté par Michel de Certeau. Paris: Desclée de Brouwer 1960.
1963a Jean-Joseph Surin, Guide spirituel pour la perfection, texte établi et présénte par Michel de Certeau. Paris: Desclée de Brouwer 1963.
1963b „Du Saint-Cyran au jansénisme". In: Christus 39 (1963), S. 399–417.
1963c „Politique et mystique. René d'Argenson". In: Revue d'ascétique et de mystique 154 (1963), S. 45–82.
1966a Jean-Joseph Surin. Correspondance, texte établi, présenté et annoté par Michel de Certeau, préface de Julien Green. Paris: Desclée de Brouwer 1966.
1966b „Ignatianischer Universalismus: Mystik und Sendung". In: Geist & Leben. Zeitschrift für christliche Spiritualität 88 (2015), 2, S. 208–217.
1967 gemeinsam mit François Roustang (Hg.): La Solitude une vérité oubliée de la communication. Paris: Desclée de Brouwer.
1968 La prise de parole. Pour une nouvelle culture. Paris: Desclée de Brouwer. [Neu herausgegeben von Luce Giard als Certeau Michel de (1994a): La Prise de parole et autres écrits politiques. Paris: Éditions du Seuil.]
1969a L'Etranger ou l'union dans la différence. Paris: Desclée de Brouwer; zitiert nach der 3. Auflage, hg. von Luce Giard. Paris: Éditions du Seuil 2005.
1969b „Une mutation culturelle et religieuse: les magistrats devant les sorciers du XVIIe siècle". In: Revue d'histoire de l'Eglise de France 55, S. 300–319, wieder abgedruckt in Certeau 1973, S. 13–39.
1970a La Possession de Loudun. Paris: Gallimard/Julliard 1970.
1970b „L'experiénce spirituelle". In: Christus 17/68. S. 488–498.
1970c „Le prophète et les militaires: Dom Helder Camara". In: Études 333, S. 104–113.
1972a „Une épistémologie de transition: Paul Veyne". In: Annales E.S.C. 27, S. 1317–1327.

1972b	„Die Förmlichkeit der Praktiken". In: Büttgen/Jouhaud 2008, S. 7–65.
1973a	L'Absent de l'histoire. Paris: Mame.
1973b	„Der Sehnsucht Raum geben. Oder das ‚Fundament' der Geistlichen Übungen". In: Geist & Leben. Zeitschrift für christliche Spiritualität 89/1 (2016), S. 92–101.
1973c	„Le Chili après coup". In: Projet 80, S. 1151–1158.
1974a	La Culture au Pluriel. Paris: Union Général d'Éditions [2. Aufl. 1980; 3. Aufl. 1993]. Es wird nach der 3. Aufl. zitiert.
1974b	Le Christianisme éclaté (zusammen mit Jean-Marie Domenach). Paris: Éditions du Seuil.
1975a	Une politique de la langue. La Révolution Française et les Patois (zusammen mit Dominique Julia und Jacques Revel). Paris: Gallimard.
1975b	Das Schreiben der Geschichte. Frankfurt a.M./New York: Campus 1991.
1975c	Politica e Mistica. A Questioni di Storia Religiosa. Mailand: Jaca.
1975d	Une ethnographie de la langue: l'enquête de Grégoire sur les patois (zusammen mit Dominique Julia und Jacques Revel)". In: Annales ESC 30 (1975), S. 5–31.
1975e	L'altérité diabolique. A propos du film 'L'exorciste' (Interview)". In: Études (März), S. 407–420.
1975f	„Sterbekünste. Anti-mystisches Schreiben". In: Jean Clair/Harald Szeemann (Hg.): Junggesellenmaschinen/Machines celibataires. Katalog der gleichnamigen Wanderausstellung Kunsthalle Bern. Venedig: Alfieri, S. 83–96, hier zitiert nach der Neuauflage Wien: Springer 1999, S. 142–157.
1976a	„Débat: les discours historique et le réel (mit Regine Robin). In: Dialectiques 14, S. 42–62.
1976b	Table-ronde sur *Une politique de la langue* (mit Dominique Julia, Jacques Revel und der Redaktion)". In: La français aujourd'hui 35, S. 32–50.
1977a	La Réveil Indien en Amérique Latine (mit Yves Materne). Paris. Les éditions du cerf.
1977b	„Die See schreiben". In: Robert Stockhammer (Hg.): Topographien der Moderne. Medien zur Repräsentation und Konstruktion von Räumen. Paderborn: Fink 2005, S. 127–143.
1978	„Qu'est-ce qu'un séminaire?" In: Esprit, S. 176-181, dann mit Anmerkungen zur Entstehung neu herausgegeben in: Le Bloc-Notes de la psychanalyse (Genf) Nr. 7 (1987), S. 237–247.
1980a	L'Invention du Quotidien 1. Arts de faire; 2. frz. Aufl. Paris: Gallimard, 1990.

1980b	„Writing vs. Time: History and Anthropology in the Works of Lafitau". In: Yale French Studies 59, S. 37–64.
1980c	„Herbert Marcuse, 1898-1979". In: Universalia 1980. Paris, S. 572–573.
1980d	„Utopies vocales: glossolalies. In: Traverses 20, S. 26–37.
1980e	Art. „Possession. Teil 1.2. 'L'Occident moderne'. In: Encyclopaedia universalis. Supplément. T.2., Corpus. Paris, S. 1190, erweitert und korrigiert ebd. T. 14 (1985), S. 1141.
1981a	„Le lieu de l'autre. Montaigne: Des cannibals". In: Maurice Olender (Hg.): Le racisme. Mythes et sciences (Mélanges Léon Poliakov). Brüssel: Complexe, S. 187–200.
1981b	„Glauben: ein Praktizieren der Differenz". In: Semiotische Berichte 10 (1986), S. 364–387.
1982	Die Mystische Fabel. 16. bis 17. Jahrhundert. Frankfurt a. M.: Suhrkamp 2010.
1983	L'ordinaire de la communication (mit Luce Giard). Paris: Dalloz.
1983a	[Interview mit] Laura Willett : „Traverses: une interview avec Michel de Certeau". In: Paroles gelées. UCLA French Studies 1/1, S. 1–13.
1984a	Le parler angélique. Figures pour une poétique de la langue". In: Actes sémiotiques. Documents. 6/54. Paris 1984, S. 7–31.
1984b	„Nikolaus von Kues. Das Geheimnis eines Blickes". In: Volker Bohn (Hg.): Bildlichkeit. Internationale Beiträge zur Poetik. Frankfurt a. M.: Suhrkamp 1990, S. 325–356.
1986	Heterologies: Discourses on the Other. Manchester/Minneapolis: Manchester University Press/University of Minnesota Press.
1987a	Theoretische Fiktionen, Geschichte und Psychoanalyse. Wien: Turia & Kant 1997, Neu durchgesehene und erweiterte zweite Auflage, herausgegeben von Luce Giard. Wien: Turia & Kant 2007. [es wird nach der 2. Aufl. zitiert]
1987b	La faiblesse de croire. Paris: Éditions du Seuil.
1988	Kunst des Handelns. Berlin: Merve.
1993	La culture au pluriel. Paris: Éditions du Seuil. [3. Aufl.]
1994a	La Prise de parole et autres écrits politiques. Paris: Éditions du Seuil.
1994b	L'Invention du Quotidien. Bd.2 Habiter, Cuisiner (zusammen mit Luce Giard und Pierre Mayol). Paris: Gallimard.
2005a	Le lieu de l'autre. Histoire religieuse et mystique. Paris: Éditions du Seuil/ Gallimard.
2005b	L'Etranger ou l'union dans la différence. 3. Auflage, hg. von Luce Giard. Paris: Éditions du Seuil.
2009	GlaubensSchwachheit. Stuttgart: Kohlhammer.

2013   La Fable mystique. XVIe-XVIIe siècle II. Édition établie et presentée par Luce Giard. Paris: Gallimard.

Sekundärliteratur

Adorno, Rolena (1991): „Todorov y de Certeau: la alteridad y la contemplacion del sujeto". In: Revista de critica literaria latinonamericana 17, S. 51–58.
Ahearne, Jeremy (1995): Michel de Certeau: Interpretation and its Other. Stanford: Stanford University Press.
Ahearne, Jeremy, Luce Giard, Dominique Julia et al. (1996): „Feux persistants. Entretien sur Michel de Certeau". In: Esprit 20/3, S.131–154.
Ahearne, Jeremy (2001): „Questions of Cultural Policy in the Thought of Michel de Certeau (1968-1972)". In: South Atlantic Quarterly 100/2, S. 447–463.
Alibert, Arnaud/Sagadou, Jean-Paul/Petit, Jean-François (2016): Religieux et religieuses au XXIe siècle. Une proposition à la suite de Michel de Certeau. Le Coudray-Macouard: Saint-Léger Éditions.
Andermatt Conley, Verena (2012): „Michel de Certeau: Anthropological Spaces". In: Dies.: Spatial Ecologies: Urban Sites, State and World-space in French Cultural Theory. Liverpool: Liverpool University Press, S. 29–46.
Arens, Katherine (1998): „Discourse Analysis as Critical Historiography: A semanalyse of Mystic Speech". In: Rethinking History 2, S. 23–50.
Augé, Marc (1987): „Présence, absence". In: Giard 1987, S. 81–84.
Barbieri, William A. (2002): „The heterological quest: Michel de Certeau's travel narratives and the ‚other' of comparative religious ethics". In: Journal of religious ethics 30, S. 23–48.
Bastenier, Albert (2007): „Le croire et le cru: Les appartenances religieuses au sein du christianisme européen revisitées à partir des travaux de Michel de Certeau." In: Social Compass 54/1, S. 13–32.
Bauer, Christian (2003): „Kritik der Pastoraltheologie. Nicht-Orte und Anders-Räume nach Michel de Certeau und Michel Foucault". In: Ders./Michael Hölzl (Hg.): Gottes und des Menschen Tod? Die Theologie vor der Herausforderung Michel Foucaults. Mainz: Matthias-Grünewald, S. 181–216.
Bauer, Christian/Sorace, Marco A. (2017): Gott, anderswo?: Theologie im Gespräch mit Michel de Certeau. Ostfildern: Matthias-Grünewald.
Bauerschmidt, Frederick Christian (1996): „The Abrahamic Voyage: Michel de Certeau and Theology". In: Modern Theology 12/1, S. 1–26.
Bauerschmidt, Frederick Christian (2001): „The Otherness of God". In: South Atlantic Quarterly 100, S. 349–364.
Baumer, Iso (2014): „Auf den Spuren von Michel de Certeau. Eine für Papst Franziskus prägende Gestalt". In: Stimmen der Zeit 232 Bd., Heft 2, S. 86–96.
Beehler, Michael (1996): „Speaking for Nothing: Michel de Certeau on Narrative and Historical Time". In: Stephen Barker (Hg.): Signs of Change: Premodern – Modern – Postmodern. Albany, NY: State University of New York Press, S. 143–154.

Bernardy, Jörg /Inigo M. K. Bocken (2012) (Hg.): Michel Foucault und Michel de Certeau. Diskursive Praktiken (= Coincidentia 3,2 Sonderheft). Bernkastel-Kues.
Bernardy, Jörg/Klimpe, Hanna (2016): „Michel de Certeau: Kunst des Handelns". In: Frank Eckardt (Hg.): Schlüsselwerke der Stadtforschung. Wiesbaden: Springer, S. 173–186.
Bertrand, Dominique (1991): „La théologie négative de Michel de Certeau". In: Geffré 1991, S. 101–127.
Blanc, Lydia (2006): „Les voyages immobiles de Michel de Certeau, Présence, fonction et statut des métaphores dans l'œuvre de De Certeau". Online bei Social Science Research Network http://dx.doi.org/10.2139/ssrn.904306 [zuletzt abgerufen am 11.09.2016]
Bocken, Inigo (2012a): „Everyday Life as Divine Practice. Modernity and Transcendence in Michel de Certeau". In: Wessel Stoker/W. van der Merwe (Hg.): Looking Beyond. Shifting Views on Transcendence in Philosophy, Theology and Arts. Amsterdam: Rodopi, S. 223–242.
Bocken, Inigo (2012b): „Nomad and Layman: Spiritual Spaces in Modernity. Mysticism and Everyday Life in Michel de Certeau". In: Ders. (Hg.): Spiritual Spaces. History and Mysticism in Michel de Certeau. Leuven – Paris: Peeters, S. 111–125.
Boer, Roland (1999): „The resurrection engine of Michel De Certeau". In: Paragraph 22, S. 199–212.
Bogner, Daniel (2002): Gebrochene Gegenwart. Mystik und Politik bei Michel de Certeau. Mainz: Grünewald.
Bogner, Daniel/Eslin, Jean-Claude/Giard, Luce/Lardet, Pierre/Schlegel, Jean-Louis/Vigarello, Georges/Widmaier, Carole (2002): „Actualités de Michel de Certeau". In: Esprit 298/11, S. 92–125.
Boon, Tim (2011): „A Walk in the Museum with Michel de Certeau: A Conceptual Helping Hand for Museum Practitioners". In: Curator: The Museum Journal 54/4, S. 419–429.
Botelho Josgrilberg, Fabio (2008): „Michel de Certeau e o Admirabile Commercium de Sentidos na Educação". In: Educação: Teoria e Prática 18/30, S. 95–105.
Boulestreau, Nicole (1987): „Une demeure empruntée. Certeau et la pensée du livre". In: Revue de la Bibliotheque Nationale 24, S. 32–40.
Boureau, Alain (2008): „Conformité, formes et formalité chez Michel de Certeau". In: Philippe Büttgen/Christian Jouhaud (Hg.): Lire Michel de Certeau La formalité des pratiques – Michel de Certeau lesen Die Förmlichkeit der Praktiken (Sonderheft der Zeitsprünge 12-1,2), S. 114–123.
Boutry, Philippe (1988): „De l'histoire des mentalités à l'histoire des croyances. La Possession de Loudun". In: Le Débat 49. S. 85–96.
Bradley, Arthur (2004): „Certeau's ,Yes, in a foreign land'". In: Ders.: Negative theology and modern French philosophy. London: Routledge, S. 49–80.
Brammer, Marsanne (1992): „Thinking practice. Michel de Certeau and the theorization of mysticism". In: Diacritics 22 (1992), S. 26–48.
Brun, Jacques le (2003): „Michel de Certeau historien de la spiritualité". In: Recherches de Science Religieuse 91/4, S. 535–552.
Brun, Jacques le (2004): „La Mystique et ses histoires". In: Revue de Théologie et de Philosophie 136/4, S. 309–318.
Buchanan, Ian (1992): „Writing the wrongs of history: de Certeau and postcolonialism". In: Span 33, S. 39–46.

Buchanan, Ian (1996a): „Heterophenomenology, or de Certeau's Theory of Space". In: Social Semiotics 6/1, S. 111–132.
Buchanan, Ian (1996b): „From Work to Textbook". In: Social Semiotics 6/1, S. 147–155. [Rezension von Ahearne 1995).
Buchanan, Ian (1997): „De Certeau and Cultural Studies". In: New formations 31, S. 175– 188.
Buchanan, Ian (2000): Michel de Certeau. Cultural theorist. London: Sage.
Buchanan, Ian (Hg.) (2001): Certeau in the plural. Durham: Duke University Press (Sondernummer von South Atlantic Quarterly).
Buchanan, Ian (2005): „Michel de Certeau". In: George Ritzer (Hg.): Encyclopedia of Social Theory. London: Sage, S. 87–91.
Buchanan, Ian (2007): „Ort und Raum. Eine Verhältnisbestimmung bei Michel de Certeau". In: Füssel 2007, S. 179–199.
Büttgen, Philippe/Jouhaud, Christian (Hg.) (2008): Lire Michel de Certeau La formalité des pratiques – Michel de Certeau lesen Die Förmlichkeit der Praktiken. (Sonderheft der Zeitsprünge 12-1,2).
Burke, Peter (2002): „The Art of Re-Interpretation: Michel de Certeau". In: Theoria 100, S. 27-37. Dt. als „Michel de Certeau und die Kunst der Re-Interpretation". In: Füssel 2007, S. 35–46.
Carrard, Philipp (2001): „History as a Kind of Writing: Michel de Certeau and the Poetics of Historiography". In: South Atlantic Quarterly 100/2, S. 465–482.
Champion, François (1984): „La fable mystique et la modernité". In: Archives de Sciences Sociales des Religions 58/2, S. 195–203.
Chartier, Anne-Marie et Hébrard, Jean (1988): „L'invention du quotidien, une lecture, des usages." In: Le Débat 49, S. 97–108.
Chartier, Roger (1991): „Historie oder das Wissen vom Anderen". In: Certeau 1991, S. 289– 299.
Chartier, Roger (1992): „Laborers and Voyagers: From the Text to the Reader". In: Diacritics 22, S. 49–61.
Chartier, Roger (1998): „Stratégies et tactiques. De Certeau et les 'arts de faire'". In: Ders.: Au bord de la falaise: l'histoire entre certitudes et inquietude. Paris: Albin Michel, S. 161–172.
Chinchilla Pawling, Perla (2009) (Hg.): Michel de Certeau, un pensador de la diferencia, México: Universidad Iberoamericana.
Clévenot, Michel (1999): „Michel de Certeau 1925-1986". In: Ders.: Prophetie im Angesicht der Katastrophe. Geschichte des Christentums im XX. Jahrhundert. Luzern: Edition exodus, S. 212–219.
Chmieleweski, Philip J. (1994): „De Certeau, tactics and chaos: interpretive social science and inter-cultural missionary encounter". In: Église et théologie 25, S. 219–238.
Colebrook, Claire (1997): „Michel de Certeau: oppositional practices and heterologies". In: Dies.: New Literary Histories. New Historicism and contemporary criticism, Manchester/New York: Manchester University Press, S. 112–137.
Colebrook, Claire (2001): „Certeau and Foucault: Tactics and Strategic Essentialism". In: South Atlantic Quarterly 100/2, S. 543–574.
Conley, Tom (1992): „Michel de Certeau and the Textual Icon". In: Diacritics 22/2, S. 38–48.

Conley, Tom (2001): „L'absent de Paris: In the Savage Country". In: South Atlantic Quarterly 100/2, S. 575–598.
Cortés Ramírez, Eugenio Enrique (2012): „La poética sentimental de Michel de Certeau". In: Thélème 27, S. 105–115.
Courtois-l'Heureux, Fleur (2009): Arts de la ruse. Un tango philosophique avec Michel de Certeau. Fernelmont: E.M.E.
Crang, Mike (2000): „Relics, Places and unwritten geographies in the Work of Michel de Certeau (1925-86)". In: Mike Crang/Nigel Thrift (Hg.): Thinking Space. London: Routledge, S. 136–153.
Cravetto, Maria Letizia (1999a) (Hg.): A partir de Michel de Certeau: de nouvelles frontières (Themenheft von Rue Descartes 25). Paris: Presses universitaires de France.
Cravetto, Maria Letizia (1999b): „Permanences: la frontière. En guise d'introduction". In: Cravetto 1999a, S. 9–19.
Cravetto, Maria Letizia (2003): „The Emancipation of Thought: On the Work of Michel de Certeau". In: Diogenes 50/3, S. 115–129.
Cuchet, Guillaume (2014): „Réflexions autour d'une publication posthume: La fable mystique (1982-2013) de Michel de Certeau". In: Revue d'histoire de l'Eglise de France 100, S. 403–416.
Davis, Natalie Zemon (2008): „The quest of Michel de Certeau". In: New York Review of Books 55/8 (15.5.), S. 57–60.
Deguy, Michel (1999): „Note sur le syntagme „fable mystique". In: Rue Descartes 25, S. 43–51.
Delacroix, Christian, François Dosse, Patrick Garcia (2002) (Hg.): Michel de Certeau, histoire/psychanalyse. Mises à l'épreuve (= Themenheft von EspacesTemps. Les Cahiers 80/81). Paris: EspacesTemps
Delacroix, Christian, François Dosse, Patrick Garcia, Michel Trebitsch (2002) (Hg.): Michel de Certeau. Les chemins de l'histoire. Brüssel: Éditions Complexe.
Delacroix, Christian, François Dosse, Patrick Garcia, Michel Trebitsch (2002a) : Pourquoi Michel de Certeau aujourd'hui ?" In: Dies. (Hg.): Michel de Certeau. Les chemins de l'histoire. Brüssel: Éditions Complexe, S. 13–22.
Descourvières, Benedikt (2014): Ästhetik der List: Michel de Certeaus Kulturtheorie trifft Wilhelm Hauffs Märchen. Norderstedt: Books on Demand.
Destrempes, Sylvain (2005): „L' altérité dans le discours mystique selon Michel de Certeau: 1: la question de la mystique". In: Science et esprit 57/2, S. 141–157.
Destrempes, Sylvain (2006): „L' altérité dans le discours mystique selon Michel de Certeau: 2: conversion à l'autre". In: Science et esprit 58/1, S. 43–57.
Di Cori, Paola/Napoli, Diana (2012) (Hg.): Michel de Certeau. Il corpo della storia. Themenheft der Zeitschrift Humanitas 4/2012.
Dosse, François (2002): Michel de Certeau. Le marcheur blessé. Paris: La Découverte.
Dosse, François (2006): Paul Ricoeur, Michel de Certeau. L'Histoire: entre le dire et le faire. Paris: L'Herne.
Driscoll, Catherine (2001): „The Moving Ground: Locating Everyday Live". In: South Atlantic Quarterly 100/2, S. 381–398.
Eckholt, Margit (2006): „Nicht ohne Dich. Der verletzte Wanderer und der fremde Gott. Eine Annäherung an Michel de Certeau SJ". In: Hanspeter Schmitt (Hg.): Der dunkle Gott. Gottes dunkle Seiten. Stuttgart: Katholisches Bibelwerk, S. 34–62.

Eickhoff, Georg (1998): „Los Ejercicios Espirituales como ‚ars bene vivendi'. Sobre la 'composición de lugar' et la literatura cabballescera, en la obra de Ignacio de Loyola y en el pensamiento de Michel de Certeau, S.J.". In: Juan Plazaola (Hg.): Las Fuentes de los Ejercicios Espirituales des San Ignacio. Simposio International, Loyola 15-19 Septiembre, Bilbao: Ed. Mensajero. S. 379–398.

Eickhoff, Georg (2001): „Geschichte und Mystik bei Michel de Certeau". In: Stimmen der Zeit, 219 Bd. 126 Jg, Heft 4, S. 248–260.

Farge, Arlette (2002): „Se laisser surprendre par l'ordinaire". In: Delacroix/Dosse/Garcia/ Trebitsch 2002, S. 101–106.

Finkelde, Dominik SJ (2016): „Michel de Certeaus Metatheorie der Mystik". In: Janez Perčič/Johannes Herzgsell (Hg.): Große Denker des Jesuitenordens. Paderborn: Schoeningh, S. 121–134.

Freijomil, Andrés Gabriel (2009): „Les pratiques de la lecture chez Michel de Certeau: la matérialité de l'œuvre". In: Cahiers du Centre de recherches historiques [EHESS] 44, S. 109–134.

Freijomil, Andrés Gabriel (2012): „À la recherche du 'premier' Michel de Certeau. Les enjeux de ses premiers textes publiés pendant les années lyonnaises (1947-1950)". In: Rivista di Storia e Letteratura Religiosa (Turin), XLVIII/1, S. 117–154.

Freijomil, Andrés Gabriel (2013): „Entre la rapsodia y el recueil. Aproximaciones teóricas sobre las prácticas de reutilización textual en Michel de Certeau". In: Historia y Grafía [México] 40, S. 43–70.

Frijhoff, Willem (1998): „Foucault reformed by Certeau: historical strategies of discipline and everyday tactics of appropriation". In: Arcadia 33, S. 92–109.

Frijhoff, Willem (2010): „Michel de Certeau (1925-1986)". In: Philip Daileader and Philip Whalen (Hg.): French historians 1900 – 2000. New historical writing in twentieth-century France. Chichester, West Sussex [u.a.]: Wiley-Blackwell, S. 77–92.

Frohlich, Mary (2008): „The space of Christic performance. Teresa of Avila through the lens of Michel de Certeau". In: Elina Gertsman (Hg.): Visualizing medieval performance. Aldershot: Ashgate, S. 161–178.

Frow, John (1991): „Michel de Certeau and the practice of representation". In: Cultural Studies 5/1, S. 52–60.

Füssel, Marian (2001): „Geschichtsschreibung als Wissenschaft vom Anderen: Michel de Certeau S.J.". In: Storia della Storiografia 39, S. 17–38.

Füssel, Marian (2004a): „Aneignungen eines Denkers. Neue Forschungen zu Michel de Certeau". In: Storia della Storiografia 45, S. 95–108.

Füssel, Marian (2004b): „Theoretische Fiktionen? Michel de Certeau und das Problem der historischen Referenzialität". In: Katja Bär u.a. (Hg.): Text und Wahrheit. Ergebnisse der interdisziplinären Tagung ‚Fakten und Fiktionen' der Philosophischen Fakultät der Universität Mannheim, November 2002. Frankfurt a. M.: Peter Lang, S. 37–49.

Füssel, Marian (Hg.) (2007): Michel de Certeau. Geschichte – Kultur – Religion. Konstanz: UVK.

Füssel, Marian (2012): „Diskurse und Praktiken. Michel Foucault in der Kritik Michel de Certeaus". In: Bernardy/Bocken 2012, S. 257–274.

Füssel, Marian (2013): „Tote Orte und gelebte Räume. Zur Raumtheorie von Michel de Certeau S.J.". In: Historical Social Research 38, S. 22–39.

Fumaroli, Luigi Azzariti (2012): „Michel de Certeau. Linguaggio della storia: Silenzio sulla morte e parola mistica". In: Rivista di Filosofia Neo-Scolastica, 2-3, S. 437–468.
Gallagher, Peter (2000): „Seeking the European Self: Three ‚Other Selves' of Michel de Certeau". In: The Way (April), S. 102–112.
Gayle, Curtis Anderson (2006): „History in multiplicity: locating de Certeau's ‚strategy' and ‚tactics' in early postwar Japan". In: Japan Forum 18/2, S. 207–228.
Geffré, Claude (Hg.) (1991): Michel de Certeau ou la différence chrétienne. Paris. Les éditions du cerf.
Geldof, Koenraad/Laermanns, Rudi (Hg.) (1997): Sluipwegen van het denken. Over Michel de Certeau. Nijmegen: SUN.
Geldof, Koenraad (2007): „Ökonomie, Exzess, Grenze. Michel de Certeaus Genealogie der Moderne". In: Füssel 2007, S. 91–151.
Genosko, Gary (1992): „The struggle for an affirmative weakness: de Certeau, Lyotard and Baudrillard". In: Current Perspectives in social theory 12, S. 179–194.
Giard, Luce (Hg.) (1987): Michel de Certeau. Cahiers pour un temps. Paris: Centre Georges Pompidou.
Giard, Luce u. a. (Hg.) (1988a): La voyage mystique, Michel de Certeau. Paris (=Edition der Ausgaben 76/2 und 76/3 (1988) der Recherches de Sciences Religieuse).
Giard, Luce (1988b): „Bibliographie complète de Michel de Certeau". In: Dies. (Hg.): La voyage mystique, Michel de Certeau. Paris: Les éditions du cerf. S. 191–243.
Giard, Luce (1990): „Histoire d'une recherche". In: Certeau 1990, S. I–XXX.
Giard, Luce/Martin, Hervé/Revel, Jacques (1991): Histoire, mystique et politique: Michel de Certeau. Grenoble: Jérôme Millon.
Giard, Luce (1991): „Epilogue: Michel de Certeau's Heterology and the New World". In: Representations 33 [Special Issue: The New World], S. 212–221.
Giard, Luce (1993): „Ouvrir des possibles". In: Certeau 1993, S. I–VIII.
Giard, Luce (1994a): „Par quoi demain déjà se donne à naître". In: Certeau 1994a, S. 7–26.
Giard, Luce (1994b): „De moments et des lieux". In: Certeau 1994b. S. I–XV.
Giard, Luce (2005a): „Un style particulier d'historien". In: Certeau 2005, S. 7–18.
Giard, Luce (2005b): „Comme première manière d'entrer dans l'œuvre". In: Certeau 2005b, S. I–XIII.
Giard, Luce (2007a): „Michel de Certeau. Ein biographisches Porträt". In: Füssel 2007, S. 21–32.
Giard, Luce (2007b): „Un chemin non traceé". In: Michel de Certeau: Histoire et psychanalyse entre science et fiction. Nouvelle Édition revue et augmentée. Paris: Gallimard, S. 11–50. dt. um die editorischen Hinweise gekürzt als „Ein nicht vorgezeichneter Weg". In: Certeau 1987a/2007, S. 7–30.
Giard, Luce (2007c): „Michel de Certeau : le projet mystique". In: Dominique de Courcelles (Hg.): Les enjeux philosophiques de la mystique: actes du colloque du Collège international de philosophie. Grenoble: Éditions Jérôme Million, S. 37–44.
Giard, Luce (2009): „Auf der Suche nach Gott". In: Certeau 2009, S.9–27.
Giard, Luce (2013): „Présentation". In: Certeau 2013, S. 7–17.
Giard, Luce (2014): „Michel de Certeau, lecteur de Michel Foucault". In: Jean-François Bert/Jérôme Lamy (Hg.): Michel Foucault, un héritage critique. Paris: CNRS Éd., S. 331–352.

Giard, Luce (2017): Michel de Certeau. Le voyage de l'œuvre. Paris: Éditions Facultés jésuites de Paris.
Gisel, Pierre (2004): „Lire Michel de Certeau en théologien". In: Revue de Théologie et de Philosophie 136/4, S. 399–415.
Goujon, Patrick (2015) : „La Fable mystique I et II: des lectures discontinues". In: Archives de sciences sociales des religions 172, S. 81–87.
Greenblatt, Stephen (1986): „Loudun and London". In: Critical Inquiry 12, S. 326–346.
Hartnett, Stephen (1998): „Michel de Certeaus critical historiography and the rhetoric of maps". In: Philosophy and rhetoric 31, S. 283–303.
Hartog, François (1987): „L'écriture du voyage". In: Giard 1987, S. 123–132 (wieder abgedruckt in: Ders.: Évidence de l'histoire: ce que voient les historiens, Paris: Éd. de l'École des Hautes Études en Sciences Sociales, 2005, S. 295–308).
Highmore, Ben (2002): Everyday Life and Cultural Theory. An Introduction. London/New York: Routledge.
Highmore, Ben (2006): Michel de Certeau. Analysing Culture. London/New York: Continuum.
Höfer, Bernadette (2008): „Michel de Certeau, Surin und der Diskurs des ‚Anderen'". In: Rainer Zeiser (Hg.): Literaturtheorie und ‚sciences humaines': Frankreichs Beitrag zur Methodik der Literaturwissenschaft. Berlin: Frank & Timme, S. 27–42.
Hoff, Johannes (1999): „Erosion der Gottesrede und christlichen Spiritualität. Antworten von Michel Foucault und Michel de Certeau im Vergleich". In: Orientierung 63, S. 116–119, S. 130–132, S. 135–137.
Indermuhle, Christian/Laus, Thierry (2004): „En finir avec le desir. Michel de Certeau et l'hétérologie des voix". In: Revue de Théologie et de Philosophie 136, S. 387–398.
Indermuhle, Christian (2007): Christallographie(s): Montesquieu, Certeau, Deleuze, Foucault, Valéry. Paris: Van Dieren.
Jourjon, Maurice (2003): „À propos des „Années lyonnaises" de Michel de Certeau". In: Recherches de Science Religieuse 91/4, S. 571–576.
Julia, Dominique (2015), „La Fable mystique tome II". In: Archives de sciences sociales des religions 172, S. 47–66.
Klein, Nikolaus (2000): „Brasilianische Messe". In: Orientierung 64/10, S. 109–111.
Kohli Reichenbach, Claudia (2012): „Spiritualität und Sprache. Michel de Certeaus Sprachanalyse als Meisterstück der Spiritualitätsforschung". In: Ralph Kunz/Claudia Kohli Reichenbach (Hg.): Spiritualität im Diskurs. Spiritualitätsforschung in theologischer Perspektive. Zürich: TVZ, Theol. Verl., S. 197–207.
Krönert, Veronika (2009): „Michel de Certeau: Alltagsleben, Aneignung und Widerstand". In: Andreas Hepp/Friedrich Krotz/Tanja Thomas (Hg.): Schlüsselwerke der Cultural Studies. Wiesbaden: VS, Verl. für Sozialwiss., S. 47–57.
Langlois, Claude (1988): „Michel de Certeau et le groupe de la bussiere". In: Recherches de Sciences Religieuse 76/2, S. 227–231.
Laux, Henri (2004): „Michel de Certeau Lecteur de Surin. Les enjeux d'une interprétation". In: Revue de Théologie et de Philosophie 136/4, S. 319–332.
Lécrivain, Philippe S.J. (2001): „Théologie et sciences et l'autre, la mystique ignatienne dans les „approches" de Michel de Certeau". In: Bernard van Meenen (Hg.): La mystique. Brüssel: Publications des Facultés Universitaires Saint Louis, S. 67–85.

Lécrivain, Philippe S.J. (2007): „Michel de Certeau e le scienze dell ',altro'". In: La civiltà cattolica 158, S. 139–152.

Lestringant, Frank (1995): „Der mystische und der wilde Körper: Michel de Certeau als Leser von Jean de Lery ‚brasilianisches Tagebuch' (1578-1975)". In: Kulturrevolution 32/33, S. 121–125.

Levine, Robert M. (2001): „Michel de Certeau and Latin America". In: Miguel Angel Centeno/Fernando López-Alvez (Hg.): The Other Mirror: Grand Theory Through the Lens of Latin America. Princeton: Princeton University Press, S. 309–328.

Libéra, Alain de/Nef, Frédéric (1983): „Le discours mystique. Histoire et méthode". In: Littoral 9, S. 79–102.

Lion, André (1987): „Le discours blessé. Sur la langage mystique selon Michel de Certeau". In: Revue des Sciences Philosophiques et Theologiques 71, S. 405–420.

Lippuner, Roland (2007): „Sozialer Raum und Praktiken: Elemente sozialwissenschaftlicher Topologie bei Pierre Bourdieu und Michel de Certeau". In: Stephan Günzel (Hg.): Topologie. Zur Raumbeschreibung in den Kultur- und Medienwissenschaften. Bielefeld: transcript, S. 265–277.

Litmanovich, Juan Alberto (2000): Cuando el archivo se hace acto. Ensayo de fontera, entre dos, psicoanalysis e historia: Michel de Certeau y Jacques Lacan. México-Stadt: Ediciones de la Noche.

Lombardo, Davide (2010): „De Certeau, the Everyday and the Place of Humour". In: Revue d'Histoire des Sciences Humaines 23/2, S. 75–98.

Lüttich, Stephan (2004): „Die Nacht als Chance in Zeiten von Übergang und Bruch: ‚faiblesse de croire' bei Michel de Certeau". In: Ders.: Nacht-Erfahrung. Theologische Dimensionen einer Metapher (StSSTh 42). Würzburg: Echter, S. 300–309.

Maigret, Éric (2000): „Les trois héritages de Michel de Certeau. Un projet éclaté d'analyse de la modernité". In: Annales ESC 55/3. S. 511–549.

Maj, Barnaba (2012): „Michel de Certeau (1925-1986)". In: Helmut Reinalter/Andreas Oberprantacher (Hg.): Außenseiter der Philosophie. Würzburg: Königshausen & Neumann, S. 423–454.

Mallinckrodt, Rebekka von (2004): „,Discontenting, surely, even for those versed in French intellectual pyrotechnics'. Michel de Certeau in Frankreich, Deutschland und den USA". In: Rebekka Habermas/Rebekka von Mallinkrodt (Hg.): Interkultureller Transfer und nationaler Eigensinn. Europäische und angloamerikanische Positionen der Kulturwissenschaften. Göttingen: Wallstein, S. 221–241.

Mantuano, Luigi (1998): „Pensare l'assenza. Storia, mistica e politica in Michel de Certeau". In: Asprenas 45, S. 341–372.

Marion-Veyron, Régis (2004): „L'antipsychiatrie revisitée par l'oeuvre de Michel de Certeau". In: L'évolution psychiatrique 69, S. 113–127.

Marks, John (1999): „Certeau & Foucault: the other and pluralism". In: Paragraph 22, S. 118–132.

Marques, Tiago Pires (2010): „Michel de Certeau et l'anthropologie historique de la modernité". In: Revue d'Histoire des Sciences Humaines 23/2, S. 3–18.

Martin, Hervé (1991): „Michel de Certeau et l'institution historique". In: Giard/Martin/ Revel 1991, S. 57–97.

Martin, Hervé (2002): „À propos de ‚L'opération historiographique'". In: Delacroix/Dosse/ Garcia/Trebitsch 2002, S. 107–124.

Matteo, Armando (2008): „Il destino attuale dell'esperienza credente: la lezione teologica di Michel de Certeau". In: Rassegna di teologia 49/1, S. 31–58.
Matteo, Armando (2011): „Michel de Certeau: un interprete acuto dei nostri tempi inquieti". In: Euntes docete 64/1, S. 247–256.
Maxim, Sebastian (2016): „La mystique: une histoire au présent". In: Recherches de Sciences Religieuses 104/1, S. 13–31.
Mayer, Andreas (2003): „Schreiben im Zwischenraum. Noch einmal zu Michel de Certeau". In: Historische Anthropologie 11, S. 305–310.
Mayol, Pierre (2002): „Michel de Certeau, l'historien de la culture ordinaire." In: Esprit 3,4, S. 191–205.
Mazzini, Massimiliano (2008): „Blumenberg e/o de Certeau. Stabilità e/o frattura? Il ritorno del rimosso e l'inversione del pensabile all'interno della storiografia sociologica dei comportamenti religiosi." In: Discipline Filosofiche XVIII/1, S. 101–113.
Mboukou, Serge (2008): Michel de Certeau, l'intelligence de la sensibilité (anthropologie, expérience et énonciation). 2. Aufl. Straßburg: Éd. le Portique.
McNay, Lois (1996): „Michel de Certeau and the Ambivalent Everyday". In: Social Semiotics 6/1, S. 61–81.
Meagher, Sharon M. (2007): „Philosophy in the streets: walking the city with Engels and de Certeau". In: City 11/1, S. 7–20.
Mendiola Mejía, Alfonso (2014): Michel de Certeau: Epistemología, Erótica y Duelo, México: Ediciones Navarra.
Michel, Patrick (1993): „Pour une sociologie des itinéraires de sens: une lecture politique du rapport entre croire et institution". In: Archives des sciences sociales des religions 82, S. 223–238.
Mitchell, Jon P. (2007): „A Fourth Critic of the Enlightenment: Michel de Certeau and the Ethnography of Subjectivity". In: Social Anthropology 15, S. 89–104.
Moingt, Joseph (1991): „Une théologie de l'exil". In: Geffré 1991 S. 129–156.
Moingt, Joseph (2003): „Respecter les zones d'ombre qui décidément résistent. In: Recherches de Science Religieuse 91/4, S. 577–587.
Monod, Jean-Claude (2004): „Inversion du pensable et transits de croyance. La trajectoire de sécularisation et ses écarts selon Michel de Certeau". In: Revue de Théologie et de Philosophie 136/4, S. 333–346.
Morra, Stella (2004): „Pas sans toi": testo, parola e memoria verso una dinamica della esperienza ecclesiale negli scritti di Michel de Certeau (Tesi gregoriana: Serie teologia 109), Roma: Editrice Pontificia Università Gregoriana.
Morra, Stella (2009): „Abitare le rovine, convertìti ai barbari: la fede, la parola el'istituzione leggendo Michel de Certeau". In: Vita monastica 63, S. 7–21.
Morris, Brian (2004): „What we talk about when we talk about ‚Walking in the City'". In: Cultural Studies 18, S. 675–697.
Napoli, Diana (2014): Michel de Certeau. Le storico „smarrito". Brescia: Morcelliana.
Napolitano, Valentina/Pratten, David (2007): „Michel de Certeau: Ethnography and the Challenge of Plurality". In: Social Anthropology 15, S. 1–12.
Niro, Brian (2002): „The Social and the Cultural: Michel de Certeau, Pierre Bourdieu and Louis Marin". In: Julian Wolfreys (Hg.): The Edinburg encyclopaedia of modern critcism and theory. Edinburgh: Edinburgh University Press, S. 294–302.

Ortega, Francisco A. u.a. (Hg.) (2004): La irrupción de lo impensado. Cátedra de estudios culturales Michel de Certeau. Bogotá: Editorial Pontificia Universidad Javeriana.

Orth, Stefan (2002): „Glauben nach dem Traditionsbruch. Einblicke in das Werk von Michel de Certeau". In: Herder-Korrespondenz 56, S. 303–307.

Orylski, Tomas (2008): „L'itinéraire du croire dans la démarche de Michel de Certeau". In: Revue des Sciences Religieuses 82/2, S. 245–251.

Ossola, Carlo (1986): „,Historien d'un silence'. Michel de Certeau (1925-1986)". In: Rivista di storia e letteratura religiosa 22, S. 498–521.

Pelletier, Denis (2010): „Pratique et écriture de la crise catholique chez Michel de Certeau". In: Revue d'Histoire des Sciences Humaines 23/2, S. 19–35.

Peltonen, Matti (2001): „Clues, Margins, and Monads: the micro-macro link in historical research (C. Ginzburg, W. Benjamin, M. de Certeau)". In: History and Theory 40/3, S. 347–360.

Petitdemange, Guy (1983): „L'Invention de commencement. La fable mystique, de Michel Certeau. Première lecture". In: Recherches de Science religieuse 71, S. 497–520.

Petitdemange, Guy (1986): „Michel de Certeau et le langage des mystiques". In: Études 365/4, S. 379–393.

Petitdemange, Guy (1988): „Voir est devorant". In: Recherches de Sciences Religieuse 76/3, S. 343–363.

Petitdemange, Guy (1999): „Michel de Certeau. La Fable mystique". In: Études (1999), S. 323–356.

Petitdemange, Guy (2004): „La Philosophie et Michel de Certeau. La cause perdue et la dette". In: Revue de Théologie et de Philosophie 136/4, S. 367–386.

Pieters, Jürgen (1997): „Gazing at the Borders of The Tempest: Shakespeare, Greenblatt and Certeau". In: Nadia Lie/Theo d'Haen (Hg.): Constellation Caliban: Figurations of a Character. Amsterdam: Rodopi, S. 61–79.

Poster, Mark (1992): „The Question of Agency: Michel de Certeau and the History of Consumerism". In: Diacritics 22, S. 94–107.

Proulx, Serge (1995): „Une lecture de l'ouevre de Michel de Certeau: *L'invention du quotidien*, paradigme de l'activité des usagers". In: Communication 15/2, S. 171–197.

Quirico, Monica (2005): La differenza della fede: singolarita e storicita della forma cristiana nella ricerca di Michel de Certeau, postfazione di Pierangelo Sequeri (Studia Taurinensia 17). Cantalupa (TO): Effata'.

Reekie, Gail (1996): „Michel de Certeau and the Poststructuralist Critique of History". In: Social Semiotics 6, S. 45–59.

Revel, Jacques (1991): „Michel de Certeau historien: l'institution et son contraire". In Giard/Martin/Revel 1991, S. 109–127.

Reynolds, Bryan u. Fitzpatrick, Joseph (1999): „The Transversality of Michel de Certeau: Foucault's Panoptic Discourse and the Cartographic Impulse". In: Diacritics 29, S. 63–80.

Rico de Sotelo, Carmen (2006) (Hg.): Relecturas de Michel de Certeau. Mexico-Stadt: Universidad Iberoamericana.

Royannais, Patrick (2003): „Michel de Certeau: l'anthropologie du croire et la théologie de la faiblesse de croire". In: Recherches de Science Religieuse 91/4, S. 499–533.

Royannais Patrick (2015): „Lire Thérèse de Jésus avec Michel de Certeau". In: Revue de théologie et de philosophie 147/3, S. 227–244.

Ruddick, Susan (1990): „Heterotopias of the Homeless. Strategies and Tactics of Placemaking in Los Angeles". In: Strategies 3, S. 184–201.
Schilling, Derek (2003): „Everyday Life and the Challenge to History in Postwar France: Braudel, Lefebvre, Certeau". In: Diacritics 3/1, S. 23–40.
Schirato, Tony/Webb, Jean (1999): „The Ethics and Economies of Inquiry: Certeau, Theory and the Art of Practice". In: Diacritics 29, S. 86–99.
See Kam, Tan (1996): „Making space for heterologies: de Certeau's links with postcolonial criticisms" In: Social Semiotics 6/1, S. 27–44.
Seibt, Oliver (2010): „Michel de Certeau: Praktiken des Augenblicks". In: Ders.: Der Sinn des Augenblicks. Überlegungen zu einer Musikwissenschaft des Alltäglichen. Bielefeld: transcript, S. 157–175.
Seigel, Jerrold (2004): „Mysticism and Epistemology: The Historical and cultural Theory of Michel de Certeau". In: History & Theory 43, S. 400–409.
Séradin, Jean-Yves (2016): Penser avec Michel de Certeau. Une pédagogie du quotidien. Lyon: Chronique Sociale.
Serra Pagès, Carles (2011): „„Cannibalism in Montaigne, de Certeau and Derrida". In: Coolabah 5, S. 226–235.
Sfez, Jocelyne (2015): „Michel de Certeau, lecteur de Nicolas de Cues". In: Archives de sciences sociales des religions 172, S. 67–79.
Sheldrake, Philip (2001): „Unending desire. De Certeau's ‚mystics'". In: The Way, Supplement 102, S. 38–48.
Sheringham, Michael (2000): „Attending to the Everyday: Blanchot, Lefebvre, Certeau". In: French Studies 54, S. 187–199.
Silverstone, Roger (1989): „Let us then return to the murmuring of everyday practices: a note on Michel de Certeau, television and everyday life". In: Theory, Culture and Society 6/1, S. 77–94.
Stengel, Ruth (2015): „Gemeinschaft als Ideal oder Realität?: ‚nicht ohne' – Überlegungen mit Michel de Certeau SJ." In: Wort und Antwort. Dominikanische Zeitschrift für Glauben und Gesellschaft 56/2, S. 59–64.
Terdiman, Richard (2001): „The Marginality of Michel de Certeau". In: South Atlantic Quarterly 100/2, S. 399–421.
Terdiman, Richard (2006): „Michel de Certeau (1925-1986)". In: Lawrence D. Kritzman u.a. (Hg.): The Columbia History of Twentieth-century French Thought. New York: Columbia University Press, S. 474–477.
Teuber, Bernhard (2005): „Die mystische Mär. Eine postmoderne Relecture der mystischen Tradition nach Michel de Certeau". In: Mariano Delgado (Hg.): Die Kirchenkritik der Mystiker Bd. 3: Von der Aufklärung bis zur Gegenwart. Fribourg: Academic Press, S. 225–240.
Thiel-Janczuk, Katarzyna (Hg.) (2016), Taktyki wizualne. Michel de Certeau i obrazy. Kraków: Wydawnictwo Uniwersytetu Jagiellońskiego.
Trebitsch, Michel (2002): „Henri Lefebvre en regard de Michel de Certeau: critique de la vie quotidienne". In: Delacroix/Dosse/Garcia/Trebisch 2002, S. 141–157.
Trémolières, François (2000): „Approches de l'indicible dans le courant mystique français. Bremond et de Certeau lecteurs de mystiques". In: XVIIe siecle 297, S. 273–298.

Ullern-Weite, Isabelle (2004): „En braconnant philosophiquement chez Certeau. Des usages de ‚l'historicité contemporaine' à la réinvention ordinaire de la civilité". In: Revue de Théologie et de Philosophie (Genève) CXXXVI/4, S. 347–357.
Ungar, Steven (2002): „Réceptions et actualités américains de Michel de Certeau". In: Delacroix/Dosse/Garcia/Trebitsch 2002, S. 87–98.
Valentin, Joachim (1997): „Schreiben aufgrund eines Mangels. Zu Leben und Werk von Michel de Certeau SJ". In: Orientierung 11 (1997), S. 123–129.
Vallin, Pierre (2003): „Michel de Certeau, des notes de lecture". In: Recherches de Science Religieuse 91/4, S. 553–570.
Vidal, Daniel (1984): „Figures de la mystique: le dit de Michel de Certeau". In: Archives de Sciences Sociales des Religions 58/2, S. 187–194.
Vidal, Frédéric (2010): „Faire la ville et pratiquer des lieux. L'histoire du tourisme sur les pas de Michel de Certeau". In: Revue d'Histoire des Sciences Humaines 23/2, S. 99–115.
Vries, Henk de (1992): „Anti- Babel: The ‚Mystical Postulate' in Benjamin, de Certeau and Derrida". In: Modern Language Notes 107, S. 441–477.
Wandel, Torbjörn (2000): „Michel de Certeau's Place in History". In: Rethinking History 4. S. 55–76.
Wang, Tao (2011): „The theological implications of Michel de Certeau's cultural theory: With special reference to sino-christian theology". In: Logos and Pneuma – Chinese Journal of Theology 34, S. 109–128.
Ward, Graham (Hg.) (1996): Michel de Certeau S.J. (Sondernummer von New Blackfriars 77).
Ward, Graham (Hg.) (2000): The Certeau Reader (Blackwell Readers). Oxford: Blackwell.
Ward, Graham (2007): „De Certeau und die Untersuchung des Glaubens". In: Peter Hardt (Hg.): Für eine schwache Vernunft? Beiträge zu einer Theologie nach der Postmoderne Ostfildern: Matthias-Grünewald, S. 123–134. Eine erweiterte englische Version wurde veröffentlicht als „De Certeau and an enquiry into believing. In: Lieven Boeve/Christophe Brabant (Hg.): Between Philosophy and Theology. Contemporary Interpretations of Christianity, Farnham: Ashgate 2010, S. 73–86.
Wegener, Mai (2011): „Psychoanalyse und Geschichtsschreibung. Notizen im Anschluss an Michel de Certeau". In: Luzifer-Amor: Zeitschrift zur Geschichte der Psychoanalyse 24Jg. Heft 47, S. 122–127.
Weidner, Daniel (1999): „Lesen im Land des Anderen. Schriften von Michel de Certeau". In: Weimarer Beiträge 45, S. 112–120.
Weidner, Daniel (2014): „‚Er ist nicht hier, denn er ist auferstanden'. Das leere Grab der Evangelien lesen". In: Ursula Röper /Martin Treml (Hg.): Heiliges Grab – Heilige Gräber: Aktualität und Nachleben von Pilgerorten. Berlin: Lukas, S. 16–23.
Weymans, Wim (2003): „Der Tod Grandiers. Michel de Certeau und die Grenzen der historischen Repräsentation". In: Historische Anthropologie 11, S. 1–20.
York II, George B. (2009): Michel de Certeau or Union in Difference. Leominster, Herefordshire: Gracewing/New Malden, Surrey: Inigo.
Zancarini-Fournel, Michelle (2002): „La prise de parole: 1968, l'événement et l'écriture de l'histoire". In: Delacroix/Dosse/Garcia/Trebisch 2002, S. 77–86.
Zermeño Padilla, Guillermo (2013): „La ortodoxia historiográfica puesta a prueba: Michel de Certeau". In: Historia y Grafía (México) 40, S. 71–102.

Zielinski, Agata (1997): „Die Andersheit als ‚Handlungsweise'. Eine imaginäre Husserl-Lektüre von Michel de Certeau". In: Thomas Bedorf u.a. (Hg.): Undarstellbares im Dialog. Factetten einer deutsch-französischen Auseinandersetzung. Amsterdam: Rodopi, S. 175–186.

Zine, Mohammed Chaouki (2010): „La pensée et l'action dans la perspective sociologique de Michel de Certeau". In: Laval théologique et philosophique 66/2, S. 407–423.

Zmy, Manfred (2014): Orte des Eigenen – Räume des Anderen: Zugänge zum Werk von Michel de Certeau aus raumphilosophischer Perspektive. Göttingen: Cuvillier.

Zorn, Daniel-Pascal (2012): Das Moment der πρᾶξις. Produktionslogik und Handlungsvollzug bei Michel de Certeau und Michel Foucault". In: Bernardy/Bocken 2012, S. 359–374.

Weitere verwendete Literatur

Alberigo, Giuseppe/Wittstadt, Klaus (1997ff.) (Hg.): Geschichte des Zweiten Vatikanischen Konzils (1959–1965). 5 Bde., Mainz: Grünewald; Leuven: Peeters.

Assmann, Jan (1998): Moses der Ägypter: Entzifferung einer Gedächtnisspur. München: Hanser.

Augé, Marc (1988): Ein Ethnologe in der Metro. Frankfurt a. M./New York: Campus.

Augé, Marc (1992): Nicht-Orte. München: Beck 2010.

Augé, Marc (1994): Pour une anthropologie des mondes contemporains. Paris: Aubier.

Bachmann-Medick, Doris (2006): „Spatial Turn". In: Dies.: Cultural Turns. Neuorientierungen in den Kulturwissenschaften. Reinbek bei Hamburg: Rowohlt, S. 284–328.

Barck, Karlheinz (1990) (Hg.): Aisthesis: Wahrnehmung heute oder Perspektiven einer anderen Ästhetik: Essais. Leipzig: Reclam.

Barthes, Roland (1968): „Der Wirklichkeitseffekt". In: Das Rauschen der Sprache. Frankfurt a. M.: Suhrkamp 2006, S. 164–172.

Bataille, Georges (2015): Sade und die Moral. Berlin: Matthes & Seitz.

Bauer, Christian (2007): „Zeugen für das Heilige. Schwacher Glaube in postsäkularer Zeit". In: Peter Hardt (Hg.): Für eine schwache Vernunft?. Beiträge zu einer Theologie nach der Postmoderne. Ostfildern: Matthias-Grünewald-Verlag. S. 135–140.

Bellah, Robert N. (1967): „Zivilreligion in Amerika". In: Heinz Kleger, Alois Müller (Hg.): Religion des Bürgers. Zivilreligion in Amerika und Europa (Religion – Wissen – Kultur 3). München: Kaiser 1986, S. 19–41.

Bidima, Jean Godefroy (1994): Théorie critique et modernité négro-africaine de l'Ecole de Francfort à la ‚Docta spes Africana'. Paris: Publ. de la Sorbonne.

Bourdieu, Pierre (1972): Entwurf einer Theorie der Praxis auf der ethnologischen Grundlage der kabylischen Gesellschaft. Frankfurt a. M.: Suhrkamp 1976.

Carmona, Michel (1988): Les diables de Loudun. Sorcellerie et politique sous Richelieu. Paris: Fayard.

Carrouges, Michel (1954): Les Machines Célibataires. Paris: Arcanes 1954.

Chakrabarty, Dipesh (2010): Europa als Provinz. Perspektiven postkolonialer Geschichtsschreibung. Frankfurt a. M.: Campus.

Christadler, Maike (2002): „Giovanni Stradanos America-Allegorie als Ikone der Postcolonial Studies". In: Kunst und Politik, Jahrbuch der Guernica-Gesellschaft 3, S. 17–33.

Clark, Elizabeth A. (2004): History, theory, text. Historians and the linguistic turn. Cambrdige, MA/London: Harvard University Press.
Clifford, James/Marcus, George E. (1986) (Hg.): Writing culture. The poetics and politics of ethnography. Berkeley: Univ. of California Press.
Corbin, Alain (1982): Pesthauch und Blütenduft. Eine Geschichte des Geruchs. Frankfurt a. M.: Fischer 1988.
Debord, Guy (1967): Die Gesellschaft des Spektakels. Berlin: Ed. Tiamat, 1996.
DeMause, Lloyd (2000): Was ist Psychohistorie? Eine Grundlegung. Gießen: Psychosozial-Verlag.
Derrida, Jacques (1967): Grammatologie. Frankfurt a. M.: Suhrkamp 1974.
Detienne, Marcel/Vernant, Jean-Pierre (1974): Les ruses de l'intelligence: la mètis des Grecs. Paris: Flammarion.
Dinges, Martin (1987): „Materielle Kultur und Alltag – die Unterschichten in Bordeaux im 16./17. Jahrhundert". In: Francia 15, S. 257–279.
Dünne, Jörg/Günzel, Stephan (2006) (Hg.): Raumtheorie: Grundlagentexte aus Philosophie und Kulturwissenschaften. Frankfurt a. M.: Suhrkamp.
Eboussi Boulaga, Fabien (1977): La crise du Muntu. Authenticité africaine et philosophie. Essai. Paris: Présence Africaine.
Eslin, Jean-Claude (2007): „Pierre Mayol". In: Esprit 12. S. 244–245.
Evans, Richard J. (1998): Fakten und Fiktionen. Über die Grundlagen historischer Erkenntnis. Frankfurt a. M. [u.a.]: Campus.
Farge, Arlette (1989): Der Geschmack des Archivs. Göttingen: Wallstein 2011.
Felsch, Philipp (2012): „Der Leser als Partisan". In: Zeitschrift für Ideengeschichte VI/4, S. 35–49.
Felsch, Philipp (2015): Der lange Sommer der Theorie: Geschichte einer Revolte 1960-1990. München: Beck.
Fiske, John (2000): Lesarten des Populären. Wien: Turia & Kant.
Foucault, Michel (1984): „Von anderen Räumen". In: Ders.: Dits et Ecrits. Schriften Bd. IV. Frankfurt a. M.: Suhrkamp 2005, S. 931–942.
Foucault, Michel (1976): Überwachen und Strafen. Die Geburt des Gefängnisses. Frankfurt a. M.: Suhrkamp.
Frei, Norbert (2008): 1968: Jugendrevolte und globaler Protest. München: DTV.
Friedman, Susan Stanford (1998): Mappings: feminism and the cultural geographies of encounter. Princeton, NJ [u.a.]: Princeton Univ. Press
Füssel, Marian (2006): „Die Kunst der Schwachen. Zum Begriff der ‚Aneignung' in der Geschichtswissenschaft". In: Sozial.Geschichte 21, S. 7–28.
Füssel, Marian (2015): „Praktiken historisieren. Geschichtswissenschaft und Praxistheorie im Dialog". In: Anna Daniel/Frank Hillebrandt/Franka Schäfer (Hg.): Methoden einer Soziologie der Praxis. Bielefeld: transcript, S. 267–287.
Gerlitz, Peter/Louth, Andrew/Rosenau, Hartmut/Albert, Karl (1994): Art. „Mystik". In: Theologische Realenzyklopädie Bd. XXIII. Berlin/New York: Walter de Gruyter, S. 533–592.
Gilcher-Holtey, Ingrid (2008) (Hg.): 1968 – vom Ereignis zum Mythos. Frankfurt a. M.: Suhrkamp.
Ginzburg, Carlo (1976): Il formaggio e i vermi. Il cosmo di un mugnaio del 500. Turin: Einaudi.

Ginzburg, Carlo (1993): „Mikro-Historie. Zwei oder drei Dinge, die ich von ihr weiß". In: Historische Anthropologie 1/2), S. 169–192.

Goertz, Hans-Jürgen (2001): Unsichere Geschichte: zur Theorie historischer Referentialität. Stuttgart: Reclam.

Günzel, Stephan (2010) (Hg.): Raum. Ein interdisziplinäres Handbuch. Stuttgart [u.a.]: Metzler.

Habermas, Jürgen (1968): Erkenntnis und Interesse. Frankfurt a. M.: Suhrkamp.

Habermas, Jürgen (1981): Theorie des kommunikativen Handelns. 2 Bde. Frankfurt a. M.: Suhrkamp.

Harbsmeier, Michael (1994): Wilde Völkerkunde. Andere Welten in deutschen Reiseberichten der frühen Neuzeit. Frankfurt a. M. u.a.: Campus.

Harnischfeger, Johannes (2003): „Eine Teufelsneurose im siebzehnten Jahrhundert – Sigmund Freuds Lektüre einer fernen Krankengeschichte". In: Psyche 57/4 S. 313–342.

Hörner, Fernand (2008): Die Behauptung des Dandys. Eine Archäologie. Bielefeld: transcript.

Hörning, Karl H./Winter, Rainer (1999) (Hg.): Widerspenstige Kulturen: cultural studies als Herausforderung. Frankfurt a. M.: Suhrkamp.

Hoock, Jochen (1977): Rezension von Le Roy Ladurie, Le territoire de l'historien und Le-Goff/Nora, Faire de l'histoire". In: Geschichte und Gesellschaft 3, S. 537–549.

Jameson, Fredric (1988), Das politische Unbewußte. Literatur als Symbol sozialen Handelns, Reinbek bei Hamburg: Rowohlt.

Kiesow, Rainer Maria/Simon, Dieter (2000) (Hg.): Auf der Suche nach der verlorenen Wahrheit. Zum Grundlagenstreit in der Geschichtswissenschaft. Frankfurt a. M. [u.a.]: Campus.

Kittsteiner, Heinz D. (2010): Die Stabilisierungsmoderne: Deutschland und Europa 1618 – 1715. München: Hanser.

Kleinspehn, Thomas (1991): „Der Ort der psychoanalytischen Theorie in der historischen Forschung. Versuch einer Zwischenbilanz der Psychohistorie". In: Stefan Müller-Dohm (Hg.): Jenseits der Utopie. Theoriekritik der Gegenwart. Frankfurt a. M.: Suhrkamp, S. 396–423.

Knorr-Cetina, Karin (1981): Die Fabrikation von Erkenntnis. Zur Anthropologie der Naturwissenschaft. Frankfurt a. M.: Suhrkamp, 1984.

Lacan, Jacques (1973): „Das Spiegelstadium als Bildner der Ich-Funktion". In: Ders., Schriften I. Olten/Freiburg i. Br.: Walter, S. 61–70.

Lafitau, Joseph François (1752-53): Die Sitten der amerikanischen Wilden im Vergleich zu den Sitten der Frühzeit. Neudr. der 1. Abt. der 1752 (1. Theil) und 1753 (2. Theil) in Halle bei Gebauer erschienenen Algemeinen Geschichte der Länder und Völker von America, hrsg. und kommentiert von Helmut Reim. Weinheim: Acta Humaniora 1987.

Lahire, Bernard (1998) : L'Homme pluriel. Les ressorts de l'action. Paris: Nathan.

Lefebvre, Henri (1974): La production de l'espace. Paris: Éd. Anthropos.

Le Goff, Jacques/Nora, Pierre (1974) (Hg.): Faire de l'histoire 3 Bde.: 1. Nouveaux problèmes. 2. Nouvelles approches 3. Nouveaux objets. Paris: Gallimard.

Le RoyLadurie, Emmanuel (1973): Le territoire de l'historien. Paris: Gallimard.

Le RoyLadurie (1975): Montaillou, village occitan de douze-cent quatre-vingt-quatorze à treize cent vingt-quatre. Paris: Gallimard.

Léry, Jean de (1977): Unter Menschenfressern am Amazonas. Brasilianisches Tagebuch, 1556-1558. Vorwort von M.-R. Mayeux. Aus d. Franz. übers. von Ernst Bluth u. durchgesehen, hrsg., mit e. Anhang versehen von Karl H. Salzmann. 2. Aufl. Tübingen u.a. : Erdmann.

Lestringant, Frank (2004): Le huguenot et le sauvage: l'Amérique et la controverse coloniale, en France, au temps des guerres de religion (1555-1589), 3. Aufl. Genf: Droz.

Levi, Giovanni (1991): „On Microhistory". In: Peter Burke (Hg.): New Perspectives in Historical Writing. Oxford 1991, S. 93–113.

Lüdtke, Alf (1993): Eigen-Sinn: Fabrikalltag, Arbeitererfahrungen und Politik vom Kaiserreich bis in den Faschismus. Hamburg: Ergebnisse-Verlag.

Lynch, Kevin (1960): Das Bild der Stadt. Berlin: Ullstein 1965.

Massey, Doreen B. (2005): For Space. London [u.a.]: Sage.

McGinn, Bernard (1993-2008): Geschichte der christlichen Spiritualität. 4 Bde. Würzburg: Echter.

Medick, Hans (2003): „Mikrohistorie". In: Stefan Jordan (Hg.): Lexikon Geschichtswissenschaft. Hundert Grundbegriffe. Stuttgart: Reclam, S. 215–218.

Merleau-Ponty, Maurice (1964): Das Sichtbare und das Unsichtbare. Hg. und mit einem Nachwort versehen von Claude Lefort. Übers. von Regula Giuliani und Bernhard Waldenfels. München: Fink ²1994.

Montaigne, Michel Eyquem de (1992): Essais: (Versuche); nebst des Verfassers Leben. Nach der Ausg. von Pierre Coste ins Dt. übers. von Johann Daniel Tietz. 3 Bde. Zürich: Diogenes.

Morris, Meaghan (1992): „Great Moments in Social Climbing: King Kong and the Human Fly". In: Beatriz Colomina (Hg.): Sexuality and Space. New York: Princeton Architectural Press, S. 1–51.

Mudimbe, Valentin-Yves (1982): L'odeur du père. Essai sur des limites de la science et de la vie en Afrique Noire. Paris: Présence Africaine.

Noiriel, Gérard (1996): Sur la „crise" de l'histoire. Paris: Belin.

Rabb, Theodore K. (1975): The Struggle for Stability in Early Modern Europe. New York: Oxford University Press.

Rau, Susanne (2013): Räume. Konzepte, Wahrnehmungen, Nutzungen. Frankfurt a. M. [u.a.]: Campus.

Reckwitz, Andreas (2003): „Grundelemente einer Theorie sozialer Praktiken. Eine sozialtheoretische Perspektive". In: Zeitschrift für Soziologie 32/4, S. 282–301.

Rheinberger Hans-Jörg (2007): Historische Epistemologie zur Einführung. Hamburg: Junius.

Ricoeur, Paul (1961): „Civilisation universelle et cultures nationales". In: Esprit 29/10, S. 439–453.

Ricoeur, Paul (1974): Geschichte und Wahrheit. München: List.

Ricoeur, Paul (2000): Gedächtnis, Geschichte, Vergessen. München: Fink 2004.

Rigby, Brian (1991): Popular Culture in Modern France: A Study of Cultural Discourse. London/New York: Routledge.

Roling, Bernd (2008): Locutio angelica. Die Diskussion der Engelsprache als Antizipation einer Sprechakttheorie in Mittelalter und Früher Neuzeit (Studien und Texte zur Geistesgeschichte des Mittelalters 91). Leiden: Brill.

Roustang, François (1966): „Le troisième homme". In: Christus 52/13, S. 561–567.

Schindler, Norbert (1984): „Spuren in der Geschichte der ‚anderen' Zivilisation. Probleme und Perspektiven einer historischen Volkskulturforschung". In: Richard van Dülmen/ Norbert Schindler (Hg.): Volkskultur. Zur Wiederentdeckung des vergessenen Alltags (16.-20. Jahrhundert.). Frankfurt a. M.: Fischer, S. 13–77.
Schmid, Georg (1988): Die Spur und die Trasse. (Post-)moderne Wegmarken der Geschichtswissenschaft. Wien [u. a.]: Böhlau.
Schöttler, Peter (2011): „Nach der Angst. Was könnte bleiben vom ‚linguistic turn'?". In: Internationales Archiv für Sozialgeschichte der deutschen Literatur 36/1, S. 135–151.
Scott, James C. (1990): Domination and the Arts of Resistance. Hidden Transcripts. New Haven/London: Yale University Press.
Silesius, Angelus (= Johannes Scheffler)(1984). Cherubinischer Wandersmann. Kritische Ausgabe, hg. von Louise Gnädinger. Stuttgart: Reclam.
Sloterdijk, Peter (1983): Kritik der zynischen Vernunft. 2 Bde. Frankfurt a. M.: Suhrkamp.
Soja, Edward W. (1996): Thirdspace: journeys to Los Angeles and other real-and-imagined places. Cambridge, Mass. [u.a.]: Blackwell.
Spiegel, Gabrielle M. (2009): „The Task of the Historian (American Historical Association Presidential Address)". In: American Historical Review 114, S. 1–15.
Stone, Lawrence (1979): „The Revival of Narrative: Reflections on a New Old History". In: Past & Present 85, S. 3-24.
Thrift, Nigel J. (2008): Non-representational theory. Space, politics, affect. London: Routledge.
Tomlinson, Gary (2009): The singing of the New World: indigenous voice in the era of European contact. Cambridge [u.a.]: Cambridge Univ. Press.
Ulbricht, Otto (2009): Mikrogeschichte: Menschen und Konflikte in der Frühen Neuzeit. Frankfurt a. M. [u.a.]: Campus.
Veyne, Paul (1971): Geschichtsschreibung – und was sie nicht ist. Frankfurt a. M.: Suhrkamp 1990.
Veyne, Paul (1978): Foucault: die Revolutionierung der Geschichte. Frankfurt a. M.: Suhrkamp 1992.
Wagner, Kirsten (2005): „Im Dickicht der Schritte. ‚Wanderung' und ‚Karte' als epistemologische Begriffe der Aneignung und Repräsentation von Räumen". In: Hartmut Böhme (Hg.): Topographien der Literatur. DFG-Symposium 2004. Stuttgart u. a.: Metzler S. 177–206.
Wassilowsky, Günther (2004) (Hg.): Zweites Vatikanum – vergessene Anstöße, gegenwärtige Fortschreibungen. Freiburg i. B.: Herder.
White, Hayden V. (1973): Metahistory. Die historische Einbildungskraft im 19. Jahrhundert in Europa. Frankfurt a. M.: Fischer 1991.
White, Hayden V. (1978): Auch Klio dichtet oder Die Fiktion des Faktischen: Studien zur Tropologie des historischen Diskurses. Stuttgart: Klett-Cotta 1986.
Windschuttle, Keith (1994): The killing of history: how a discipline is being murdered by literary critics and social theorists. Paddington, NSW: Macleay Press.
Winter, Rainer (2001): Die Kunst des Eigensinns. Cultural Studies als Kritik der Macht. Weilerswist: Velbrück.

Personenregister

Adam 72, 159.
Adorno, Theodor W. 13, 37, 86, 159.
Agamben, Giorgio 2.
Ahearne, Jeremy 3, 15, 22, 160.
Althusser, Louis 134.
Angelus Silesius (Johannes Scheffler) 142, 145, 147, 154.
Appadurai, Arjun 114.
Arendt, Hannah 9.
Argenson, René de 7, 30.
Aron, Raymond 51, 82.
Aronnax, Pierre 73.
Augé, Marc 1, 14, 19, 46, 118, 159.
Augustin 29.
Austin, John Langshaw 162.

Bachelard, Gaston 19, 35-36, 115.
Badiou, Alain 2.
Bahners, Patrick 23.
Barthes, Roland 73, 76, 79-80.
Bataille, Georges 11.
Baudrillard, Jean 12-13, 48, 73, 101, 159.
Bauerschmidt, Frederick Christian 22.
Bellah, Robert N. 37.
Benedikt XVI., Papst 7.
Benjamin, Walter 154, 158.

Benveniste, Émile 155.
Berrigan, Daniel 45.
Berrigan, Philip 45.
Besançon, Alain 86.
Bhabha, Homi 14.
Bidima, Jean-Godefroy 26.
Blatty, William Peter 19.
Bloch, Ernst 35.
Bloch, Marc 85.
Blondel, Maurice 5.
Blumenberg, Hans 159.
Bocken, Inigo 21, 158.
Böhme, Jakob 142, 154.
Bogner, Daniel 24, 51, 162.
Bollème, Geneviève 68.
Boormann, John 19.
Borromäus, Karl 30.
Bosch, Hieronymus 19, 140-141.
Bougainville, Louis Antoine de 73.
Bourdieu, Pierre 2, 13, 27, 48, 82, 101, 107-108, 110-111, 113, 115, 119, 158, 162.
Bras, Gabriel le 79.
Brun, Jacques le 15.
Braudel, Fernand 19, 56, 76, 115.
Bremond, Henri 18.
Bresson, Robert 19.
Brock, Bazon, 123.
Bry, Theodor de 74, 77.
Buchanan, Ian 15, 22, 113, 126, 158, 161.
Burke, Peter 17, 23.

Câmara, Hélder 10.
Campe, Joachim Heinrich 122.
Carrouges, Michel 123.
Chaplin, Charlie 19, 81.
Char, René 163.
Chardin, Pierre Teilhard de 30.
Chartier, Roger 21, 158.
Clausewitz, Carl von 103.
Comolli, Jean-Louis 19.

Congar, Yves 8.
Conley, Tom 22.
Cook, James 73.
Corbin, Alain 59.
Cori, Paolo de 25.
Crusoe, Robinson 89.
Cuchet, Guillaume 138.

Damião de Bolzano, Frei 105.
Debord, Guy 37.
Defoe, Daniel 89, 121, 123-124.
Deleuze, Gilles 23, 94, 123.
DeMause, Lloyd 86.
Derrida, Jacques 37, 73, 80, 158.
Détienne, Marcel 108, 111-112.
Devereux, Georges 86.
Diego de Jesús 144.
Dinges, Martin 23.
Dionysius Areopagita (Pseudo-Dionysius) 141.
Domenach, Jean-Marie 12, 44
Don Quijote 89.
Dosse, François 3, 161.
Dostojewski, Fjodor Michailowitsch 85.
Duchamp, Marcel 122.
Dumas, Alexandre 56.
Dupront, Alphonse 7.
Durkheim, Émile 111.

Eboussi Boulaga, Fabien 26.
Eckhart, Meister 141.
Eckholt, Margit 34.
Eickhoff, Georg 24.
Elias, Norbert 85-86.
Engels, Friedrich 158.
Erikson, Erik H. 86.
Eva 72.
Evans, Richard J. 80.

Faber, Peter 6.
Falkner, Andreas 6, 32, 40.
Farge, Arlette 158.
Faure, Edgar 9.
Favre, Pierre 6, 11, 29-30.
Febvre, Lucien 85, 114, 119, 158.
Fénelon, François 142, 147.
Fiske, John 23.
Fitzpatrick, Joseph 113.
Foucault, Michel 2, 7, 17-18, 27, 35, 46, 63-64, 75-76, 82, 90, 93-94, 101-103, 105, 107-111, 113, 115-116, 157-158, 162-163.
Franziskus, Papst 2.
Freud, Sigmund 17, 78, 84, 86-90, 99, 104-105, 108, 111, 123, 127.
Friedman Stanford, Susan 115.
Frijhoff, Willem 21.
Frow, John 101.

Gadamer, Hans-Georg 66, 151.
Gaulle, Charles de 48.
Gaultier, René 151.
Gauvin, Joseph 6.
Gay, Peter 86.
Geertz, Clifford 57.
Geffré, Claude 5.
Geldof, Koenraad 15, 21-22.
Genette, Gérard 66.
Gennep, Arnold van 79.
Giard, Luce 3, 5, 14-18, 21, 31, 55, 90, 95, 127-132, 134, 137, 147, 160, 163.
Giddens, Anthony 115.
Giradet, Raoul 30.
Ginzburg, Carlo 57.
Glucksmann, André 51.
Grandier, Urbain 58-61.
Greenblatt, Stephen 22, 158.
Grégoire, Henri Jean-Baptiste, Abbé 11, 64-65, 67, 122, 128, 143.
Greimas, Algirdas-Julien 11.
Guattari, Felix 123.
Guevara de la Serna, Ernesto Rafael Che' 10.

Habermas, Jürgen 50, 82, 98, 134.
Haitzmann, Christoph 84-85.
Hartog, François 158.
Harvey, David 115.
Hauff, Wilhelm 159.
Haussmann, Georges-Eugène 127.
Hegel, Georg Friedrich Wilhelm 6, 29, 159.
Heidegger, Martin 31, 34, 115.
Highmore, Ben 22, 161.
Hoock, Jochen 10.
Humboldt, Alexander von 73.
Husserl, Edmund 96, 159.
Huxley, Aldous 56.

Jakobson, Roman 66, 132.
Jameson, Fredric 2, 23, 115, 158.
Jeanne des Anges 55, 62, 64.
Jesus 6, 18, 31-32, 36, 62.
Johannes XXIII., Papst 8.
Johannes vom Kreuz 137, 142, 144, 147, 150, 156.
Joseph 62.
Jouhaud, Christian 14.
Julia, Dominique 11, 64-65, 67-68.

Kafka, Franz 122, 123.
Kojève, Alexandre 6.
Kolakowski, Leszek 18.
Küng, Hans 8.
Kues, Nikolaus von 17, 141, 147, 149-150.

Labadie, Jean de 137, 146.
Lacan, Jacques 11, 17, 88, 90, 113, 149, 158.
Lafitau, Joseph François 19, 55, 69, 72.
Lahire, Bernard 111.
Laubardemont, Jean Martin Marquis de 60.
Latour, Bruno 14, 83.
Lebbe, Vincent 30.
Le Brun, Charles 15.
Lefebvre, Henri 9, 13, 19, 114, 119, 158.

Le Goff, Jacques 10, 82.
Le Maistre de Sacy, Louis-Isaac 154.
Léry, Jean de 17, 68-71.
Le Roy Ladurie, Emmanuel 12, 57, 63, 76.
Levi, Giovanni 57.
Lévinas, Emmanuel 2.
Lévi-Strauss, Claude 30.
Loyola, Ignatius von 6.
Lubac, Henri de 2, 5, 7- 8, 30, 143.
Lüdtke, Alf 23, 106.
Luhmann, Niklas 160.
Luther, Martin 154.
Lynch, Kevin 113.
Lyotard, Jean-François 13, 123, 159.

Maigret, Eric 15, 21, 163.
Maria 62.
Mandrou, Robert 10, 18, 55, 68, 86.
Marcel, Gabriel 73.
Marcuse, Herbert 13-14, 96, 99.
Marin, Louis 11, 13, 27.
Marker, Chris 19.
Marx, Karl 6, 78, 99.
Massey, Doreen 114.
Mause, Lloyd de 86.
Mayol, Pierre 128.
Medick, Hans 57.
Menocchio (siehe Domenico Scandella) 57.
Merleau-Ponty, Maurice 113, 119, 158, 159.
Michelet, Jules 56, 78.
Moingt, Joseph 37, 55.
Montaigne, Michel de 69, 71.
Moses 86-87.
Mousnier, Roland 7.
Mudimbe, Valentin- Yves 26.

Nerval, Gérard de 93.
Nietzsche, Friedrich 51.
Nisard, Charles 67-68.
Nora, Pierre 10, 30, 56, 82, 118.

Orcibal, Jean 7.
Ortelius, Abraham 120.

Pascal, Blaise 147, 155.
Paul VI., Papst 8.
Pius XII., Papst 5, 6.
Piaf, Edith 14.
Pfister, Oskar 156.
Platon 66.
Polanyi, Michael 136.
Popkin, Richard 13.
Popper, Karl 91.

Rahner, Karl 8.
Rancière, Jacques 27, 157.
Ratzinger, Joseph 7-8.
Reich, Wilhelm 86.
Revel, Jacques 11, 16, 18, 56, 64-65, 67-68.
Reynolds, Bryan 113.
Rheinberger, Hans-Jörg 160.
Richelieu, Armand-Jean du Plessis duc de, Kardinal 56, 60.
Ricoeur, Paul 34, 157, 158.
Rilke, Rainer Maria 154.
Rimbaud, Arthur 64.
Roannez, Charlotte de 155.
Roannez, Artus Gouffier, Duc de 155.
Rousseau, Jean-Jacques 122.
Roustang, François 6, 7, 34.
Russel, Ken 19.

Sabean, David 57.
Sacy, Louis-Isaac Lemaistre de 154-155.
Said, Edward 14, 114.
Saint-Jean, Claire de 60.
Sales, François de 62, 142.
Sartre, Jean-Paul 9.
Saussure, Ferdinand de 156.
Scandella, Domenico (siehe Menocchio) 57.
Scheffler, Johannes (sieh Angelus Silesius) 142, 145, 147, 154.

Schiller, Friedrich 89.
Schlögl, Karl 115.
Schmid, Georg Erich 23.
Schreber, Daniel Paul 89-90.
Scott, James C. 103.
Serres, Michel 123.
Simmel, Georg 115.
Simon, Richard 154.
Singlin, Abbé 155.
Sloterdijk, Peter 126.
Sölle, Dorothee 35.
Soja, Edward 114-115.
Sommet, Jacques 6.
Soriano, Marc 68.
Spadaro, Antonio 2.
Spiegel, Gabrielle M. 22.
Spivak, Gayatri Chakravorty 14.
Stollberg-Rilinger, Barbara 26.
Stradano, Giovanni 19.
Straet, Jan van der 77.
Surin, Jean-Joseph 7, 11, 55-56, 62-63, 137, 144-147, 150, 151-153.
Szeemann, Harald 123.

Teresa von Ávila 39, 62, 137, 142, 154.
Thrift, Nigel 114.
Todorov, Tzvetan 159.
Touraine, Alain 42, 51.

Valentin, Joachim 24.
Vernant, Jean-Pierre 108, 111-112.
Verne, Jules 17, 69, 73-74, 120.
Vespucci, Amerigo 77.
Veyne, Paul 75-77, 82, 109, 120, 157.
Vinci, Leonardo da 85.

Ward, Graham 22, 163.
Wehler, Hans-Ulrich 86.
Weyden, Rogier van der 149.
Weymans, Wim 21.

White, Hayden 75, 80.
Wilson, Woodrow 85.
Windshuttle, Keith 26, 80.
Wittgenstein, Ludwig 104-106, 108, 139, 162.

Zemon Davis, Natalie 22.
Zmy, Manfred 25.

Sachregister

Abwesenheit 18, 32, 36, 39, 44, 62, 69, 71, 73, 77, 79, 84, 87, 93, 97, 117, 137-138, 142, 154, 156.
Ästhetik 25, 102, 128, 141.
Andere, das 64, 92, 141.
Alltag 1, 4, 13, 16, 23, 30, 33, 38, 60, 75, 91, 96, 101-105, 107-108, 111, 113-114, 116, 124, 127-132, 134, 153.
Alltagsgeschichte 13, 23, 105, 129.
Alterität 16, 18, 22, 30, 55, 63, 67, 69, 74, 79, 84, 89, 93, 116, 140, 145, 148, 158-161.
Aneignung 12-13, 16, 20, 23-24, 38, 41, 46-47, 50, 52, 64-65, 67, 85, 88, 95, 103-107, 115-116, 118, 120-121, 125-126, 129, 135, 144, 150-151, 160.
Anthropologie 1, 4, 14-16, 19, 26, 39, 68-69, 71-73, 96, 98, 101, 131-132, 135, 152.
Archiv 30, 70, 72, 74, 82, 87, 128, 148.
Aufklärung 14, 52, 72, 108, 125, 130, 138.
Autorität 7, 12, 37-38, 42-44, 51-52, 89, 92, 94, 104, 112, 118, 126, 139, 141, 143-144, 151, 154, 161.

Befreiungstheologie 9, 37, 45, 145.
Besessenheit 56-64.
Bibel 32, 44, 122, 154.
Bruch 8-9, 15, 24, 29-30, 33, 35-36, 39-43, 47, 50-52, 58, 70, 78-79, 81, 87, 93, 137, 144, 151, 156, 158, 162.

Centre Pompidou 12.
Christentum 2, 12, 18, 30, 31, 34-36, 38, 43, 126, 142, 162
Computer 92, 96, 132.

Crusoe, Robinson 89, 121, 123.
Cultural Studies 13-14, 16, 21-24, 26, 100, 102.

Denkstil 3, 161.
Dialekt 65-66, 122, 160.
Digital Humanities 3, 91.
Diskurstheorie; Diskursanalyse 63, 65, 76, 80, 108, 147.
Disziplinargesellschaft 13, 108.
Disziplinarmacht 107, 113, 116, 121.
Diversität 3, 98, 128, 133, 135-136.

Einwanderer 133-136.
Eisenbahn 120.
Engel 11, 60, 62, 72, 153-154, 158.
Erotik 72, 96, 112, 138.
Erzählung 16, 45, 57, 70, 77, 80-81, 83, 94, 111-112, 119, 123, 128, 139-140.
Ethnographie 51, 65, 69, 77-78, 93, 161.
Exorzist 19, 56, 58-59, 63-64.
Experte 10, 60-61, 100, 104-105, 145.

Fabel 24, 26, 44, 68, 73, 124-125, 137-138, 139, 144-145, 152, 154-155, 163.
Fabrik 30, 79, 82, 151.
Faktum 36, 80.
Fiktion 19, 67, 73-75, 78, 80-81, 86-92, 96, 111-112, 116, 127, 162.
Film 19, 56, 132.
Formalität der Praktiken 51-52.
Frankfurter Schule 13, 37, 96, 101.

Garten 19, 116, 140-141, 144, 151.
Gebet 38, 90, 142.
Gefängnis 45-46, 108, 111, 153.
Gehen 116-117, 121, 128.
Geschichtsschreibung 2, 21, 29-30, 41, 50, 69, 74-75, 77- 80, 83-87, 91-92, 114, 157, 159, 161.
Geschichtswissenschaft 2, 4, 10-12, 21, 23-24, 26, 33, 40, 42, 75-76, 78-81, 84, 86-92, 114, 139, 158-159.
Geschlecht 43, 123, 129, 139.
Gewalt 35, 45, 47, 68, 92, 95-97, 131, 135

Sachregister

Glauben 5, 12, 14, 24, 31-32, 35-39, 42, 44, 51-52, 58, 86, 90, 92, 117, 125-126, 139, 149-151, 154, 160, 163.
Gott 24, 31-32, 34-36, 38-39, 58, 61-62, 104, 112, 119, 122, 126, 141-142, 144, 149, 153-154.
Grab, leeres 18, 38, 43, 45, 70, 78, 84, 119, 152.
Grenze 1, 3-4, 6-7, 15-16, 18, 68, 78-79, 81, 83, 87, 99, 104, 107, 120-121, 132, 135, 142-143, 154, 159, 160-161.
Guerilla 45-46, 76, 103.

Habitus 74, 107-108, 110-111, 135, 158.
Heterologie 11, 16, 69, 77, 92, 125, 152-153, 158, 161.
Heterotopie 46, 116, 158.
Hexerei 44, 55, 57, 61, 83.

Identität 36, 45, 69-70, 87, 91-92, 118, 135, 159, 161.
Ideologie 33, 46, 79, 82, 88, 96, 108, 135, 140, 161.
Intellektuelle 5, 9-11, 45, 48, 51, 88, 94, 128.
Interdisziplinarität, interdisziplinär 11, 25, 51, 84-85, 92, 99, 114, 144, 148, 161-162.

Jesuiten 2, 6, 7, 13, 24, 29-30, 37, 41, 58, 62, 72, 146.
Junggesellenmaschine 73-74, 122-124.

Kannibalen 71.
Karte 113, 120, 128, 151.
Kirche 6-10, 14, 36-38, 44, 57-58, 60- 61, 117, 126, 143, 154-155, 161-162.
Kloster 56, 141, 149.
Körper 14, 16, 18, 44, 58, 60-62, 70-71, 74, 77, 89-90, 109, 121-122, 138, 142, 151-153, 162.
Körpergeräusch 125.
Kommunikation 1, 3, 11, 33, 97, 129-133, 135, 138, 141, 153, 156.
Konflikt 32, 59, 97, 114, 135-136, 140, 148, 153.
Konsum 4, 13, 23, 38, 103, 107, 109, 125, 161.
Kultur 10, 12, 30, 32, 34, 37, 39, 41, 44, 52, 58, 65, 67, 69, 71-73, 83, 89, 93, 95-96, 99-101, 103-104, 123, 129, 131, 133, 135.
Kulturindustrie 13, 125, 128.

Lehrer 8, 33, 98, 143, 148.
Lesen 101, 125-126, 151-152.

Linguistik, linguistisch 65-66, 68, 71, 80-81, 132, 143-144, 147, 155-156, 162.
List 46, 59, 105, 108, 110-112, 155.

Macht 13, 32, 38, 43, 46-47, 49-50, 56, 58-59, 62, 64, 71, 77-78, 83, 90, 92, 94-95, 98, 100-103, 105, 107-109, 111-112, 115, 120, 122, 124, 126-128, 131, 140, 145, 158.
Mai 68 49.
Massenkultur 97, 100.
Medizin 58-60, 63-64, 136.
Metapher 6, 16, 19, 77, 112, 123, 151, 156.
Migration 3, 95, 134-135.
Mikrogeschichte 55-56, 58, 61, 129.
Missionar 33-35.
Moderne 8, 14-16, 18, 24, 31, 37-38, 42, 46, 52, 72, 104, 121, 138-140, 146-147, 162-163.
Museum 67-68, 96, 100-101, 118.
Mystik 2, 4, 6-7, 14-15, 24, 29, 37-40, 42, 50, 55, 62, 88-90, 114, 117, 123-124, 137-148, 150-152, 156, 162.

Narrativ, Narrativität 17, 53, 56, 68, 70, 73, 80, 89, 93-94, 111-112, 118, 128, 130, 158.
Netzwerk 3, 130-131, 133.
Nicht-Ort 18, 44-45, 66-67, 70, 73, 76, 105, 110-111, 118, 124, 148, 156.
Nouvelle théologie 5-6.

Ökonomie 80, 101, 121, 126, 130, 135-136, 145, 147.
Oralität 69, 121, 139.
Ort 1, 4, 15-16, 18, 25, 35, 37, 44, 46, 55, 58-59, 63, 69-71, 76, 78, 81-84, 87, 92, 94, 96-98, 100, 102-108, 110, 112-114, 116-121, 125, 127-128, 130, 135, 139-140, 142, 145, 148, 150-151, 161, 163.

Pädagogik 21, 33, 68, 122, 159.
Patois 65-67, 128, 160.
Performativität 155, 160, 162.
Philosophie 5, 14, 25, 105, 146, 148, 158-159.
Politik 24, 29, 51-53, 58, 64-65, 67, 90, 97, 99, 100, 130, 133.
Praktiken 12, 13, 16, 23, 38, 44, 51-53, 55-56, 71, 75-76, 79-80, 82-84, 94-97, 100-103, 107, 109, 110-115, 117, 124, 126-129, 131-133, 135-136, 138-139, 144, 150, 154, 156, 158, 160, 162.

Sachregister

Produktion 13, 62, 76, 78, 80, 83, 86, 91, 97, 103, 107, 108, 114, 121-122, 125-126, 132, 153, 155-156, 161.
Psychoanalyse 4, 11, 14, 21, 41, 43, 77, 84-90, 104, 117-118, 125, 130, 139.

Raum 2, 12-13, 18, 23, 25, 37-38, 67, 69-70, 72, 74, 87, 102, 105, 112-121, 127-128, 134, 136, 139, 144, 149, 156, 158.
Rassismus 140.
Realitätseffekt 80.
Réemploi 15, 17, 33.
Reisebericht 10, 19, 55, 63-64, 69, 71, 74, 98, 120, 139, 151, 152-153.
Religionswissenschaft 6, 11, 12, 44.
Reliquien 73.
Revolution 9, 11, 35, 39, 45, 49-50, 64-65, 78, 96, 122.
Rhetorik 76, 84, 89, 91, 110, 116, 120, 131, 143, 154.

Säkularisierung 9, 16, 37, 57, 159.
Schiff 116, 120.
Schrift 1-4, 17-18, 21-22, 24-27, 37, 44-45, 50-51, 64, 66, 70, 73-74, 84, 86, 89, 93, 101-102, 110-111, 117, 121-125, 131, 144, 150, 153, 160, 165.
Schriftlichkeit 18, 50, 52-53, 63, 66-67, 69-70, 98, 121-125, 129, 139.
Schwäche 36, 37.
Semiotik 11, 23.
Spiritualität 6, 7, 35, 39-41, 44.
Sprache 6, 9, 11, 14, 18, 22, 24, 26, 29, 32-33, 35-37, 39, 42-45, 47, 49-50, 56, 59, 63-67, 74, 76, 81, 83, 87, 89, 93, 96-99, 101, 103-105, 107, 111, 116-117, 122, 124-125, 130, 133, 135-136, 143-144, 148-151, 153-154, 156, 160, 162.
Sprachpolitik 11, 64, 66, 78, 97, 122, 143.
Sprech-Akt 105-106, 116, 124, 143.
Stadt 58, 60, 96, 103, 112-113, 115-118, 127-128, 143, 155, 158.
Stimme 26, 39, 49, 58, 62, 66, 70-71, 88, 100, 121, 124-125, 131, 145, 152.
Strategie 23, 47, 87, 102, 103-104, 107, 110, 113, 159.
Strukturalismus 43, 113.

Taktik 23, 25, 46-47, 101-104, 107-108, 110, 112-113, 115, 134, 136, 159, 163.
Teufel 56, 58-60, 84-85.
Theologie 1, 4, 7, 8, 10, 11, 14, 18, 22, 24-26, 29, 32, 35-37, 39-40, 42, 60, 78-79, 143, 145, 150, 158-159, 162.
Tod 8, 10, 14, 20-21, 23, 35, 59, 81, 83-84, 89, 92-93, 126, 141, 144, 147, 156.

Trauerarbeit 78, 138.
Tupinambá 69.

Übersetzung 3, 4, 6, 14, 18, 22-23, 25-26, 32, 34, 40, 51, 65, 78, 83, 91, 122, 136, 143-144, 149, 151, 154-155.
Uhr 74.
Unbewusste, das 18, 93, 105.
Universität 5, 12-13. 48, 97-98, 100.

Vatikanisches Konzil, 2tes 7-9, 146.
Volkskultur 52, 65, 67-68, 83, 85, 102, 105.

Wallfahrt 70.
Wanderer 1, 39, 119, 146.
Wegstrecke (parcours) 113, 116-117, 119-120.
Wissen 33, 61, 66, 74, 83, 99, 112, 132, 136, 153.
Wissenschaft 11, 14, 36, 40-44, 69, 73, 75, 77, 90-92, 98, 104, 106, 111, 124-125, 131, 134, 142-143, 146-149, 153, 161.
Wohnen 127-128.
World Trade Center 112, 115.

Dank

Für die Einladung, einen Band zu Michel de Certeau in der Reihe „Aktuelle und klassische Sozial- und Kulturwissenschaftler/innen" zu verfassen, und seine langjährige Geduld bis zur Abgabe des Manuskripts danke ich dem Herausgeber der Reihe Stephan Moebius. Dass der Band fertig gestellt werden konnte, verdankt sich wesentlich den kurzen aber effektiven Aufenthalten am Max-Planck-Institut für europäische Rechtsgeschichte in Frankfurt am Main sowie am Deutschen Historischen Institut in Paris. Ich danke daher den Direktoren Thomas Duve (Frankfurt) und Thomas Maissen (Paris) sehr für ihre Gastfreundschaft. Für die Erlaubnis, ein Foto von Michel de Certeau für das Cover zu verwenden, gilt mein Dank Luce Giard (Paris) als der Verwalterin seines Nachlasses. Das Buch hat von zahlreichen Gesprächen mit internationalen Certeau-Kennern profitiert, von denen ich insbesondere Daniel Bogner (Fribourg) und Wim Weymans (Leuven) erwähnen möchte. Für die sorgsame Lektüre des Manuskripts und viele inhaltliche Hinweise danke ich herzlich meiner Mutter Eva Füssel sowie meiner Partnerin Stefanie Rüther. Seitens des Verlages habe ich Cori Mackrodt und Kerstin Hoffmann für die Geduld und Unterstützung bei der Drucklegung zu danken. Meinen studentischen Hilfskräften, Frau Viktoria Schüffner und Frau Hannah Viola Lahmann, gilt mein Dank für die Hilfe bei der Erstellung des Personen- und Sachregisters.

The manufacturer's authorised representative in the EU is Springer Nature Customer Service Centre GmbH, Europaplatz 3, 69115 Heidelberg, Germany. If you have any concerns regarding our products, please contact ProductSafety@springernature.com

Printed and bound by CPI Group (UK) Ltd, Croydon, CR0 4YY

23/03/2026

02076744-0004